Olga Tokarczuk

Übungen im Fremdsein

Essays und Reden

Aus dem Polnischen von Bernhard Hartmann, Lisa Palmes und Lothar Quinkenstein

Kampa

Die polnische Originalausgabe erschien 2020 unter dem Titel *Czuły narrator* im Verlag Wydawnictwo Literackie, Warschau. Die Nobelpreisvorlesung *Der liebevolle Erzähler* und der Essay *Wie Übersetzer die Welt retten* erschienen erstmals auf Deutsch in *Der liebevolle Erzähler*, Kampa Verlag 2019.

Videoporträt von Olga Tokarczuk auf
www.kampaverlag.ch/kampa-tv

Für den Blick hinter die Verlagskulissen:
www.kampaverlag.ch/newsletter

Lektorat: Ewa Czerwiakowski
Der Kampa Verlag wird vom Bundesamt für Kultur mit einem Strukturbeitrag für die Jahre 2021–2024 unterstützt.

www.kampaverlag.ch
Satz: Tristan Walkhoefer, Leipzig
Gesetzt aus der Stempel Garamond LT / 210140
Druck und Bindung: GGP Media GmbH, Pößneck
Auch als E-Book erhältlich
ISBN 978 3 311 10075 1

Inhalt

Ognosie

Der Wanderer

Den Anfang machen möchte ich mit einem Holzstich unbekannter Urheberschaft, den der französische Astronom Camille Flammarion im Jahr 1888 veröffentlichte: Er zeigt einen Wanderer, der an die Grenzen der Welt gelangt ist, der seinen Kopf über die irdische Sphäre hinausstreckt und sich am Anblick eines geordneten und überaus harmonischen Kosmos freut. Seit meiner Kindheit bewundere ich dieses herrlich metaphorische Bild, das mir bei jeder Betrachtung neue Bedeutungen enthüllt. Es definiert das menschliche Wesen vollkommen anders als Leonardo da Vincis weithin bekannte Zeichnung des statischen und triumphalen vitruvianischen Menschen als Maßstab des Universums und seiner selbst.

Bei Flammarion handelt es sich nämlich um einen Menschen in Bewegung, einen Wanderer mit Pilgerstab, Reisemantel und Haube. Und auch wenn wir sein Gesicht nicht sehen, können wir uns doch dessen Ausdruck vorstellen – Faszination wird sich darauf malen, Bewunderung, Staunen über die Harmonie und unfassbare Größe der außerhalb unserer Sichtweite liegenden Welt. Aus unserer Perspektive sind wir lediglich in der Lage, einen Bruchteil der Welt wahrzunehmen, doch jener Wanderer sieht offensichtlich um vieles mehr. Auch haben wir hier deutlich umrissene Sphären, Himmelskörper, Umlaufbahnen, Wolken und Strahlen – die schwer darstellbaren Dimensionen des Universums, die sich gewiss weiter und weiter komplizieren, bis in die Unendlichkeit. Ausdruck des Unbegreiflichen sind auch die ineinandergreifenden Räder; solche Räderwerke begleiteten früher häufig die Engelswesen auf den Illustrationen zur Vision des Ezechiel. Auf der anderen Seite, hinter dem Rücken des Wanderers, befindet sich die Welt mit ihrer Natur, dargestellt durch einen mächtigen Baum und einige andere Pflanzen, und ihrer Kultur, symbolisiert durch die Türme von Städten. Diese Welt erscheint recht konventionell und banal, um nicht zu sagen – langweilig. Der Holzstich beschreibt, wie man sich denken kann, den Endpunkt einer langen Wanderung – dem Wanderer ist gelungen, was nicht vielen vor ihm gelang: Er hat den Rand der Welt erreicht. Und was jetzt?

Mir scheint der geheimnisvolle Holzschnitt unbekannter Provenienz eine ausgezeichnete Metapher für ebenjenen Moment zu sein, an den wir nun alle gelangt sind.

Die Welt ist klein

— im Laufe des vergangenen Jahrhunderts ist sie stark geschrumpft.

Wir haben zahlreiche Pfade ausgetreten, haben uns Wälder und Flüsse angeeignet, Ozeane überquert. Viele von uns haben den subjektiven Eindruck einer Endlichkeit der Welt erlangt. Dieses Gefühl hängt gewiss damit zusammen, dass sich dank der Globalisierung die Distanzen verringern und man jeden Ort auf Erden erreichen kann, vorausgesetzt, man hat die Mittel dazu. Und es hängt mit der leichteren Erkundbarkeit der Welt zusammen – schließlich kann man so gut wie alles im Internet nachschlagen, mit jeder beliebigen Person rasch in Kontakt treten.

Ganz sicher haben wir es hier mit einer neuen historischen Erfahrung des Menschen zu tun – und ich frage mich, wer wohl als Erster dieses Gefühl empfunden hat: dass die Welt im Grunde eher klein und gänzlich erfassbar sei. Vielleicht war es ein Geschäftsmann der neuen Generation, einer derjenigen, die *gebakken lucht verkopen*, wie die Niederländer sagen – »heiße Luft verkaufen«. Ein Herr Buy-Low-Sell-High, der immer auf Achse ist, der von Kontinent zu Kontinent jettet, einen Pass aus irgendeinem »guten Staat« in der Tasche. Morgens Zürich, abends New York. Und am Wochenende ein Abstecher auf eine warme Insel, wo der Herr ozeanische Träume träumt und seine Sinne mit Kokain schärft. Oder ist es im Gegenteil jemand gewesen, der nie die Grenzen seines Landkreises verlässt und nun seinem Kind Spielzeug aus fernen Landen kauft, gefertigt von Menschen, deren Existenz ihm bis vor Kurzem nicht einmal bekannt war? Das Spielzeug aber wirkt dennoch ganz vertraut und harmlos, es verbirgt seine Exotik hinter einer universalisierten und neutralen Form.

Eine Rolle bei dieser neuen Erfahrung der Kleinheit der Welt spielt gewiss das *triste post iterum*, die Nachreisetrauer, die uns befällt, wenn wir nach den intensiven Erfahrungen des weiten Reisens nach Hause zurückkehren. Wir meinen, bestimmte Grenzen erreicht oder etwas erlebt zu haben, das uns verwehrt geblieben wäre, wenn wir nicht in ein Zeitalter hineingeboren wären, in dem Reisen mehr bedeutet als Privileg oder Fluch – ein Abenteuer nämlich. Und wenn wir dann unseren Koffer wieder daheim in der Wohnung abgestellt haben, fragen wir uns: War das alles? Ist es das jetzt gewesen? Das ist es also, worum sich alles dreht?

Wir haben den Louvre besucht und die Mona Lisa mit eigenen Augen gesehen. Haben die Pyramiden der Maya bestiegen und versucht, das Drama der verrinnenden Zeit zu erspüren, die erbarmungslos vernichtet, was im Laufe von Jahrtausenden entstand. Haben in tunesischen oder ägyptischen Badeorten unsere Bäuche von der Sonne bescheinen lassen und einen Einheitsbrei von Ethnofood genossen, der ausnahmslos allen schmeckte. Die Steppen der Mongolei, die überfüllten Städte Indiens, der Blick auf den himmelhohen Himalaya …

Selbst wenn wir den einen oder anderen Ort noch nicht besichtigt haben sollten, so lebten wir doch bis zur Pandemie im Bewusstsein der realen Möglichkeit, dies jederzeit zu tun – Prospekte von Reisebüros verzeichneten die sogenannten Destinationen. Die ganze Welt lag fußläufig vor uns, überall hinzugelangen war *möglich*, wenn wir nur genügend Geld zusammensparten.

Wohl zum ersten Mal in seiner Geschichte macht der Mensch diese eindringliche Erfahrung der Endlichkeit der Welt. An den Abenden verfolgt er das Leben anderer auf den Bildschirmen und Displays seiner schlauen Geräte, sieht Menschen zu, denen er noch vor hundert Jahren niemals begegnet wäre auf seinem Lebensweg. Und während er sie so von Weitem betrachtet, entdeckt er, dass auch das Repertoire an Rollen und Möglichkeiten endlich ist und dass die Menschen einander stärker ähneln, als unsere Vorfahren es je gedacht hätten. Diese nämlich – wir erinnern uns – ließen ihrer Phantasie freien Lauf und malten sich genüsslich das Erscheinungsbild jener Völker aus, die auf jener anderen Seite der Erdkugel leben mochten, von der frühere Reisende so fasziniert waren.

Heute wissen wir – Fernsehen, Kino und Social Media sei Dank –, dass die Menschen in Übersee weder mehrere Köpfe noch ein einziges Bein mit einem großen Fuß oder aber ihr Gesicht vorn auf der Brust haben. Zwar unterscheiden sich die Menschen tatsächlich in ihrer Hautfarbe, ihrer Körpergröße und in manchen Sitten und Gebräuchen, diese Unterschiede jedoch sind – auch das wissen wir inzwischen – verschwindend gering im Vergleich mit den Ähnlichkeiten. Die anderen Menschen in ihren Städten und Ländern, Sprachen und Kulturen funktionieren ganz ähnlich wie wir. Sie lieben, verspüren Sehnsucht, begehren, sorgen sich um die Zukunft, ringen mit der Erziehung ihrer Kinder. Auf dieser fundamentalen Ähnlichkeit gründet sich die rasante Karriere einer neuen Erfindung – der Streamingportale. Der Reisende sieht, dass es im Grunde überall recht ähnlich ist. Es gibt Hotels, man isst von Geschirr, man wäscht sich mit Wasser, kauft den Daheimgebliebenen Souvenirs und Geschenke, die zwar das regionale Kunsthandwerk imitieren, aber dennoch (fast alle) eines gemeinsam haben: die Aufschrift *made in China*.

Auch ist bekannt, dass uns von jeder Erdenbürgerin, jedem Erdenbürger nur ungefähr sechs andere Personen trennen (nach dem Prinzip: Ich kenne jemanden, der jemanden kennt, der jemanden kennt, der X kennt usw.) und von den Zeiten Christi gerade einmal siebzig Generationen.

Früher einmal war die Welt riesig und mit der Vorstellungskraft nicht zu erfassen – jetzt ist nicht einmal mehr Vorstellungskraft vonnöten, denn alles ist zum Greifen nah, so nah wie das Smartphone in unserer Hand. Früher leuchteten auf den sorgsam erstellten Weltkarten weiße Flecken, die die Phantasie anstachelten und vor menschlicher Hybris warnten. Menschen, die auf Reisen gingen, rechneten stets damit, nicht zurückzukommen. Vor einer Reise setzte man vorsorglich sein Testament auf, und die Reise selbst war eine Grenzerfahrung, eröffnete einen Initiationsprozess, einen Prozess des Wandels, dessen Ergebnis weder bekannt sein noch so recht verstanden werden konnte.

Paradoxerweise lebten wir damals in einer Welt, die offen war für Phantasie, einer Welt mit allenfalls skizzierten Grenzen und voller Ungewissheiten. Diese Welt verlangte nach neuen Geschichten und neuen Formen, sie wandelte sich immerfort, entstand vor unseren Augen stets wieder neu.

Heute passt die Welt in unseren Kalender und in unsere Uhr. Wir können sie uns vorstellen, haben ihr tatsächliches Bild vor Augen. Innerhalb von drei Tagen kann man hingelangen, wohin man nur will (mit wenigen, mäßig interessanten Ausnahmen). Die weißen Flecke auf den Landkarten wurden von Google Maps bis zum Rand ausgefüllt, die Karten bilden mit grausamer Genauigkeit selbst die hintersten Winkel ab. Außerdem gibt es überall nur das Gleiche – die gleichen Dinge, Artefakte, Denkweisen, Währungen, Marken, Logotypen. Das Exotische und das Außergewöhnliche sind Mangelware und lassen sich häufig im Alltag gar nicht mehr finden; sie werden zu reinen Gadgets – wie in jenem Ostseebad, in dem ein direkt aus Thailand importiertes komplettes Thai-Restaurant aufgebaut wurde, oder auf dem flachen Land mitten in Europa, wo sich in einer gigantischen Halle eine imitierte Tropenlandschaft erstreckt.

Mit dem mobilen Endgerät in der Hand oder auf dem

Schoß lässt sich immer und überall mit der Familie Kontakt halten, und sei sie Tausende von Kilometern entfernt, befinde sich in einer anderen Klimazone, herrsche bei ihr eine andere Tages- oder gar Jahreszeit. Ein Tourist in Tibet kann sich innerhalb von Sekunden mit seinem Zuhause im polnischen Skaryszewo verbinden. Menschen, die früher nie eine Chance gehabt hätten, einander kennenzulernen, können heute über Medien kommunizieren. Für unsere fünf Sinne ist die Welt – ich sage es noch einmal – klein geworden. Nichtsdestoweniger ist der Anblick der Erdkugel auf einem Foto aus dem All, aufgenommen von Menschenhand, atemberaubend und ergreifend. Eine kleine blaugrüne Kugel schwebt über einem unendlichen Abgrund. Zum ersten Mal in der Geschichte nehmen wir unseren Platz planetarisch wahr – als fest umrissen, zerbrechlich und leicht zu zerstören.

Hinzu kommt der Eindruck von Überfüllung, begrenztem Raum, Enge, der immerwährenden Anwesenheit anderer Menschen – der Eindruck der Endlichkeit unserer erlebten Welt mündet in ein klaustrophobisches Gefühl. Wen wundert's, dass neuerdings der Traum vom Reisen ins Weltall wieder erwacht, der Traum, das alte wohlbekannte, enge und vollgestopfte Haus einfach zurückzulassen. Der Eindruck einer schrumpfenden und endlichen Welt verstärkt sich noch durch die Anbindung ans Internet und die allgegenwärtige Überwachung. O ja, denn wir leben bereits in einem Panoptikum – immerfort werden wir gesehen, beobachtet und analysiert. Das Gefühl der Endlichkeit banalisiert alles, denn nur das, was sich unserer Erkenntnis entzieht, kann unsere Begeisterung wecken und sich seinen wundersam geheimnisvollen Status bewahren.

Unendlichkeit aber betrachten wir häufig als Chaos, da sie uns nicht gestattet, unsere bewährten Erkenntnismaßstäbe an sie anzulegen, ihr eine Struktur zu geben. Karten der Unendlichkeit gibt es nicht. Auch den Menschen verwirft sie als Maß aller Dinge.

Wünscht jemand wieder Unendlichkeit zu erfahren, so braucht er sich nur ins Internet einzuloggen. Hier lehrt ihn das starke Gefühl eines Zuviel an Welt eine Art resignierter Zurückhaltung – ich gehe meines Weges und lerne, einen Bogen um die überall winkenden Attraktionen zu machen; wie Lot bin ich, der aus dem brennenden Sodom flieht und dessen Wille stark genug ist, dass er sich – im Gegensatz zu seiner neugierigen Frau – nicht noch einmal umdreht.

Heute wird diese fast mit einer Katatonie vergleichbare Art der Erstarrung vor dem Bildschirm auch als *Lot's Wife Syndrome* bezeichnet. Dieses Syndrom betrifft Millionen von Jugendlichen und Incels, die, besonders jetzt, in den Zeiten der Pandemie, allen Warnungen zum Trotz auf die brennenden Städte starren und ihren Blick nicht mehr abwenden können. Wenn ich auf der Suche nach Informationen im Internet surfe, habe ich oft das Gefühl, auf einem riesigen Ozean an Daten zu treiben, die sich zudem ständig selbst neu erschaffen und kommentieren. Derjenige, der das Verb »surfen« für die Internetsuche geprägt hat, verdient es, ein Genie genannt zu werden: Das Bild eines Menschen, der sich, einsam und allein, mit einem schmalen Brett auf den Wellenkämmen eines aufgepeitschten Ozeans zu halten versucht, trifft hier den Nagel auf den Kopf. Der Surfer wird von den Elementen fortgetragen, während er selbst seine Strecke nur in begrenztem Maße beeinflussen kann – er ergibt sich der Energie und der Bewegung der Wellen. Dieses Gefühl, lediglich der Spielball einer vom eigenen Willen unabhängigen Bewegung zu sein und somit gelenkt zu werden, sich einer Kraft von mysteriöser Gleichgültigkeit unterzuordnen, holt den alten Begriff des Fatum aus der Vergessenheit hervor, den wir heute bereits anders verstehen – als ein Netz der Abhängigkeit von anderen, als Übernahme von Verhaltensmustern nicht nur im biologischen, sondern auch im kulturellen Sinne, und die Folge davon ist der lebhafte und sich wohl noch intensivierende Identitätsdiskurs.

Die neue Unendlichkeit trat in die Welt des *homo consumens*, als diese Welt einem Sesam zu ähneln begann. Wir befahlen: »Sesam, öffne dich!«, und – es geschah! Der Sesam öffnete sich und überschüttete uns mit einer Fülle an Diensten, Waren, Typen, Mustern, Varianten, Arten, Moden, Trends. Ein jeder von uns hat wohl wenigstens einmal diese märchenhafte Vielfalt an Angeboten erlebt – und den beunruhigenden Verdacht, man bräuchte mehrere Leben, um sie auszukosten.

Und so reduzierte sich unser Leben quasi unbemerkt auf die Konsumption – den Erwerb von Waren, die Buchung von Dienstleistungen aus dem unerschöpflichen Angebot. In einer Erzählung des genialen Philip K. Dick können die von einer durchgedrehten Intelligenz gesteuerten Fabriken ihre Produktion nicht mehr stoppen, sodass für eine unendliche Zahl programmierter Waren der ideale Käufer geschaffen werden muss, ein vom Kosmos an Gütern hypnotisierter Superkonsument, ein Kunde, zu dessen Lebenssinn es werden soll, alle erdenklichen Varianten dieses oder jenes Produkts zu probieren, die Güte verschiedener Marken abzuwägen – von Lippenstiften, Gadgets, Parfüms, Kleidung, Autos, Toastern, wobei ihm spezielle Programme und Zeitschriften als Entscheidungshilfen dienen.

Diese Version, so futuristisch sie in den sechziger Jahren auch erscheinen mochte, ist schneller eingetreten als gedacht. Heute ist sie eine Beschreibung unseres Hier und Jetzt.

Dasselbe betrifft auch unsere Konsumption intellektueller Güter. Die Bestände virtueller Bibliotheken sind unendlich geworden – sitzt man am Computer, gewinnt man leicht den Eindruck, sich in einem Sesam zu bewegen, dessen Reichtum sich beim besten Willen nicht mehr erfassen lässt – weder die Fülle an Autoren noch an Titeln noch an Schlagwörtern. Ich finde es erschreckend, mir zu vergegenwärtigen, dass in derselben Zeit, in der ich diese Worte niederschreibe, Hunderte, wenn nicht Tausende anderer Artikel, Gedichte, Romane, Essays, Reportagen und Ähnliches entstehen. Die Unendlichkeit reproduziert sich selbst, sie dehnt sich immer weiter aus – und wir mühen uns, sie mit unseren gebrechlichen Suchmaschinen zu durchmessen, um das Gefühl zu wahren, noch immer die Kontrolle zu besitzen.

Meine Generation kommt damit besonders schlecht zurecht – sind wir doch in Zeiten des Mangels aufgewachsen, und viele von uns häufen Vorräte »für eine Krise«, »für eine Inflation« an. Das ist der Grund, warum mein Mann Zeitungen sammelt und Ausschnitte aufbewahrt, und es ist der Grund, warum er im Gefühl einer Mission, vergleichbar mit der göttlichen Weisung an Noah, Holzregale für Papierbücher zimmert. Unsere und die vorangehenden Generationen sind darauf gepolt, JA, JA, JA zur Welt zu sagen. Wir dachten uns: Ich probiere dies und das, fahre hierhin und dann dorthin, erlebe dies und jenes. Ich nehme dieses hier, und – kann ja nicht schaden – das da nehme ich auch noch.

Und nun taucht eine Generation an unserer Seite auf, die begreift, dass es in der neuen Situation die menschlich und ethisch wertvollste Entscheidung ist, sich im NEIN, NEIN, NEIN zu üben. Ich gebe dies und jenes auf. Beschränke das hier und das. Dies hier brauche ich nicht. Will ich nicht. Lasse ich lieber …

Mein Name ist Million

Eine der wichtigsten Entdeckungen der letzten Jahre – Entdeckungen, die Einfluss hatten auf die Selbstwahrnehmung des Menschen als Wesen – war ganz sicher die Feststellung, dass der menschliche Organismus, dass Organismen allgemein – also auch die von Tieren und Pflanzen – in ihrer Entwicklung und Funktionsweise mit anderen Organismen zusammenwirken, dass die Organismen somit in gegenseitiger Abhängigkeit verbunden sind. Aus der biologischen und medizinischen Forschung – hier ist zuallererst Lynn Margulis' bahnbrechende Erkenntnis zu nennen, dass Symbiose und die Verbindung von Organismen untereinander als Motor für die Evolution und die Entstehung der Arten fungierten – wissen wir, dass wir eher kollektive als individuelle Wesen sind, eher eine Republik vieler verschiedener Organismen als ein Monolith, als eine hierarchisch strukturierte Monarchie. Dein Körper, das bist nicht nur DU – der Mensch hat lediglich 43 Prozent menschlicher Zellen, verkünden die Boulevardzeitungen und wecken so gewiss die Besorgnis manchen Lesers. Egal, wie oft du dich wäschst, Mensch, deinen Körper besiedeln doch weiterhin deine »Nachbarvölker«: Bakterien, Pilze, Viren und Archäone. Die meisten sind in den dunklen Winkeln unserer Eingeweide zu finden. Die derzeitige Corona-Pandemie bedient genau diese Horrorvorstellung – dass der menschliche Körper von anderen Wesen »kolonisiert« werden kann. Das klingt unfassbar und vollkommen revolutionär, wurden wir doch bislang von Philosophie und Psychologie monadisiert: Der Mensch als Monade, als »ins Sein geworfenes« Einzelwesen thronte einsam als »Krone der Schöpfung« über einem Königreich von Pflanzen und Tieren. Dieses Bild dominierte unsere Vorstellung und Selbstwahrnehmung. Beim Blick in den Spiegel sahen wir den reflektierten, denkenden Eroberer, eine von der Welt isolierte, häufig einsame und tragische Figur. Vor uns erschien das Gesicht eines weißen Mannes, und aus irgendeinem Grund stimmten wir der Aussage »Der Mensch – das klingt stolz« zu. Heute wissen wir, dass jener grandiose Homo sapiens nur zu 43 Prozent er selbst ist. Der Rest besteht aus diesem lächerlichen Kroppzeug, das man sich bisher leicht mit Antibiotika und Pestiziden vom Leib halten konnte. Das langsam entstehende Bewusstsein, dass wir komplex und abhängig von anderen Geschöpfen, ja sogar Teil eines biologischen »Multiorganismus« sind, bringt uns dazu, eher in Kategorien des Schwarms, der Symbiose, der Kooperation zu denken.

Ich denke, die Sünde, für die wir aus dem Paradies vertrieben wurden, war nicht Sex, sie war auch nicht Ungehorsam, ja nicht einmal die Entdeckung göttlicher Geheimnisse – unsere Sünde war ebenjene Selbstwahrnehmung als monolithische, vom Rest der Welt getrennte Einzelwesen. Wir haben uns abgesondert, uns aus dem Zusammenspiel der wechselseitigen Verbindungen ausgeklinkt. Das Paradies verließen wir unter dem gestrengen Blick eines ebenso von der Welt getrennten, monolithischen, monotheistischen Gottes (angesichts der derzeitigen Situation juckt es mich in den Fingern, ihn metaphorisch einen »Gott mit Mund-Nasen-Schutz und Handschuhen« zu nennen), und von da an pflegten wir die Werte jenes Standes: das Streben nach einer mythologisierten Integration, nach Ganzheit, die Egoisierung, den Monolithismus, den Monismus, das analytische, separierende Denken nach dem Entweder-oder-Prinzip (»Du sollst keine anderen Götter neben mir haben«), den Monotheismus, die Unterscheidung, Bewertung, Hierarchie, Abgrenzung, Absonderung, die strikte Schwarz-Weiß-Unterteilung, den Gattungsnarzissmus. Zusammen mit jenem gestrengen Gott gründeten wir eine Gesellschaft mit beschränkter Haftung, die die Welt und unser Gewissen monopolisierte und zerstörte. Und infolgedessen war es uns nicht mehr möglich, die faszinierende Komplexität dieser Welt zu verstehen.

Die traditionelle Wahrnehmung des Wesens Mensch unterliegt heute einem drastischen Wandel – nicht nur aufgrund der Klimakrise, der Epidemie und der Entdeckung, dass die wirtschaftliche Entwicklung ihre Grenzen hat, sondern auch wegen unseres neuen Spiegelbildes: Das Bild des weißen Mannes, des Eroberers mit Anzug oder Tropenhelm, verblasst allmählich und verschwindet; stattdessen sehen wir so etwas wie Giuseppe Arcimboldos gemalte Gesichter – organische, vielfach verschachtelte, hybride Antlitze, bei denen man mehrmals hinschauen muss, die eine Synthese aus biologischen Kontexten, Entlehnungen und Bezügen bilden. Wir sind keine Bionten mehr, wir sind ein Holobiont, also ein Komplex verschiedener, miteinander in Symbiose lebender Organismen. Komplexität, Vielheit, Verschiedenartigkeit, gegenseitige

Beeinflussung, Metasymbiose – das sind die neuen Perspektiven, aus denen wir die Welt betrachten. Ebenfalls im Verschwinden begriffen ist ein bestimmter, bis vor Kurzem noch fundamental erscheinender Aspekt des alten Systems: die Unterteilung in zwei Geschlechter. Heute erkennt man immer klarer, dass die menschliche Geschlechtlichkeit eine Art Kontinuum mit unterschiedlich stark hervortretenden Eigenschaften ist und nicht deren polare Gegenüberstellung. Jede/r kann hier seinen/ihren individuellen Platz finden. Welche Erleichterung!

Diese neue, komplexitätsbasierte Perspektive betrachtet die Welt nicht als hierarchisch aufgebauten Monolithen, sondern als Vielheit und Verschiedenartigkeit, als eine lockere organische Netzstruktur. Das Wichtigste ist aber, dass wir uns selbst innerhalb dieser Perspektive zum ersten Mal als komplexe und vielschichtige Organismen wahrzunehmen beginnen – dahingehend wirkt auch die Entdeckung von Biom und Mikrobiom mit ihrem überwältigenden Einfluss auf unseren Körper und unsere Psyche, auf die Gesamtheit dessen, was wir »Mensch« nennen. Ich vermute, dass die psychologischen Konsequenzen eines solchen Zustands sich als erstaunlich erweisen werden. Vielleicht kehren wir zur Auffassung von der menschlichen Psyche als einem Gefüge vieler Schichten und Strukturen zurück. Vielleicht fangen wir an, Persönlichkeit *als Vielheit* wahrzunehmen, und scheuen uns nicht mehr, multiple Persönlichkeiten als völlig normal und natürlich anzuerkennen. Im gesellschaftlichen Raum könnten dezentralisierte, netzartig organisierte Strukturen eine Aufwertung erfahren, während der hierarchische, auf dem ausgrenzenden Nationalgedanken gründende Staat zu etwas völlig Anachronistischem wird. Und vielleicht können irgendwann die monotheistischen Religionen mit ihrer starken Tendenz zu gewalttätigen Fundamentalismen die veränderten Bedürfnisse des Menschen nicht mehr befriedigen und fangen an, sich zu »polytheisieren«. Denn angeblich passt ja der Polytheismus viel besser zur Idee der Demokratie.

Heute ist jene traditionelle, raffinierte Konstruktion eines vom Rest der Welt sich abhebenden Menschen im Zerfall begriffen. Ich stelle mir das so vor, wie wenn ein mächtiger, morscher Baum sich langsam zu Boden neigt. Dieser Baum hört schließlich nicht auf zu existieren – lediglich sein Zustand durchläuft eine Veränderung. Von nun an wird er zum Ort noch intensiveren Lebens: andere Pflanzen beginnen auf ihm zu keimen, Pilze und Saprophyten besiedeln ihn, Insekten und Tiere richten sich Höhlen ein. Und auch der Baum selbst wird wiedergeboren aus seinen eigenen Trieben, Samen, Wurzeln.

Viele Welten an einem Ort

Noch niemals in der Geschichte der Menschheit waren wohl die Abstände zwischen den Generationen so groß wie heute. Damit meine ich die tiefen Gräben, die sich infolge der Entwicklung von künstlicher Intelligenz und der lawinenartigen Veränderungen beim Zugang zu Informationen aufgetan haben. Es sieht ganz danach aus, als hätte sich die menschliche Gesellschaft in Generationenzonen aufgeteilt, die sich in ihrer Sicht auf die Welt, ihrem Wissen, in der Verwendung und Beschaffenheit ihrer Sprache, ihren Fähigkeiten, ihrer Mentalität, ihrer politischen Teilnahme und ihren Lebensentwürfen unterscheiden. Während einerseits die Unterschiede zwischen den Kulturen und Ethnien in unserer Welt, die einen rasend schnellen Globalisierungsprozess durchläuft (jedenfalls galt das bis zur Pandemie), sich sukzessive verwischten und verschwanden und alles immer ähnlicher wurde, vertieften sich andererseits die Gräben zwischen den Generationen. Immer klarer und lauter wird der Konflikt zwischen Alt und Jung verbalisiert; besonders erkennbar wird dies nun in der Pandemie, die durch die altersbedingten Unterschiede bei der körperlichen Widerstandskraft gegen das Virus zusätzlich dämonisiert wird. Ähnliche Ungleichheiten haben sich allerdings auch schon früher gezeigt, bei den Klimaveränderungen und der Notwendigkeit ihrer Eindämmung. Auch hier traten die Jüngeren gegen die Älteren auf und warfen ihnen – zu Recht – einen Mangel an perspektivischem Denken und konkreten Verbesserungsplänen vor. Diese Kluft ist jedoch nicht nur Ausdruck eines Konflikts zwischen Alt und Jung, sondern auch einer eigentümlichen Unstimmigkeit der verschiedenen Altersgruppen von Menschen im selben geographischen Raum. Enkel und Großeltern haben heute weniger gemeinsam als in früheren Zeiten die Einwohner von New York und Sandomierz. Und bei Urenkeln und Urgroßeltern müsste man zur Veranschaulichung wohl auf interplanetare Entfernungen zurückgreifen ... Die einzelnen Generationen verwenden heute nicht nur ihre eigenen Sprachen, sondern auch ihre eigenen Alltagsrituale mit jeweils spezifischen Konsumptionsmustern und Lebensstilen. Sie haben eigene Vorstellungen von der Zukunft und sind auf andere Weise von ihr abhängig, ihr Bezug zur Vergangenheit ist ein anderer, ebenso ihr Verhältnis zur Gegenwart. Die Enkel sitzen über immer neuen Apps, die Großeltern vor ihren Lieblingssendungen im Fernsehen. Internetblasen dringen ein ins reale Leben, was dort besonders deutlich hervortritt, wo es die Älteren betrifft. Eine eigentümliche Erfahrung waren für mich die »Seniorenstunden«, die in Polen während der Pandemie festgelegt wurden: An den Vormittagen zwischen neun und zwölf sah man nur Menschen ab fünfundsechzig auf die Straße gehen und ihre Einkäufe erledigen. An den Nachmittagen wiederum standen nur Dreißig- bis Vierzigjährige Schlange vor den Supermärkten. Der Anfang einer Dystopie …

Der Zerfall der Bevölkerung in verschiedene »Stämme« je nach Generationszugehörigkeit veranschaulicht, wie viele Realitäten sich in ein und demselben Raum befinden. Sie verzahnen, überschneiden, stimulieren sich gegenseitig – und bleiben dennoch strikt getrennt.

Der seltsame Sommer 2020

Die großen Veränderungen traten meist in der Folge von Kataklysmen und Kriegen ein. So sollen die Menschen kurz vor dem Ersten Weltkrieg das Gefühl gehabt haben, es nahe das Ende einer Etappe, einer ganzen Welt. Vielen erschien die Situation unerträglich, wenn sie sich auch dieses Eindrucks nicht vollkommen bewusst waren. Heute können wir den Enthusiasmus nicht mehr verstehen, der jubelnde Menschenmengen auf die Straßen trieb, wo sie mit Vivatrufen die in den Krieg ziehenden jungen Männer verabschiedeten. Ihr munterer Schritt – der wegen der damaligen Filmtechnik zackig wirkt, als marschierten Marionetten – führte die Soldaten irgendwo weit fort, bis hinter den Horizont, wo bereits die Schützengräben von Verdun und die Oktoberrevolution lauerten. Bald sollte die ganze Ordnung ihrer Welt einstürzen. Auf dass wir diesen Fehler nicht wiederholen …

Heute – wo der seltsame Sommer 2020 seinem Ende zugeht – sind wir es, die nicht wissen, was auf sie zukommt. Sogar die Experten hüllen sich in Schweigen; sie wollen nicht zugeben, dass die in keiner anderen Lage sind als die heutigen Meteorologen, die wegen der klimatischen Wirren das Wetter nicht mehr vorhersagen können. Die Welt um uns herum ist zu komplex geworden – und das in mehreren Dimensionen zugleich. Eine spontane, reflexartige Antwort auf diesen Zustand ist die Reaktion von Traditionalisten und Konservativen, die die gestiegene Komplexität wie eine Krankheit, wie eine Störung behandeln. Als Heilmittel wollen sie uns Nostalgie, die Rückkehr in die Vergangenheit verordnen, halten krampfhaft an Traditionen fest. Da die Welt zu kompliziert geworden ist, muss man sie vereinfachen. Dass wir mit der Realität nicht zurechtkommen – umso schlimmer für die Realität. Die Sehnsucht nach einer verlorenen Zeit zieht sich durch unser Denken, durch die Mode, durch die Politik. Was Letztere betrifft, so verbreitet sich der Glaube, man könne die Zeit zurückdrehen und in denselben Fluss steigen, dessen Wasser vor Jahrzehnten vorüberflossen. Ich glaube nicht, dass wir heute in das damalige Leben noch hineinpassten. Wir fänden nicht mehr genügend Platz in der Vergangenheit. Weder unsere Körper noch unsere Psyche.

Und wenn wir einen Schritt zur Seite machten? Wenn wir die ausgetretenen Pfade unserer Überlegungen, Gedanken, Diskurse verließen und uns aus den Systemen von Blasen hinausbegäben, die alle um ein gemeinsames Zentrum kreisen? An einen Ort, von dem wir besser und weiter sehen, von dem aus die Konturen des breitesten Kontextes erkennbar sind.

Als Greta Thunberg postulierte: Schließt die Bergwerke,

fliegt nicht mehr, konzentriert euch auf das, was ihr habt, und nicht auf das, was ihr alles haben könntet, wollte sie damit wohl kaum sagen, dass wir wieder auf Pferdewagen umsteigen und in Hütten mit Holzöfen ziehen sollten. Als Schwarzer Schwan hat sich hier die Pandemie erwiesen, die – wie es bei Schwarzen Schwänen eben so ist – niemand vorausgeahnt hat und die alles verändert. Mein Lieblingsbeispiel für einen Schwarzen Schwan sind die Ereignisse in London zu Ende des 19. Jahrhunderts: Die Einwohner der hoffnungslos überfüllten, engen und verdreckten Stadt sorgten sich, dass die Haufen an Pferdemist auf den Straßen in naher Zukunft den ersten Stock der Wohnhäuser erreichen würden, wenn das Verkehrsaufkommen weiter so rasant anstiege. Schon begann man, nach Lösungen zu suchen, schon meldete man Patente auf spezielle Ablaufsysteme für den Straßenrand an und rieb sich die Hände in Erwartung der florierenden Geschäfte mit dem Abtransport von Pferdemist. Und da wurde das Auto erfunden.

Im kognitiven Sinn kann der derzeitige Schwarze Schwan einen Wendepunkt darstellen – allerdings nicht, weil er möglicherweise eine Wirtschaftskrise ausgelöst oder den Menschen ihre Vergänglichkeit und Sterblichkeit vor Augen gehalten hätte, denn schließlich gibt es zahlreiche und höchst unterschiedliche Auswirkungen der Pandemie. Die wichtigste davon scheint mir allerdings zu sein, dass das tief verinnerlichte Narrativ vom Menschen als Herrn der Schöpfung, der Kontrolle über die ganze Welt besitzt, einen Bruch erfahren hat. Vielleicht ist dem Menschen als Gattung die Macht zu Kopfe gestiegen, die ihm aufgrund seines Verstandes und seiner Kreativität zufiel, und das wiederum hat ihn zu dem Gedanken verleitet, dass er und seine Interessen immer und überall im Vordergrund stünden. Mit einer anderen Perspektive, einem anderen Blick aber wird er sich ebenso wichtig und obendrein unentbehrlich fühlen können – als entscheidendes Auge des gesamten Netzes nämlich, als Übermittler von Energie, vor allem aber als Verantwortlicher für die Gesamtheit des komplexen Gebäudes. Verantwortung ist dabei der Faktor, der es ihm gestattet, sich ein Gefühl der eigenen Wichtigkeit zu bewahren, und der dadurch das mühevoll im Laufe von Jahrhunderten errichtete Konstrukt der Vorrangstellung des Homo sapiens nicht abwertet.

Ich bin überzeugt, dass unser Leben nicht nur eine Summe von Ereignissen ist, sondern ein verschlungenes Sinngefüge – das wir selbst schaffen, indem wir den Ereignissen jeweils einen Sinn zuschreiben. Die einzelnen Sinnhaftigkeiten wiederum ergeben zusammen ein wundersames Geflecht von Geschichten, Begriffen, Ideen, und man könnte es als eines der Elemente bezeichnen, die – wie Luft, Erde, Feuer und Wasser – unsere Existenz physisch bedingen und uns als Organismen formen. Die Geschichte, das Erzählen ist somit das fünfte Element, das uns die Welt auf ebendiese und keine andere Weise sehen lässt, das uns ihre unendliche Vielfalt und Vielschichtigkeit verstehen, unsere Erfahrung einordnen und sie von Generation zu Generation, von einer Existenz zur anderen weitergeben lässt.

Kairos

Der Holzstich aus Flammarions Werk zeigt einen kairotischen Augenblick. Kairos ist eine der niederen Gottheiten, die verglichen mit den Olympischen Göttern nicht besonders bedeutend erscheinen und sich nur irgendwo in der mythologischen Peripherie bewegen. Jener Kairos nun ist ein recht eigentümlicher Gott mit einer ebenso eigentümlichen Frisur. Sie ist sein Erkennungsmerkmal: Sein Hinterkopf ist kahl, der Stirn entspringt ein Schopf, bei dem man ihn packen kann, wenn er näher kommt – nicht mehr aber, wenn er sich bereits wieder entfernt. Er ist der Gott der Gelegenheit, des flüchtigen Moments, der unfassbaren Möglichkeit, die sich nur für einen kurzen Augenblick eröffnet und die man, ohne zu zögern, ergreifen (beim Schopfe packen!) muss, damit sie nicht ungenutzt vorübergeht. Übersieht man Kairos, verpasst man die Gelegenheit zur Veränderung – zur *metanoia* –, die aber nicht Resultat eines langen Prozesses, sondern eines folgenschweren Moments ist. In der griechischen Tradition bezeichnet *kairos* die Zeit, jedoch nicht den mächtigen Zeitstrom, den *chronos*, sondern eine Ausnahmezeit: den entscheidenden, alles verändernden Augenblick. Kairos ist immer mit einer Entscheidung des Menschen selbst verbunden, nicht mit unweigerlichem Schicksal, Fatum, äußeren Umständen. Die symbolische Geste des »Beim-Schopfe-Packens« bedeutet, sich der Möglichkeit zur Veränderung gewahr zu werden, die Schicksalswende selbst in die Hand zu nehmen.

Für mich ist Kairos der Gott der Exzentrik – wenn man unter »Exzentrik« die Aufgabe der »zentrischen« Sichtweise, der ausgetretenen Pfade im Denken und Handeln versteht, das Verlassen wohlbekannten Terrains, das mittels gemeinschaftlicher Denkgewohnheiten, Rituale, verfestigter Weltanschauungen gewissermaßen abgesteckt worden ist. Exzentrik gilt seit jeher als wunderlich und randständig – dabei muss doch alles Schöpferische und Geniale, das die Welt in eine neue Richtung lenkt, zwangsläufig »ex-zentrisch« sein. Exzentrik bedeutet, das Althergebrachte, das, was als normal und selbstverständlich angesehen wird, spontan und auf spielerische Art infrage zu stellen; sie ist eine Herausforderung an Konformismus und Hypokrisie, ein kairotischer Akt des Mutes, dessen es bedarf, im richtigen Moment zuzugreifen und das Schicksal in die eigenen Hände zu nehmen.

Wir haben das allgemeine Wissen verdrängt und den Sinn für eine ganzheitliche Wahrnehmung irgendwo verloren. Nach und nach gehen die letzten Gelehrten von uns, die großen »Ex-zentriker« – wie etwa Stanisław Lem oder Maria Janion –, die Verbindungen zwischen scheinbar weit auseinanderliegenden Wissensgebieten zu erfassen und aufzugreifen in der Lage sind, die ihren Kopf über den Weltenrand der vereinbarten Ordnung hinausstrecken. Früher haben wir wenigstens versucht, die Welt in einer Ganzheit zusammenzufassen, indem wir kosmogonische und ontologische Visionen entwickelten und Sinnfragen stellten. Doch dann sind wir irgendwo auf unserem Weg proletarisiert worden – auf ähnliche Weise, wie die Handwerker, die noch das vollständige Produkt anfertigen konnten, durch die kapitalistische Fabrikation proletarisiert und zu Arbeitern gemacht wurden, die nur noch die Einzelteile herstellten und sich des Ganzen nicht einmal mehr bewusst waren. Der Vorgang, in dessen Zuge sich die menschliche Gesellschaft in einzelne Blasen unterteilt, ist der Prozess einer unvorstellbaren, totalen Proletarisierung. Wir ziehen uns in unsere Blasen zurück, machen es uns bequem in der abgesonderten Sphäre unserer eigenen Erfahrung, die uns den Zugang zu den Erfahrungen und Gedanken anderer blockiert – und wir *wollen* es so, es geht uns gut damit, während die anderen, die *wirklich* anderen, die zu verstehen oder auch nur wahrzunehmen ein Hinauslehnen über den Rand von uns verlangen würde, uns herzlich egal sind.

Der öffentliche Raum existiert natürlich, jedoch eher als Substitut, als Schein, als ein Schauspiel vor stark abgenutzten Kulissen, das die Herrschenden und ihre Rituale sich angeeignet haben. In den ausgetretenen Zentren, den früheren Orten des Gedankenaustauschs, gibt es keine Luft mehr. Die Agora ist nur mehr eine Ansammlung von Strecken und Bahnen, auf denen wir uns mechanisch bewegen. Die Universitäten haben ihre alte Rolle verloren und sind zum grotesken Abklatsch ihrer selbst geworden – statt Wissen zu erzeugen und Plattformen gegenseitiger Verständigung zu schaffen, ziehen sie sich hinter ihre Mauern und Portale zurück, indem sie den Wissenszugang beschränken und Forschungsergebnisse eifersüchtig voreinander geheim halten. Die Forschenden wetteifern blindwütig um Fördermittel und Punkte, haben sich in rivalisierende Lohnarbeiter verwandelt. Da wir das große Ganze nicht sehen, werden wir hin- und hergeworfen von lokalen Verwirbelungen und Strudeln und bleiben abhängig von den einzelnen Teilen des großen Puzzles – der gegebenen Welt und der, die wir darüber errichten.

In meinem Schreiben versuche ich immer, das Augenmerk und die Sensibilität meiner Leser und Leserinnen auf das große Ganze zu lenken. Ich habe mich am allwissenden Erzähler abgearbeitet, habe mit fragmentarischen Formen provoziert, indem ich suggerierte, es gebe Konstellationen, die über die simple Summe von Bestandteilen hinausgehen und einen eigenen Sinn kreieren. Mir scheint, die Literatur als unaufhörlicher Prozess des Erzählens der Welt hat größere Möglichkeiten als irgendetwas sonst, diese Welt in ihrer gesamten Perspektive gegenseitiger Einflüsse und Verbindungen zu zeigen. Weit gefasst, so weit wie möglich, ist sie von ihrer Natur her ein Netz, das die verzweigte, umfassende Korrespondenz zwischen allen Teilhabern des Seins verbindet und abbildet – eine raffinierte und ganz besondere, präzise und zugleich totale Art der zwischenmenschlichen Kommunikation.

Ich komme in diesem Text immer wieder auf die Literatur zu sprechen – hier erwähne ich Kairos, da beziehe ich mich auf Flammarion und den anonymen Holzstich, den er irgendwo auftrieb, um sein Buch *L'atmosphère. Météorologie populaire* zu illustrieren. Viele Menschen, das weiß ich, sehen Literatur als leichte Unterhaltung an, in Form von Büchern, die man »wegliest« – ein Zeitvertreib, ohne den es sich ebenso glücklich und erfüllt leben lässt. Im weitesten Verständnis aber ist die Literatur ein Sesam der anderen Gesichtspunkte, der unterschiedlichen, durch den individuellen Verstand der einzelnen Menschen gefilterten Weltsichten. Und darin lässt sie sich mit nichts anderem vergleichen. Literatur, auch die älteste, die mündlich überlieferte Literatur, schafft Ideen und zeichnet Perspektiven, die sich tief in unserem Verstand verankern und ihn formatieren – ob wir es nun wollen oder nicht. Sie ist die Heimat der Philosophen (was ist denn Platons *Gastmahl* anderes als ein Stück gute Literatur?), bei ihr beginnt das Philosophieren.

Es wäre schwierig, eine Vision der Literatur für neue Zeiten zu kreieren, insbesondere, weil gut informierte Quellen zu wissen meinen, dass eben derzeit die letzte lesende Generation heranwächst. Trotzdem möchte ich, dass wir uns weiterhin zugestehen, neue Geschichten zu ersinnen, neue Begriffe und neue Wörter. Zugleich aber weiß ich, dass in der Welt – in diesem gewaltigen, wandelbaren, flirrenden Universum – nichts jemals neu ist. Es ist lediglich eine andere Konfiguration, die die Dinge auf andere Weise darstellt, neue Assoziationen und damit neue Begriffe schafft. Der Terminus »Anthropozän« ist gerade einmal dreißig Jahre alt, doch dank ihm sind wir imstande zu begreifen, was rings um uns und mit uns geschieht. Er setzt sich aus zwei gut bekannten griechischen Wörtern zusammen: *ánthrōpos* (Mensch) und *kainós* (neu), und er beweist den großen Einfluss des Menschen auf die weltweit vor sich gehenden Prozesse in der Natur.

Was haltet ihr von Ognosie?

Ognosie (poln. *ognozja*, engl. *ognosia*, frz. *ognosie*) – narrativ orientierter, ultrasynthetischer Erkenntnisprozess, in dessen Zuge Dinge, Situationen und Phänomene einer Reflexion unterzogen und so in ein höheres Sinngefüge der wechselseitigen Bedingtheiten eingeordnet werden sollen, siehe auch → *Fülle*, → *Vielheit*; ugs.: die Fähigkeit, sich Fragestellungen und Problemen auf synthetische Weise anzunähern, indem sowohl in den Narrativen selbst als auch in den Details, den einzelnen Teilchen des Ganzen, nach einer zugrundeliegenden Ordnung gesucht wird. Im Fokus der Ognosie stehen Ereignisketten außerhalb der kausalen und logischen Zusammenhänge, sie präferiert → *Fügung*, → *Brücke*, → *Refrain*, → *Synchronizität*. Häufig wird eine Verbindung zwischen Ognosie und → *Mandelbrot-Menge*, → *Chaostheorie* nahegelegt. Gelegentlich wird die Ognosie als alternative religiöse Haltung betrachtet, als → *Alterreligion*, die eine sog. verbindende Kraft nicht in einem übergeordneten Sein erkennt, sondern eher in untergeordneten, »niederen« Existenzen, den sog. → *ontologischen Kleinformen*. Eine Ognosiestörung äußert sich in der Unfähigkeit, die Welt als integrale Ganzheit wahrzunehmen, stattdessen wird alles zersplittert und unzusammenhängend gesehen; bei dieser Störung ist die Funktion des → *Einblicks* in die Situation, der Synthese und der Verknüpfung von scheinbar unverbundenen Fakten blockiert. In der Ognosietherapie wird häufig die Heilmethode der Romanbehandlung angewandt (ambulant auch die mündliche Erzählbehandlung).

Lasst uns eine Bibliothek der neuen Begriffe schaffen und sie mit ex-zentrischen Inhalten füllen – Inhalten, von denen das Zentrum noch nie gehört hat. Denn schließlich wird es uns an Wörtern, Termini, Wendungen, Phrasen fehlen, und wer weiß, vielleicht sogar an ganzen Stilen und Gattungen zur Beschreibung dessen, was da kommt. Neue Landkarten werden wir brauchen und den Mut, den Humor von Wanderern, die sich nicht scheuen, den Kopf aus der Sphäre der bisherigen Welt hinauszustrecken, über den Horizont der bisherigen Wörterbücher und Enzyklopädien. Ich bin schon gespannt, was wir dort sehen werden.

Deutsch von Lisa Palmes

Übungen im Fremdsein

Ich bin mit den Büchern von Jules Verne aufgewachsen – sie haben mir eine ferne Welt gezeigt, haben meine Vorstellung davon geformt, wie der Mensch des Westens auf Reisen geht. Das nahm ich mir zum Maß, dem wollte ich nacheifern, während ich in der abgeschlossenen und öden Sphäre der Volksrepublik lebte. Und der Verne'sche Reisende war nicht irgendwer – auch wenn die letzten weißen Flecken noch nicht von der Weltkarte verschwunden waren, schien er die Gefahren nicht wahrzuhaben, selbstsicher und mutig machte er sich auf den Weg, im Gefühl, dass ihm die Welt gehöre, dass ihm dies alles zustehe. Auf seinen Reisen behielt er seine Gewohnheiten bei, blieb der Mode seines Landes treu (unverzichtbar die tabakbraunen Hosen und der schwarze Gehrock). Für gewöhnlich genügte ihm auch die eigene Muttersprache. Stets dachte er daran, die neuesten technischen Erfindungen mitzunehmen, die ihm im entscheidenden Moment aus der Klemme halfen, ihm das Leben retteten. Und selbst wenn er ein guter, ein weltoffener Mensch war, steckten doch in der Tiefe seiner Seele die Überzeugung seiner evolutionären Überlegenheit sowie das Bewusstsein, dass es unstrittige historische Prozesse gebe, die früher oder später jeden Winkel der Erde auf das zivilisatorische Niveau des Westens heben würden. Atemberaubende Abenteuer brachten ihn in die entferntesten Einöden, doch auch dort fühlte er sich sicher, denn noch in den einsamsten Gegenden traf er auf einen Beamten des eigenen Kulturkreises, der ihm im Falle eines Falles den verlorenen Reisepass ersetzte und ihn mit etwas Klatsch über die Eingeborenen versorgte.

Faszinierende Dekoration

In der Form des Pastiches kehrt der Verne'sche Standpunkt häufig in der Popkultur wieder, zum Beispiel in den Indiana-Jones-Filmen. Hier ist die Welt nur ein exotisches Bühnenbild für die Heldentaten des Protagonisten, deren Struktur an ein Computerspiel denken lassen. Und wie faszinierend die Kultur auch wäre, auf die der Held träfe – er wird sich nicht ändern, wird bis zum Schluss derjenige bleiben, der er im Moment seiner Ankunft war. Eingeschlossen in der dichten Kapsel der westlichen Identität, zeigt er sich wie imprägniert gegen alles Fremde, auch wenn er als Archäologe agiert, der in dieser Hinsicht aufgeschlossen sein sollte. Fixiert auf sein Ziel (den Schatz zu finden, das Geheimnis zu lüften), knüpft er keine engeren Beziehungen zu den Eingeborenen, nimmt keinen kulturellen Dialog auf. In der festen Überzeugung, dass die Menschen ihn verstehen müssten, spricht er Englisch oder Französisch mit ihnen. Er hält an seinen Standards fest, lässt sich auf keine engeren Verhandlungen ein, behandelt alles und jeden von oben herab, seiner zivilisatorischen (und damit seiner menschlichen) Überlegenheit sicher. Wir haben die legendäre Szene vor Augen, in der Indiana Jones von einem Ismailiten zu einem Duell herausgefordert wird. Wir befinden uns auf einem Basar, inmitten der Menge, die beiseitetritt, um den Kämpfenden Platz zu machen. Als der traditionell gekleidete Krieger seinen Säbel wirbeln lässt, um seine Fertigkeiten zu zeigen, zückt Indiana Jones, der es eilig hat, seine Pistole und erschießt ihn. Ende des Duells.

Überrumpelt von dieser Wendung, muss der Zuschauer lachen, auch wenn ihn die eigene Reaktion überrascht. Die Nonchalance, ja Dreistigkeit des Indiana Jones wirkt imponierend, zugleich spricht sie jedem Reflex politischer Korrektheit Hohn.

Im Grunde nimmt der Reisende des Westens die Welt als nicht wirklich wahr. Gleich einem ewig eilenden Schatten bewegt er sich durch die Länder und Kulturen, die er besucht. Nichts berührt er, in nichts ist er einbezogen, er bleibt verkapselt in seinem Überlegenheitsgefühl.

Die unschuldige exotische Welt, in die der westliche Reisende vom Schlage eines Indiana Jones gelangt, geht zumeist am Ende der Geschichte auf dramatische Weise unter. Der Untergang vollzieht sich mit einem Donnerschlag – als sollte diese Welt, wenn das Ziel erreicht, das Geheimnis aufgedeckt ist, ihre Existenzberechtigung verlieren. Der Zuschauer muss einstürzende Pyramiden sehen, zusammenfallende unterirdische Verliese, Vulkanausbrüche und ähnliche apokalyptische Bilder. Hier gilt die alte römische Formel: veni, vidi, vici. Was gesehen und erfahren (benutzt) wurde, ist abgehakt, mit anderen Worten: bezwungen. Und hört damit auf zu existieren.

Exotisch, aber in Maßen

Das Paradigma des Reisenden im 19. Jahrhundert erfuhr seine industrialisierte Vermassung durch den modernen

Tourismus. Erbe des Phileas Fogg und des Indiana Jones ist heute der Tourist, der im Reisebus in zwölf Tagen Mexiko durchquert auf einer Tour, die natürlich in Cancún enden muss, dem scheußlichsten Ort, den ich je gesehen habe – monströse Hotelanlagen und abgeteilte Strandabschnitte. Oder er erholt sich *all-inclusive* in türkischen Seebädern und gibt sich alle Mühe, nicht daran zu denken, dass ein paar Hundert Meter weiter die Leichen von Flüchtlingen an den Strand gespült werden.

Der blasse und vom langen Sitzen steif gewordene Reisende knipst verwackelte Bilder durch die Scheibe des Busses, und die Beine kann er erst dort wieder ausstrecken, wohin ihn der Wille und der Geschäftssinn des Reiseleiters bringen. Während des kurzen Aufenthalts sieht er dann mit eigenen Augen, was die Reiseführer empfehlen, und befriedigt vermerkt er in Gedanken, dass dies alles tatsächlich existiert. An den Abenden bekommt der Tourist ein exotisches *real life* geboten, das alles andere als *real* ist und mit *life* eigentlich gar nichts zu tun hat.

Der Tourist möchte es exotisch, aber in Maßen. Er möchte, dass es echt wirkt, aber bitte nicht um den Preis der Dusche am Morgen. Er möchte ein bisschen Nervenkitzel, aber nicht so, dass es ihn beunruhigen müsste. Er möchte Kontakt mit den Einheimischen, solange er oberflächlich bleibt und unverbindlich. Einmal hörte ich ein Gespräch meiner Landsleute im mittleren Alter, sie wollten gemeinsam nach Kuba reisen und bestärkten einander darin, die Reise zu unternehmen, solange Fidel noch lebe. Solange dort noch Armut herrsche. Denn später wäre es dann »wie überall«. Der Geschäftssinn hat auch im Tourismus die Grenzen der Ethik verschoben.

Verschiedene Welten

Eine Reise ist immer auch eine Eroberung. Wenn wir uns auf den Weg machen, begleitet uns unser Ozean an Bedeutungen, Begriffen, Klischees, mentalen Gepflogenheiten. Seine Wellen überspülen, was wir außerhalb unseres Selbst vorfinden. Was wir bereits wissen, bereits begriffen haben, ergießt sich auf diese andere Welt. Derlei Eroberungen werden möglich dank der Reiseführer, die immer besser wissen, welche Orte wir besuchen, was wir besichtigen sollten. Willkürlich stecken sie die Grenzen unserer Wahrnehmung ab, denn was im Reiseführer nicht vermerkt ist, existiert auch nicht. So absolvieren wir festgelegte Touren, auf denen wir fieberhaft suchen, was wir sehen müssen. Und sehen dann auch nichts anderes.

Reiseführer sind nach wie vor ein Thema für eine eigene Monographie. Ihnen ist zu entnehmen, wie wir uns das Fremde anzueignen versuchen, indem wir es in unseren Erkenntnisradius integrieren. Allem Anschein zum Trotz richten sie sich nicht an die Allgemeinheit, sondern immer an eine bestimmte Zielgruppe mit spezifischen Eigenschaften, und diesen Aspekt ebenso wie die politischen Implikationen sollten wir nie aus den Augen verlieren. Eben hier sollten wir ansetzen nachzudenken, was wir denn eigentlich betrachten.

Ich habe einmal zwei Reiseführer durch eine bestimmte Region Polens durchgesehen – einer verfasst von Katholiken, der andere von Juden. Sie waren völlig voneinander verschieden. Reisende der beiden Gruppen würden wahrscheinlich wie Schatten aneinander vorübergleiten, womöglich, ohne einander zu bemerken. Die Routen hätten keine Schnittpunkte, weil die Reiseführer so gänzlich verschiedene Erfahrungen, so gänzlich verschiedene Blicke auf die Vergangenheit vermitteln. Ja, wir dürfen sagen, dass die Reisetagebücher dieser beiden Gruppen – so sie denn welche führen würden – von zwei verschiedenen Welten sprechen müssten.

Existiert denn überhaupt die eine Welt, *unus mundus*, die die Philosophen sich zurechtgeträumt hatten? Ein großes, neutrales Universum, in dem wir die Möglichkeit haben, einander zu begegnen und im anderen den Nächsten zu erkennen. Oder leben wir, die wir uns in der einen räumlichen Sphäre befinden, in Wahrheit in den jeweils eigenen Phantasmen?

Kilometer um Kilometer

Vor Kurzem erzählte mir ein Siebzigjähriger, wie Reisen in der Zeit der Blumenkinder ausgesehen hatten. Ende der sechziger, Anfang der siebziger Jahre des vergangenen Jahrhunderts kaufte sich der rebellisch farbenfrohe Mensch des Westens einen billigen Gebrauchtwagen, am besten einen Bulli, und machte sich auf den Weg nach Indien. Dafür brauchte man damals entschieden mehr Zeit, als wir im 21. Jahrhundert bereit wären, für einen solchen Ortswechsel aufzubringen. Indem wir heute an Bord einer Boeing gehen, vollziehen wir eine Art Zaubertrick. Ein großes »Klick« – und in wenigen Stunden steigen wir in einer völlig anderen Wirklichkeit aus. Jene Reisenden damals haben die Welt Kilometer um Kilometer durchmessen, und Tag um Tag veränderten sich der Geschmack des Wassers, des Essens, die Temperatur, das Klima. Der Körper hatte die Möglichkeit, sich den Veränderungen anzupassen. Unterwegs erlebten die Menschen allerlei Abenteuer, zumal man gerade entlang dieser Route günstig gutes Gras und gutes Hasch kaufen konnte.

Eine Reise war damals (und sie wäre es wohl besser auch geblieben) eine Übung im Fremdsein. Marco Polo empfand es, als er an den Hof des Herrschers von China gelangte, und ebenso spürte es jener bunt gekleidete Hippie, der in der Dämmerung, sagen wir, durch das rajasthanische Jodhpur streifte und die Erfahrung machte, wie seine Existenz in einen ebenso seltsamen wie atemberaubenden Schwebezustand geriet. Nichts von alledem versteht er, hier gehört er nicht dazu, niemanden kümmert sein Dasein.

Käme uns heute die verrückte Idee in den Sinn, eine ähnliche Reise zu unternehmen – wie viele Krisenzonen, wie viele Kriegsgebiete müssten wir durchqueren? Ein Blick auf die Landkarte würde genügen – und sofort müsste uns die Frage bedrängen, ob das überhaupt möglich sei.

Eine irreale Show

Dass jene sichere Welt ihr Ende fand, lag nicht nur an den Kriegen und Konflikten. Es hatte auch damit zu tun, dass bestimmte, potenziell attraktive Gegenden der Erde einander auf eigentümliche Weise ähnlich wurden – hinsichtlich der Kleidung, des Essens, in der Allgegenwart des Plastiks, durch die lokalen Souvenirs chinesischer Produktion. Den Touristen blieben bestimmte Bereiche vorbehalten, vergleichbar den Wirtschaftszonen oder den Vergnügungsparks für Kinder – selbstverständlich mit einem riesigen Parkplatz für die Reisebusse. An anderen Orten, an denen große Summen in den Tourismus investiert werden, sitzen die Urlauber am Strand unter der diskreten Bewachung uniformierter Wachschutzkommandos, die mit scharfen Waffen ausgerüstet sind. Von der vorgesehenen Besichtigungsroute abzuweichen, wird nicht nur zunehmend schwierig, es ist auch kostspielig. Ein Vergnügen für die Reichen. Weniger wohlhabende Touristen bekommen einen sicheren Durchschnittsstandard, das übliche Fast Food, das überall gleich schmeckt und so gut wie nichts vermittelt – im Grunde leere Kalorien.

So ist die Rückkehr von einer weiteren exotischen Reise oft genug mit einer Enttäuschung verbunden, die man sich möglichst zu verbergen bemüht – da haben wir allerlei Souvenirs und irgendwelchen glitzernden Plunder zusammengekauft (zu Hause weiß man dann nicht, was anfangen mit dem Zeug), alle Sehenswürdigkeiten besichtigt, die der Reiseführer empfiehlt, haben einheimische alkoholische Getränke probiert und lokale Gerichte (viele gibt es in einer eigenen Touristenversion), haben folkloristische Tänze gesehen. Doch wenn wir wieder zu Hause sind und mit den Koffern im Flur stehen, beschleicht uns das Gefühl, an einer irrealen Show teilgenommen zu haben. Als hätten wir durch eine Scheibe ein Eis essen wollen.

Eine Frage der Freiheit

Eine Reise zu unternehmen, war in unserer westlichen Kultur ein Akt der Freiheit. Phileas Fogg ist ein freier Mensch. Als freier Mensch geht er eine Wette ein, stellt sich einer Herausforderung und entscheidet damit über sein Leben. Reisen wurde zu einem Symbol der Freiheit, und vermutlich ist es auch deshalb für uns so attraktiv. Vielleicht verstehen wir, die wir von Natur aus Nomaden sind und nur angehalten haben auf unserem Weg, auf eben diese atavistische Weise die Freiheit – in Bewegung sein, die Orte wechseln, irgendwohin ziehen ...

Wenn der Entschluss, sein Land zu verlassen – und sich auf den Weg zu machen –, eine Frage der freien Entscheidung ist, vergleichbar der Redefreiheit, wie könnten wir sie dann, wenn wir selbst darüber verfügen, anderen verbieten wollen? Für manche Menschen stellt die Emigration die einzige Alternative dar angesichts des Freiheitsverlusts und wird damit Teil des unantastbaren Rechts des Menschen auf eine freie Entscheidung. Wer soll bestimmen dürfen, wo jemandes Platz sei? In Zeiten, in denen Tausende Menschen in unseren Ländern Schutz suchen, bitten Herr al-Halabi und Frau Marrousch nicht um unsere Hilfe. Sie wollen nicht wie Flüchtlinge behandelt werden, sondern wie freie Menschen, denen es zusteht zu entscheiden. Paradox ist es, dass es den Ortswechsel erleichtern würde, wenn sie sich als Ware deklarieren, einen Lieferschein ausfüllen und sich selbst per Flugzeug expedieren würden. Sie hätten es leichter, Grenzen zu überwinden, hätten es leichter zu reisen.

Fremde Freiheit ist immer heikel. Die sich der Freiheit erfreuen dürfen, wollen sie anderen häufig nicht gönnen.

Warum kann ich in das Land Frau Marrouschs, das Land Herrn al-Halabis fahren und dort so lange bleiben, wie ich möchte – wahrscheinlich könnte ich mich dort sogar niederlassen –, Frau Marrousch aber und Herr al-Halabi dürfen dies in meinem Land nicht? Warum wollen meine Landsleute, die seinerzeit in Libyen und Syrien Geld verdient haben beim Bau von Brücken und Fabriken, um im Leben vorwärtszukommen, heute den Libyern und Syrern keine Chance in Polen geben – selbst dann nicht, wenn deren Leben auf dem Spiel steht?

Habe ich noch das Recht zu reisen? Wenn Menschen an Grenzen festgehalten und in Flüchtlingslager gesteckt werden, wird Reisen zunehmend zum ethischen Problem.

Ehrlich gesagt, ich habe die Lust am Reisen verloren. Und das nicht aus Angst vor Anschlägen oder Kriegen. Die Lust am Reisen ist mir vergangen, weil es mich beschämt, über eine Freiheit zu verfügen, die andere nicht haben.

Ich möchte keine Touristin mehr sein in den Ländern des armen globalen Südens. Hilflos das Elend der Menschen und das Leiden der Tiere zu sehen, ist mir unerträglich.

Die Lust am Reisen ist mir vergangen, seit ich im Südchinesischen Meer schwimmende Inseln aus Plastik gesehen habe. Wollte man sich am Strand hinsetzen, musste man sich den Platz zuerst freiräumen.

Ich möchte nicht mehr mit dem Flugzeug reisen, seit Flugzeuge als Taxis zwischen den Citys dienen, die bei einem Flug so viel Treibstoff verbrennen wie zig Reisebusse auf der gleichen Strecke.

Die Lust am Reisen ist mir vergangen, seit es auf Facebook Blogs gibt, auf denen heutige Reisende ihre Fotos posten und in allen Einzelheiten darüber informieren, was sie an jedem Tag ihrer exotischen Reise unternommen haben. Und wer möchte, kann mit ihnen so einfach in Kontakt treten, als wären sie zu Hause. Ich habe den Eindruck, sie wären nie wirklich aufgebrochen.

Bücher vom Zuschnitt »Ich erzähle euch, wo ich war« und Festivals, die dem Reisen gewidmet sind, reizen mich nicht mehr. Auch der Reisende als Flaneur, der ohne Eile unterwegs ist, mit leicht schleppendem Schritt, als Verkörperung des reinen Schauens gleichsam, über die Straßen der Welt streift, um sein unersättliches, ewig nach

Erfahrungen gierendes Ego zu zelebrieren, bereitet mir keine Freude mehr.

Die Lust am Reisen ist mir vergangen, seit Dschihadisten Buddha-Statuen gesprengt und Palmyra zerstört haben. Vielleicht ist es besser, diese Orte virtuell zu besuchen, denn im Internet existieren sie noch, dort sind sie sicher.

Ich verspüre nicht mehr das Bedürfnis, fremde Städte zu besuchen, seit man in jeder Straße der Welt die gleichen in China produzierten Souvenirs findet.

Ich werde in fremden Städten keine Museen mehr besuchen, solange ich nicht in den Museen meiner eigenen Stadt gewesen bin.

Kann man noch ein unschuldiger Reisender sein in einer Welt der Konflikte, der explodierenden Bomben, der entführten Flugzeuge und der ständigen Angst vor Anschlägen? Kann man Urlaubsfreude empfinden an einem Strand, den die Einheimischen nicht betreten dürfen? Kann man sich im Flugzeug bequem zurücklehnen, wenn in der Gegenrichtung Menschen unterwegs sind, die sich in Containern drängen?

Was würden Phileas Fogg und Indiana Jones dazu sagen?

Vielleicht sollten wir jetzt einfach einmal zu Hause bleiben, um andere Reisende zu begrüßen.

Deutsch von Lothar Quinkenstein

Die Masken der Tiere

Das Leiden eines Menschen ist für mich leichter zu ertragen als das Leiden eines Tieres. Der Mensch hat einen eigenen, ausgearbeiteten und allseits propagierten ontologischen Status, was ihn zu einer privilegierten Gattung macht. Er hat Kultur und Religion, die ihm im Leiden beistehen sollen. Er hat seine Rationalisierungen und Sublimierungen. Er hat seinen Gott, der ihn am Ende erlöst. Das menschliche Leiden hat einen Sinn. Für das Tier gibt es weder Trost noch Linderung, denn auf das Tier wartet keine Erlösung. Für das Tier gibt es auch keinen Sinn. Sein Körper gehört ihm nicht. Es hat keine Seele. Das Leiden des Tieres ist ein absolutes, totales.

Wenn wir versuchen, uns diese Tatsache mit unserer menschlichen Fähigkeit zu Reflexion und Mitgefühl zu vergegenwärtigen, dann offenbart sich uns das ganze Grauen des tierischen Leidens und mit ihm das entsetzliche, kaum erträgliche Grauen der Welt.

Im vorsokratischen antiken Griechenland galt ein Trilog. Er bestand aus drei einfachen Geboten, die Pythagoras und dessen Schüler formuliert hatten: Ehre die Eltern, bringe den Göttern Fruchtopfer dar, verschone die Tiere. Diese Gebote verweisen denkbar lakonisch auf die drei wichtigsten Sphären des menschlichen Lebens: erstens die grundlegenden sozialen Bindungen, zweitens den weitgefassten Bereich der Religion und drittens den würdigen Umgang mit Tieren. Sie geben kein konkretes Verhalten vor, doch sie weisen die Richtung. Sie sind mehr Ge- als Verbote und lassen Raum für Interpretationen. Ihre Nichterfüllung weckt Schuldgefühle, Scham, moralisches Unbehagen. Man muss sie nicht konkretisieren.

Während aber die beiden ersten Gebote uns auf umfassend kodifizierte Systeme verweisen – das soziale und das religiöse –, und sich auf klar ausformulierte, allgemein transparente Normen und Rituale stützen, ist das Verhältnis des Menschen zu den Tieren nicht auf vergleichbare Weise reguliert (abgesehen vielleicht von den im Alten Testament enthaltenen Speisevorschriften) und bleibt deshalb dem menschlichen Gewissen überlassen. Somit wird es zu einer ethischen Frage, das heißt, wir können abwägen, was zu tun und was zu unterlassen ist.

Wie die Gabe der Vernunft uns besser macht

Die Pythagoräer hielten Tiere für vernunftbegabte Wesen, der anarchistische Diogenes behauptete sogar, sie seien dem Menschen in vielerlei Hinsicht überlegen. Doch das war nicht die allgemeine Auffassung.

Die jüdisch-christliche Tradition sagt eindeutig: Die Erde mit ihren Pflanzen- und Tierarten wurde geschaffen, um der menschlichen Gattung zu dienen. Gleich zu Beginn des Buches Genesis heißt es, Gott gebe dem Menschen die Herrschaft über alle Geschöpfe der Erde, denn der Mensch stehe im Mittelpunkt der Schöpfung, und Zweck der Natur sei es, ihm zu Diensten zu sein.

Einen ähnlichen Gedanken entwickelten die antiken griechischen Philosophen. Aristoteles fand eine überzeugende Begründung für den hierarchischen Aufbau des Hauses der Schöpfung – der Mensch sei als einziges Wesen mit Intellekt bedacht worden, und die Macht der Vernunft sei von allen menschlichen Eigenschaften die wichtigste und bedeutendste. Alle Wesen, die über einen geringeren Verstand verfügten, stünden in der Hierarchie naturgemäß niedriger (mit derselben Logik rechtfertigte Aristoteles den Sklavenhandel – er behauptete, bestimmte Menschen seien Sklaven »von Natur aus«).

Ihre endgültige Gestalt erhielt die Idee bei Augustinus, der es für falsch hielt, das biblische Gebot »Du sollst nicht töten« auch auf nicht vernunftbegabte Geschöpfe zu beziehen.

Wann immer man etwas Definitives über das frühe Christentum sagen möchte, sollte man bedenken, wie viele unterschiedliche Visionen, Ideen und Interpretationen ihm zugrunde lagen. Sicher ist aber, dass sein Verhältnis zu den Tieren voreingenommen und feindselig war. Thomas von Aquin, der aus der frühchristlichen Vielstimmigkeit eine kohärente und ausgeklügelte Philosophie formte, schloss an die Ideen des Augustinus an und ging zugleich darüber hinaus. Er meinte, die Tiere seien nicht nur nicht vernunftbegabt, sondern es fehle ihnen auch die unsterbliche Seele, weshalb ihr Tod – im weitesten Sinne – völlig bedeutungslos sei. Wir hätten keine direkten moralischen Verpflichtungen gegenüber den Tieren, weil nur eine Person (das heißt ein vernunftbegabtes und zur Selbstbeherrschung fähiges Wesen) Subjekt von Pflichten und Rechten sein könne.

Dies war zweifellos ein radikaler Standpunkt, der später die Massentierhaltung zur Fleischproduktion begünstigen sollte. Man kann auch sagen, dass der Aquinate die Menschen für lange Zeit von der Verantwortung für das Töten von Tieren lossprach. Wir haben immer noch das klare »Du sollst nicht töten« in Erinnerung, das aber durch Interpreten wie Thomas von Aquin so durch Voraussetzungen und Ausnahmen verwässert wurde, dass der ursprüngliche Sinn des Gebots völlig verloren ging. In den meisten antiken Kulturen war der Verzehr von anderem als Opferfleisch tabu. Um ein Tier zu essen, musste man es erst als Opfer darbringen; diese Geste befreite den Tötenden von der Schuld, einem anderen Wesen das Leben genommen zu haben.

Bei Descartes erscheint zum ersten Mal die schreckliche Vision des Tiers als Maschine, die nach recht einfachen mechanischen Regeln funktioniere. Der Mensch zeichne sich durch die Vernunft und eine unsterbliche Seele aus, die Tiere indes ähnelten eher Automaten als lebendigen Wesen, womit nicht mehr nur das Töten und der Verzehr von Tieren ethisch unbedenklich erschienen, sondern auch Praktiken wie die Vivisektion.

Kant schrieb am Ende des 18. Jahrhunderts, wir hätten den Tieren gegenüber keine unmittelbaren Pflichten, weil sie keine selbstbewussten Wesen seien. Sie seien lediglich Mittel zum Zweck. Der Zweck wiederum sei der Mensch.

Auch die katholische Kirche bestritt konsequent jede moralische Verpflichtung des Menschen gegenüber den Tieren. Noch Mitte des 19. Jahrhunderts verweigerte Papst Pius IX. die Zustimmung zur Gründung einer Gesellschaft zur Verhütung von Tierquälerei. Im gegenwärtigen *Katechismus der Katholischen Kirche* heißt es, der Mensch schulde den Tieren Wohlwollen und dürfe sie nicht unnötig leiden lassen, aber auch: »Tiere, Pflanzen und leblose Wesen sind von Natur aus zum gemeinsamen Wohl der Menschheit von gestern, heute und morgen bestimmt.«

In der Biologie hingegen gilt nach wie vor der Lehrsatz, den Conwy Lloyd Morgan, ein Pionier der experimentellen Tierpsychologie, gegen Ende des 19. Jahrhunderts formulierte: »In keinem Fall sollten wir eine Handlung als das Ergebnis der Ausübung eines höheren geistigen Vermögens interpretieren, wenn sie auch als das Ergebnis eines in der geistigen Skala niedrigerstehenden geistigen Vermögens interpretiert werden kann.« Will sagen: Wir sollten das Verhalten von Tieren besser mit Reflexen und Instinkten erklären, statt ihnen höheres Denken und Fühlen zuzuschreiben.

Der Gerechtigkeit halber muss jedoch an die großen Denker erinnert werden, die einen anderen Standpunkt vertraten. Der heilige Johannes Chrysostomos lehrte – gleichsam im Vorgriff auf Darwins Theorie –, die Herkunft der Tiere sei dieselbe wie unsere, wir schuldeten ihnen deshalb Güte und Sanftheit. Der heilige Franziskus von Assisi predigte die Liebe zur Natur, doch vor allem forderte er, wir sollten die Tiere als unsere Brüder und Schwestern betrachten. Der große Montaigne, der seiner Zeit in jeder Hinsicht voraus war, hielt es für ein Zeichen mangelnder Vorstellungskraft und für ein Vorurteil eines beschränkten Geistes, sich über den Rest der Schöpfung zu stellen. Den größten Dienst erwies den Tieren aber Jeremy Bentham, ein Philosoph des 18. Jahrhunderts und Vorläufer der modernen Tierethik. Er formulierte als Erster, was vielen heutigen Menschen offensichtlich erscheint: Zweifellos seien die Menschen in vielerlei Hinsicht vollkommener als die Tiere, auch aufgrund ihres Verstandes oder des Grades ihres Selbstbewusstseins. Für die moralische Betrachtung seien diese Unterschiede freilich irrelevant. Im Jahr 1780 schrieb er: »Die Frage ist nicht: können sie [die Tiere] verständig denken? Oder können sie sprechen? Sondern: können sie leiden?«[1]

Verstand gegen Verstand – Singer

Peter Singer ist der radikalste Ethiker unserer Zeit. Wir kennen seine erhellende und schlüssige Argumentation für die Rechte der Tiere. Seit Jahren legt er dar, wie irrational und unlogisch unser Verhältnis zu diesen Wesen ist. Seine Methode ist die des Philosophen: die Ordnung der Vernunft dort einzuführen, wo Vorurteile und Inkonsequenz herrschen.

Für Singer ist das fundamentale Prinzip, auf das sich die Gleichheit aller menschlichen Wesen stützt, das Prinzip der gleichen Abwägung von Interessen. Dem wird jeder zustimmen, der die Rassen- oder Frauendiskriminierung zu den drängendsten moralischen und politischen Fragen zählt. Niemand bezweifelt heute mehr, dass eine derartige Diskriminierung ethisch verwerflich ist. Singer geht noch weiter und fordert, das Gleichheitsprinzip als sittliche Grundlage der Beziehungen zu anderen Menschen auf das Verhältnis zu den Tieren auszuweiten. Warum? Weil die Sorge für die anderen nicht davon abhängen dürfe, was sie seien und welche Fähigkeiten sie besäßen (wenngleich natürlich auch von ihren unterschiedlichen Merkmalen und Eigenschaften abhänge, was wir für sie tun könnten). Dass manche Menschen nicht unserer Rasse angehörten, berechtige uns schließlich nicht, sie auszubeuten. Dasselbe habe für die Tiere zu gelten – die Tatsache, dass sie nicht unserer Gattung angehörten, berechtige uns nicht, ihnen Leid zuzufügen.

Singer ist Utilitarist, das heißt, ethisch ist für ihn ein

Verhalten, das für die Betroffenen die bestmöglichen Konsequenzen hat. »Bestmögliche Konsequenz« ist für Singer, was der Verwirklichung ihrer Interessen dient und nicht nur – wie im klassischen Utilitarismus Benthams – ihr Wohlbefinden steigert und ihren Schmerz mindert. Mit Bentham verweist Singer auf die Fähigkeit zu leiden als wesentliches Merkmal, das gleichsam jedem Wesen das Recht gebe, mit anderen leidenden Wesen, auch mit dem Menschen, auf eine Stufe gestellt zu werden.

In der buddhistischen Philosophie gibt es den Begriff des »fühlenden Wesens«. Er wird allgemein als Bezeichnung sowohl des Menschen als auch anderer, nichtmenschlicher Lebewesen gebraucht. Es ist eine besondere, ungewöhnliche Kategorie, die nichts mit der Vernunftbegabung zu tun hat, sondern sich auf die Fähigkeit zum Empfinden von Leid und Freude, zur körperlichen und geistigen Teilhabe an der Welt bezieht. Einen solchen Zugang hat unsere Philosophie erst vor zweihundert Jahren entdeckt. Singer begreift die Fähigkeit zu leiden in eben diesem Sinne und ist darin stark dem buddhistischen Denken verpflichtet. Zugleich meint er, dass sich die Widersprüche und Missverständnisse im Denken über die Tierrechte mithilfe des Verstandes lösen ließen. In *Animal Liberation. Die Befreiung der Tiere* zeigt er seinen Lesern, wie sie ihren Standpunkt l o g i s c h und rational darlegen und auf Gegenargumente erwidern können. Er glaubt, dass der Gegner seine Ansichten ändert, wenn man ihm Unlogik oder Inkonsequenz nachweist.

Zusammenfassend können wir sagen: Singer zeigt auf, dass unser von Grausamkeit geprägtes Verhältnis zu den Tieren eigentlich unreflektiert ist. Es gründet auf Vorurteilen und entbehrt jeglicher Logik. Es ist ein Fehler im logischen Denken, der das selbstsüchtige und primitive Beharren auf den Privilegien rücksichtsloser Ausbeuter rechtfertigt. Und wenn wir nur erst unseren Verstand in seinem vollen Umfang nutzen, wie er es verdient, dann werden wir erkennen, wie primitiv und inkohärent die cartesianische Logik ist.

Können Einsicht und Empathie Instrumente der Erkenntnis sein?

Betrachten wir nun ein Buch von John Maxwell Coetzee. Für mich ist das eine Literatur, die mit einfachen (oder einfach wirkenden) Mitteln konsequent und kühl alles auf die Probe stellt, was wir für offensichtlich und gesichert halten. Die Resultate dieser plutonischen Revisionen erweisen sich meist als schockierend.

Das Leben der Tiere ist ein in vielerlei Hinsicht besonderes Buch. Bemerkenswert ist vor allem die Geschichte seiner Entstehung. Als der bekannte Schriftsteller J. M. Coetzee eines Tages zu einem Vortrag über ein beliebiges Thema an die ehrenwerte Princeton University eingeladen wird, verfasst er keinen Vortrag, sondern eine Novelle über eine fiktive Schriftstellerin, die zu zwei Vorträgen an eine andere ehrenwerte Universität kommt. Auf diese Weise wird Elizabeth Costello ins Leben gerufen, eine anerkannte siebzigjährige Autorin. Costello ist fortan mindestens ebenso real wie Coetzee – der Autor. Eigentlich ist sie sogar r e a l e r, weil die Fiktion in gewisser Hinsicht mächtiger ist als die Wirklichkeit und ihre Figuren echter sind als die lebenden Menschen. Das ist das große Geheimnis der Literatur. Coetzee – ein Meister der Distanz – weiß das genau und tritt aus dem eigenen

Vortrag zurück in den Schatten, hinter die Kulissen der Bühne, die er vor unseren Augen errichtet.

In ihren Vorträgen spricht Elizabeth Costello über Tiere, obwohl das Publikum eher ein literarisches Thema erwartet. Wir verfolgen die Auftritte der Schriftstellerin wie reale Ereignisse, wir verfolgen ihre Gedankengänge, aber dank unserer bevorzugten Stellung als Leser erfahren wir darüber hinaus auch etwas über den psychologischen und biographischen Hintergrund der Vorträge. Coetzee scheint zu sagen, man könne die Ansichten eines Menschen nicht von ihm selbst trennen; die Auffassungen und Überzeugungen einer Person ließen sich nur im Zusammenhang betrachten, im Gesamtbild dessen, was diese Person ausmache – ihre Beziehungen zur Welt, ihre Emotionen, ihre Taten. Entgegen dem, was an den Universitäten gelehrt werde, und entgegen der mächtigen Institution der nach maximaler Objektivität strebenden Wissenschaft müsse deshalb jede Artikulation von Ansichten subjektiv bleiben. Unsere Kommunikation sei bedeutungsvoll und tiefgründig, insofern sie ein Austausch von Subjektivem und somit nicht restlos Kommunizierbarem bleibe. Und er sagt weiter: Nur die literarische Fiktion vermöge die Subjektivität des Menschen (und zugleich sein Gesamtbild) wiederzugeben, nur die Fiktion mit ihren Möglichkeiten, eine ganze Person aufzubauen, sei den Argumenten des Verstandes (und somit der traditionellen Form des akademischen Vortrags) überlegen.

Die Protagonistin des Buchs ist eine ältere Frau, eine Schriftstellerin, die zu Ruhm gekommen ist und sich nun in einer Lebensphase befindet, in der man eher Dinge, die einem wichtig sind, zu Ende bringt und resümiert, als Neues zu beginnen. Dass sie die Einladung zu den Vorträgen annimmt, entspringt wahrscheinlich ihrem Bedürfnis, über Fragen zu sprechen, die ihr persönlich bedeutsam sind, zu sagen, was sie fühlt und denkt, ohne Rücksicht auf den Eindruck, den sie auf andere macht, oder auf das Prestige. Deshalb gestattet sie sich eine radikale Haltung und schreckt weder vor Pathos noch vor dramatischen Vergleichen zurück. Die Themen ihrer Vorträge – »Die Philosophen und die Tiere« und »Die Dichter und die Tiere« – dienen ihr letztlich als Vorwand, einen sehr persönlichen, emotionalen und von Empörung getragenen Standpunkt zur jahrhundertealten Tradition des menschlichen Umgangs mit anderen Lebewesen zu formulieren. Wie kann es sein, dass wir die Grausamkeiten, die wir ihnen unablässig zufügen, nicht sehen und nicht darauf reagieren? Worin gründet die rationale Unterscheidung zwischen Mensch und Tier, was sind ihre philosophischen Prämissen, und können wir diesen überhaupt vertrauen, wenn sie uns gleichgültig machen gegen offensichtliche Tatsachen?

Der Mensch habe den Krieg mit den Tieren gewonnen, sagt Costello. Sie seien heute unsere Gefangenen und Sklaven, denen wir – um diesen abscheulichen Zustand zu legitimieren – ihre Rechte als Subjekte genommen hätten. Wir bedienten uns dabei des Verstandes, den wir den Tieren konsequent absprechen. »Natürlich wird der Verstand sich selbst zum obersten Prinzip des Universums erklären – was sollte er auch sonst tun?«[2], fragt Costello. »Sowohl der Verstand als auch sieben Jahrzehnte Lebenserfahrung sagen mir, dass die Vernunft weder das Wesen des Universums noch das Wesen Gottes ist. Nein, die Vernunft sieht mir verdächtig nach dem Wesen des menschlichen Denkens aus; schlimmer noch, nach dem Wesen einer bestimmten menschlichen Denkweise.«[3]

Wie der menschliche Verstand sein Territorium ebnete

und absteckte, zeigt Costello am Beispiel der 1917 von Wolfgang Köhler durchgeführten Pionieruntersuchungen an Schimpansen. Die Schriftstellerin versucht, sie neu zu interpretieren, indem sie sie nicht aus der Sicht des Menschen, sondern aus der Sicht des untersuchten Affen betrachtet. Auf diese Weise entlarvt sie die verborgenen – und sicher unbewussten – anthropozentrischen Prämissen dieser Forschungen, deren Wert dadurch völlig infrage gestellt wird. Wir wissen nicht, ob Affen einen Verstand haben oder nicht und ob er wie unserer beschaffen ist oder gänzlich anders. Doch selbst, wenn er anders beschaffen wäre – würde das unsere Taten rechtfertigen?

Die beiden Vorträge sind nicht nur eine Reflexion über die philosophischen Argumente, die dem westlichen Verhältnis zu den Tieren zugrunde liegen, und nicht nur eine Umdeutung ethologischer Studien. Coetzee fordert, wie ich glaube, durch Costellos Mund eine Aufwertung zweier vergessener, unterschätzter und marginalisierter Weisen der Welterfahrung: der Einsicht und der Empathie. Er erhebt sie in den Rang gleichberechtigter, dem Menschen vielleicht sogar angemessenerer Instrumente der Erkenntnis.

In der letzten Szene der Novelle fragt Elizabeths Sohn, während er sie zum Flughafen bringt, warum sie begonnen habe, sich derart intensiv mit den Rechten der Tiere zu befassen. Ihre Antwort ist vage und beunruhigend: »Eine bessere Erklärung dafür ist, dass ich dir den Grund […] nicht zu sagen wage […]. Wenn ich an die Worte denke, kommen sie mir so ungeheuerlich vor, dass sie am besten in ein Kissen gesprochen werden oder in eine Grube, wie in der Geschichte vom König Midas. […] Ist es denn möglich, frage ich mich, dass sie alle an einem Verbrechen unvorstellbaren Ausmaßes teilhaben? Phantasiere ich mir das alles zusammen? Ich muss wohl verrückt sein! Aber tagtäglich sehe ich die Beweise. Eben die Leute, die ich verdächtige, liefern den Beweis, stellen ihn zur Schau, bieten ihn mir an. Leichen. Leichenteile, die sie mit Geld gekauft haben. [...] Doch ich träume nicht. Ich schaue in deine Augen, in Normas Augen, in die Augen der Kinder, und ich sehe nur Freundlichkeit, menschliche Freundlichkeit.«[4]

Costello scheint zu den Menschen zu gehören, die gesehen haben und sich bewusst geworden sind, oder vielleicht sollte man besser sagen, die das grundlegende, entsetzliche Wesen der Welt erkannt haben, denn das Wort »erkennen« impliziert einen singulären Wahrnehmungsakt. Es ist erstaunlich, dass wir den Horror im Alltag übersehen, dass er uns verborgen bleibt, dass wir nicht in Grauen erstarren. Wirken die Abwehrmechanismen so stark – die alltäglichen, pragmatischen Argumente, aber auch die philosophischen, die wir unter anderem bei Descartes und Thomas von Aquin finden? Ist es vielleicht die typisch menschliche Furcht vor Erschütterungen, die gewohnheitsmäßige perzeptive Trägheit, der Mangel an Reflexion, die Bequemlichkeit der Ignoranz? Es genügt uns, dass die gegebene Welt ist, wie sie ist. Doch unsere perzeptive Passivität hat eine moralische Dimension – sie verstetigt das Böse. Wenn wir uns dem Erkennen verweigern, werden wir zu Komplizen des Bösen, zu Mitschuldigen. Die moralische Anstrengung ist also im Grunde eine kognitive – wir müssen auf neue, schmerzliche Weise erkennen.

Wer einmal das ganze Grauen gesehen hat, das die Menschen den Tieren bereiten, wird nie wieder ruhig bleiben. »Rings um uns herrscht ein System der Entwürdigung, der Grausamkeit und des Tötens, das sich mit allem messen kann, wozu das Dritte Reich fähig war«[5], sagt Costello. Dieser Vergleich ruft umgehend Protest und Empörung hervor, doch Costello verteidigt sich nicht.

Der für Entrüstung sorgende Holocaust-Vergleich bezieht sich sowohl auf die Gleichsetzung der Massentötung von Tieren mit der Vernichtung der Juden als auch auf die Frage nach der Rolle der stummen Zeugen des Verbrechens, die zwar nicht mit eigenen Händen mordeten, aber schweigend danebenstanden – Deutsche, Polen, Amerikaner, Briten und alle, die nicht glauben wollten, was sie auf Fotografien sahen.

Einsicht ist die plötzliche, umfassende und spontane Vergegenwärtigung des Wesens dessen, was wir wahrnehmen. Sie ist eine besondere Art der Wahrnehmung – vielschichtig und simultan. Das Was, Wo, Wie, Warum und Zu-welchem-Zweck fallen in eins zusammen; es ist ein zugleich intellektuelles, emotionales und intuitives Erkennen.

Die Einsicht ist einmalig. Sie ist ein Moment, hat aber ihre Konsequenzen in der Zeit – es gibt kein Zurück zum vorherigen Zustand. Das neue Bewusstsein kann schmerzlich und schrecklich sein, es kann die Erfahrung eines Grauens bedeuten, das sich nur ins Kopfkissen flüstern lässt. Von nun an wird jedes Ereignis zu dieser neuen Sensibilität beitragen, und man wird die Welt mit neuen Augen sehen – als eine radikal grausame. Und man wird in ihr leben müssen. Costello findet ihre eigene Lösung: Wenn man einmal »erkannt« hat, ist das Einzige, was einem bleibt, eine »mitfühlende Vorstellungskraft«[6] zu entwickeln, das heißt Mitgefühl oder, in der Begrifflichkeit der westlichen Psychologie, Empathie.

Insbesondere die Empathie ist das Thema von Costellos zweitem Vortrag, und ein großer Teil der Diskussionen in *Das Leben der Tiere* kreist um diese Frage. Die Schriftstellerin verweist auf Philosophie und Literatur – Bereiche, die in der Lage sind, über die rationale, praktische Sprache hinauszugehen und es einem menschlichen Wesen zu ermöglichen, ein anderes Wesen zu verstehen. Die Wissenschaft hat uns in die Irre geleitet. Allen Untersuchungen und wissenschaftlichen Experimenten zum Trotz konnten wir nicht herausfinden – und werden es wahrscheinlich nie –, was im Gemüt einer Kuh oder eines Hundes vorgeht. Wir können lediglich spekulieren und uns auf Annahmen stützen, die oft Vorurteilen gleichkommen, während wir Hunde konditionieren, Labyrinthe für Ratten bauen und zulassen, dass gleichzeitig die Maschinerie des Todes und der Grausamkeit auf vollen Touren weiterläuft.

Warum nehmen wir an, dass die Tiere weder Verstand noch Bewusstsein haben?, fragt Costello. Wenn wir es nicht wissen, könnten wir doch ebenso gut das Gegenteil annehmen, oder? Doch das tun wir nicht.

Einem Menschen, der sich in einer ähnlichen Situation befindet wie Costello, weil ihm bewusst geworden ist, dass er in einer Welt lebt, in der täglich Millionen Tiere getötet werden, ergeht es wie ihr: Er fühlt sich einsam, hält sich vielleicht sogar für verrückt. Er sieht etwas, was andere nicht wahrnehmen. Er erlebt seine Machtlosigkeit: Was kann man tun? Andere wollen nicht einmal darüber sprechen, womöglich, weil sie sich tief im Inneren doch schuldig fühlen. »So ist das Leben«, konstatiert Costello. Und fragt sich selbst: »Alle anderen finden sich damit ab, warum kannst du es nicht? *Warum kannst du es nicht?*«[7]

Sprechen. Die Schriftstellerin möchte in ihren Vorträgen alles auf einmal sagen. Sie versucht, mit ruhigen und logischen Argumenten zu operieren. Doch ihre Wahrheit ist größer als jedes Argument, sie lässt sich nicht in den akademischen Rahmen einschließen. Ihre Ausführungen können das in akademischen Debatten geschulte Universitätspublikum nicht überzeugen, sie lassen sich leicht widerlegen, verlachen, anzweifeln oder – wie es Norma tut, die Schwiegertochter der Schriftstellerin – als Ego-Spielchen deuten. Und doch wird diese persönliche Verweigerung der Mitwirkung an dem fortwährenden, von der Mehrheit unbemerkten Auschwitz zu einem heroischen Akt, und zwar umso mehr, als Elizabeth Costello offenbar scheitert. Sie vermag niemanden zu überzeugen. Die Zuhörer fühlen sich peinlich berührt.

Costello ist, wie wir alle, Teil einer Welt, die genüsslich alle möglichen Tabus auf die Probe stellt und für nichtig erklärt. Doch dieses eine, letzte, hält uns mit aller Macht auf Distanz. Über Tiere und ihr Leiden zu sprechen, löst Verlegenheit aus, es ist »abgehoben« – wie der Vegetarianismus oder die Forderung nach Tierrechten. Es gilt als Wunderlichkeit, als peinliche Idiosynkrasie.

Das mehrdeutige Ende des Buches eröffnet überraschend eine weitere Interpretationsmöglichkeit. Der Sohn flüstert der Schriftstellerin zu: »Na na. Bald ist es vorbei«[8], und diese tröstenden Worte lassen sich als Schuldbekenntnis deuten, vor allem aber als Eingeständnis dessen, dass wir alle uns der eigenen Grausamkeit bewusst sind und sie als integrales Merkmal der menschlichen Existenz, als Eigenschaft der Welt betrachten. Wir wissen, aber wir schweigen. In dieser Lesart erhält Coetzees Werk eine ganz andere, düstere Bedeutung, es wird zur manichäischen Diagnose der existenziellen Verstrickung des Menschen in die Finsternis, aus der einzig der Tod hinausführt.

In der Originalausgabe von *The Lives of Animals* wurden Costellos Quasi-Vorträge vom Verlag durch

Kommentare renommierter Wissenschaftler ergänzt. Indem nun die von Coetzee verfassten Vorträge Elizabeth Costellos von anderen kommentiert werden, wiederholt sich das Schema der Erzählung. Dabei wird erkennbar, wie gehaltvoll der Text des Schriftstellers ist, welche unterschiedlichen Reaktionen er hervorruft, in wie viele Richtungen die Lektüre gehen kann. Sollte man Bücher nicht immer so lesen – in guter Gesellschaft? Zumal die Bücher von Coetzee. Seine ernsthafte, scheinbar überaus konkrete und transparente Prosa wirkt nur auf den ersten Blick intellektuell oder gar didaktisch. Im Grunde arbeitet er mit Situationen und Bildern, die offenbleiben und die sich sowohl auf die Emotionen und den gesunden Menschenverstand als auch auf den intellektuellen Diskurs beziehen.

Costellos Vorträge stützen sich auf andere kognitive Instrumente, und die Form von Coetzees Vortrag – die literarische Fiktion – bietet keine Anknüpfungspunkte für eine sachliche philosophische Diskussion. »Coetzee muss sich nicht einmal groß bemühen, den Vortrag zu strukturieren«, klagt Peter Singer in seinem Kommentar zu *Das Leben der Tiere*. »Wenn er bemerkt, dass Costello anfängt, wirres Zeug zu reden, genügt es, dass er Norma feststellen lässt, dass sie wirres Zeug redet.«[9] Als subjektive und damit auch »vollständige« Person, muss Costello in ihren Ansichten radikal sein, und es ist auch verständlich, dass sie sich einer anderen Argumentation bedient (wenn man die Forderung nach einer »mitfühlenden Vorstellungskraft« für einen Philosophen überzeugend nennen kann). Für seine Auseinandersetzung mit Costellos Argumenten nutzt Singer raffiniert die Form eines fiktiven Dialogs mit seiner Tochter, in dem er die Philosophie gegen die Angriffe der Schriftstellerin verteidigt. »Wir dürfen unsere Gefühle nicht für moralische Daten halten, die gegen rationale Kritik immun sind«[10], sagt er und widerspricht damit der Auffassung von Empathie als moralischer oder epistemischer Kategorie.

Die Empathie ist in der Geschichte der Menschheit eine recht junge Erscheinung. Erstmals zeigte sie sich vermutlich mehr als sechs Jahrhunderte vor Christus im Fernen Osten, in der buddhistischen Lehre. Jedenfalls benannte und würdigte niemand zuvor diese neue Haltung: den anderen so zu betrachten, als wäre man es selbst; der scheinbaren Grenze zu misstrauen, die uns von anderen trennt, denn sie ist eine Täuschung. Was immer dir geschieht, geschieht mir. »Fremdes Leiden« gibt es nicht. Die illusorische Grenze trennt nicht nur die Menschen voneinander, sondern auch die Menschen von den Tieren. In diesem buddhistischen Sinne versteht Costello die Empathie. Zwischen den Zeilen klingen atheistische Aspekte des Buddhismus an: Die Erkenntnis der Lage, in der wir uns alle befinden, treibt uns in die Enge, denn es gibt keine Hoffnung, und es sieht so aus, als wäre die Welt nicht als gut geschaffen worden, als gründete sie auf Leiden, das sich nicht vermeiden lässt. Und obwohl wir nicht wissen, warum dem so ist, müssen wir uns in diesem Ozean der Hoffnungslosigkeit anständig verhalten – das macht uns zu Menschen, nicht unsere DNA. Uns so verhalten, als hätte es eine Bedeutung, als gäbe es Prinzipien und Normen, als existierte ein erlösendes und rettendes Gutes, das unserem Handeln einen Sinn verleiht.

Der Verstand steht kopf oder Die Umkehrung der Perspektive. Michel Faber, Die Weltenwanderin

In diesem Roman findet die Forderung nach dem Einsatz von Empathie als Mittel der Erkenntnis ihre volle literarische Umsetzung. Der Kunstgriff ist einfach. Die gewohnte und von uns fraglos hingenommene Struktur der Bedeutungen wird plötzlich auf den Kopf gestellt. Faber kehrt die Perspektive radikal um.

Die Ausgangssituation ist folgende: Wir werden Zeugen einer Jagd. Ein Exemplar einer Gattung jagt Exemplare einer anderen Gattung. Nach dem Fang werden sie einer speziellen Mast unterzogen, der gefangene Körper wird als Objekt behandelt, als potenziell wertvolle, gefragte Nahrung. Wenn die gewünschte Fleischqualität erreicht ist, wird das gemästete Exemplar getötet, sein Fleisch portioniert und verkauft.

Eine banale Geschichte. Was ist so schockierend daran? Das Mästen von Exemplaren anderer Gattungen ist eine Tatsache, niemand stört sich daran. Es handelt sich um eine vertraute Situation in der Natur – eine Gattung beutet die andere aus.

Doch *Die Weltenwanderin* füllt das Schema »A mästet und frisst B« mit anderen Daten. Ein scheinbar kleiner Kniff macht das Buch zu etwas Entsetzlichem, zu einem Albtraum: Das Mastvieh ist hier der Mensch, der Homo sapiens, und gemästet wird er von einer anderen, nichtmenschlichen (aber auch nicht tierischen) Gattung. Diese Wesen erinnern an Hunde oder Wölfe; ihr Verständnis vom Unterschied zwischen ihnen selbst und den Menschen (die sie »Wotzel« nennen) ist im Grunde oberflächlich – aber uns nur allzu gut bekannt. Weil sie selbst

Vierbeiner sind, fühlen sie sich den Schafen näher als den zweibeinigen, felllosen Menschen. Sie würden niemals Schaffleisch verzehren; sie hätten dann das Gefühl, Schafe seien ihnen »zu nah«. Die äußeren Merkmale des Menschen machen ihn »essbar«.

Eigentlich kennen wir dieses Gefühl. Wir essen keine Affen – sie sind uns zu ähnlich.

Den Kern von *Die Weltenwanderin* bildet die Infragestellung der einfachsten, atavistischen Unterscheidung zwischen dem Eigenen und dem Fremden. Der Autor lenkt die Erzählung so, dass wir uns unwillkürlich mit dem Fremden identifizieren. Er manipuliert unseren Verstand und unser Empfinden (einschließlich der Fähigkeit zur Empathie), damit wir der Logik des Fremden folgen. Er desorientiert und täuscht uns, sodass wir alle perzeptiven Gewohnheiten aufgeben und die eigene Gattung verraten. Faber relativiert damit unsere moralischen Gepflogenheiten und demonstriert, wie leicht es uns fiele, den größten Albtraum und das größte Verbrechen als Normalität zu akzeptieren. Dazu genügt ihm das typische menschliche Instrumentarium: Verstand, Gewohnheit, Identifikation und Rationalisierung.

Faber zeigt das größte Paradoxon der Empathie: Uns selbst aufzugeben, ist vielleicht unsere einzige Chance, etwas zu werden, was unser Gegenteil ist. Wenn die Fremdheit nicht, wie man erwartet hätte, radikal ist, verliert sie ihre magische, bedrohliche Macht. Das Fremde wird zu etwas, was sich begreifen und verstehen lässt. Eigentlich hört es auf, fremd zu sein. Es gibt kein Eigen und kein Fremd. Wir sind alle eigen, und alles Böse, das wir anderen zufügen, fügen wir deshalb uns selbst zu.

Masken. Jenseits des Verstandes oder Was wir nicht wissen, aber ahnen

In einer Stadt im Fernen Osten steht ein von Mönchen und Nonnen errichtetes Museum der Religionen. Frappierend ultramodern und elektronisch so weit fortgeschritten, dass die üblicherweise sehr selbstzufriedenen Europäer plötzlich ihr Überlegenheitsgefühl verlieren. Es ist das ungewöhnlichste Museum, das ich in meinem Leben gesehen habe. Jede der großen Weltreligionen hat dort einen eigenen Saal, aber es gibt auch viel Raum für außerinstitutionelle Manifestationen menschlicher Religiosität. Bei meinem Besuch gelangte ich schließlich in einen Raum voller Bildschirme, auf denen Interviews mit Menschen aus unterschiedlichen Gegenden und Kulturen der Welt gezeigt wurden. Unter den Interviewten waren Wissenschaftler, Künstler, Ingenieure. Jeder erzählte von einem tiefen Erlebnis, das ihn verändert hatte, von einer Grenz- oder – wie die humanistische Psychologie es nennen würde – Gipfelerfahrung (peak experience).

Zutiefst beeindruckt war ich vom Beitrag Jane Goodalls. Sie schilderte, wie sie einst Schimpansen beobachtet habe, die unter einem kleinen Waldwasserfall badeten. Sie habe gesehen, wie sie spielten, schwammen, kommunizierten. Aber auch, wie sie dasaßen und die Strömung des Wassers betrachteten, wie sie sich die fallenden Tropfen anschauten, wie sie reglos und stumm den Blick über die Wellen schweifen ließen.

Goodall sprach tief bewegt von einer Ahnung, die sie damals empfunden habe. Ihr sei es nämlich vorgekommen, als ob in den in die Betrachtung des Wassers versunkenen Tieren etwas profund Wichtiges vorginge. Als ob sie an der Erfahrung der Veränderung und damit am Vergehen der Zeit teilhätten. Und auch wenn sich Worte wie »kontemplieren«, »denken« oder »überlegen« hier von selbst aufdrängen und man arg lavieren muss, um sie zu vermeiden, muss ich natürlich vorsichtig bleiben und mich an Lloyd Morgans denkwürdige Maxime vom Vorrang der einfachsten Mechanismen in der Interpretation tierischen Verhaltens halten. Jane Goodall freilich kümmerte sich nicht um die Gebote dieses Ockhams der Ethologie und formulierte ihre Vermutung klar und deutlich: Bei der Beobachtung der Schimpansen habe sie gesehen, dass ihrem Verhalten eine Art Nachsinnen über die Bewegung innewohnte, dass auch sie die Fähigkeit zur Reflexion, zu einem tieferen, ergreifenden Sein-in-der-Zeit besitzen. Dass womöglich auch sie etwas wie unsere religiöse Erfahrung erleben.

Die ethologische Forschung liefert uns immer neue Erkenntnisse über die Psychologie der Tiere.

Die jüngsten mir bekannten betreffen ihre Fähigkeit zur Antizipation von Ereignissen. Ich habe auch Studien gelesen, die Tieren eine Art Humor zuschreiben – eine Veranlagung zum spielerischen Täuschen.

Als Kind hatte ich den Eindruck, die Tiere wären eine Art Kostüm, eine Art Maske, und hinter den behaarten Schnauzen oder Schnäbeln verbärge sich ein anderes »Gesicht«. Jemand anderes. Ich entdeckte das an Saba, einer heimatlosen Hündin, die ganz gut lebte, indem sie sich in der Schulküche bediente. Sie war einzigartig und schlau und in sich irgendwie klar. Später sah ich das nicht mehr so scharf, aber der Verdacht ist mir bis heute geblieben.

Ist es euch nie vorgekommen, als hätten die Tiere Masken, als wären irgendwo hinter ihren Ohren Schnüre oder Reißverschlüsse versteckt, die sie festhalten, und als wären diese Masken ebenso rätselhaft, enigmatisch und gleichsam emblematisch wie die Masken der Menschen? Wer also verbirgt sich hinter der Katze des Nachbarn, und wer ist die fröhliche Yorkshire-Hündin, die ich jeden Tag im Treppenhaus sehe? Wer ist das Schwein, das Huhn und die Kuh?

Darf ich so fragen?

Singer geht auf einem breiten Weg – einem Weg für alle. Wir alle besitzen die Fähigkeit zur Reflexion und können uns der eigenen Vernunft bedienen. Seine Argumente lassen sich so darlegen, dass sie von Menschen unterschiedlicher kultureller Prägung und unterschiedlichen Alters verstanden werden. Vorstellbar ist auch eine Version für Kinder, für den Ethikunterricht in der Schule.

Costellos Weg ist schmaler, was ihr selbst absolut bewusst ist. Warum lässt etwas, das für die einen abscheulich und entsetzlich ist, die anderen völlig kalt? Vielleicht sind wir psychologisch unterschiedlich konstruiert, vielleicht erfahren wir die Welt auf unterschiedlichen Ebenen, vielleicht ist Sensibilität angeboren und lässt sich nicht antrainieren. Vielleicht besitzt am Ende nicht jeder die Begabung zur Empathie, und viele Menschen begreifen ganz einfach nicht, wovon diese alte, nicht einmal real existierende Schriftstellerin spricht.

Und dann Jane Goodall – ein ganz schmaler Pfad, reserviert für diejenigen, die über ausreichend Sensibilität, Sinne, Verstand und Aufrichtigkeit verfügen, um Vorurteile und Illusionen zu überwinden. Um durch diese seltsamen Masken zu schauen und hinter ihnen jene anderen, unbegreiflichen und uns so nahen Wesen zu erblicken – die Tiere.

Deutsch von Bernhard Hartmann

Die Londoner Alchemisten des Films oder Der unheimliche Tiegel der Brothers Quay

Der erste Film der Brothers Quay, den ich sah, löste in mir einen visuellen Schock aus und gleich darauf, nachdem ich mich ein wenig erholt hatte, ein irritierendes Gefühl von Déjà-vu, das bis heute anhält und auflebt, wann immer ich einen ihrer Filme anschaue. Allerdings besteht dieses Déjà-vu weniger im Eindruck, etwas schon gesehen zu haben, sondern vielmehr in der Ahnung, dass ich mich auf vertrautem Grund befinde, in einem Land, dessen Sprache ich verstehe, dessen Sitten ich kenne und dessen spezifischer Sinn für Humor mir nicht fremd ist. Intuitiv spüre ich eine Bedeutungstiefe, etwas, was nicht durch einfaches Skizzieren von Bezügen, Verweise auf Namen oder das Anführen von Zitaten erfasst werden kann. Vielmehr handelt es sich um den Grenzraum der verschwommenen, bruchstückhaften Erinnerung an Kindheit und Jugend, an die Cover geliebter Schallplatten, an Traumbilder. Um sie herum kreisen spontane Visualisierungen der Geschichten aus einst gelesenen Büchern oder aus einst gehörter Musik gesponnene Phantasien.

Was ist das für ein Land? Was für ein Raum, den die

Alchemisten-Brüder vor mir entfalten? Alles hier ist mir vertraut und wird doch so gezeigt, dass ich immer wieder ins Staunen gerate. Im M e i n i g e n steckt etwas N i c h t - M e i n i g e s, das mich in Alarmbereitschaft versetzt und mich hypnotisch auf das Bild starren lässt, dessen Wirkung sehr rasch auch zu einer sinnlichen Empfindung wird. Die Fingerkuppen machen sich zum Anfassen bereit, die Nase schnuppert schon, im Mund sammelt sich der Speichel. Wo bin ich?

In dem alchemistischen Tiegel, in dem die Brothers Quay schwungvoll rühren, befinden sich neben Zutaten aus alten traditionellen Rezepten auch Substanzen, deren Verwendung nur den beiden in den Sinn kommen konnte. (Haben kreative Alchemisten nicht immer versucht, Rezepte zu ändern, indem sie einer Tinktur einen Eidechsenschwanz, ein Spinnenbein, ein Fledermausauge oder Spuren von Mäusefüßen beimischten?) Sie bedienen sich hier und da, sie zitieren, wiederholen, knüpfen an, kopieren und fügen ein. Und mit jeder Bewegung des Rührlöffels mischen und überlagern sich die Sprachen und Bilder, die Tinktur wird immer eigentümlicher und homogener, unverwechselbarer – Quayiger. Bei genauerem Hinsehen aber zeigen sich an der Oberfläche für einen Augenblick charakteristische Streifen: Murnau, E.T.A. Hoffmann, Buñuel, Schulz, Kafka; eine Prise Dick, ein paar Tropfen surrealistische Malerei und die wunderschöne Ästhetik des Zerfalls, die melancholische und düstere Seelen so sehr anzieht. Und das alles opalisiert um ein paar Kristallisationsachsen.

Das Unheimliche[11] *oder Was Freud sagte*

Sigmund Freud lieferte kühn eine Definition des Unheimlichen, ohne sich von dessen nebulöser Ungreifbarkeit groß beeindrucken zu lassen. Das Unheimliche verbindet sich immer mit etwas, was wir zunächst kannten und was uns vertraut war, doch mit der Zeit verdrängt und ins Unbewusste abgeschoben wurde. Es erwächst aus kindlichen Komplexen sowie aus archaischen animistischen Glaubensvorstellungen, die wir als zivilisierte Menschen in uns überwinden mussten. Das Gefühl des Unheimlichen empfinden wir deshalb immer dann, wenn ein in der Kindheit erworbener Komplex aktiviert wird oder wenn in unserer Erfahrung plötzlich etwas Archaisches zutage kommt. Das Verwischen der Grenze zwischen Lebendem und Totem, das Beleben von Gegenständen, das Abtrennen von Gliedmaßen – das sind Beispiele, die Freud nannte und die wir in den Filmen der Brothers Quay sogleich wiederentdecken. Unwillkürlich prägen sich uns die Hände einer Figur ein, die eine Leiter halten und sich plötzlich mit natürlicher Anmut vom Rest des Körpers lösen, um sich der Leiter ganz zu bemächtigen. Oder die Vivisektion einer Puppe, deren Porzellankopf von schmutzigem Werg entleert und mit neuem Inhalt gefüllt wird.

Als raffinierte Film-Alchemisten erweitern die Brothers Quay die Freud'sche Rezeptur des Unheimlichen um eine Menge neuer Zutaten. Viele davon wären Freud nicht einmal im Traum in den Sinn gekommen.

Panoptikum oder Durch das Schlüsselloch

Das Panoptikum verkörpert das Unheimliche der Soziologie. Das von einem Philosophen erdachte ideale Gefängnis, in dem jeder Häftling unter ständiger Überwachung steht. Zugleich ist es die beste soziologische Gottesmetapher. Die Brothers Quay plagt der böse Traum von der Welt als Käfig, als abgeschlossener Raum, in den man hineinschauen und den Menschen beobachten kann. Die Figuren ihrer Filme sind häufig in solchen Räumen gefangen. Mit tragischer Entschlossenheit versuchen sie, ihre Lage zu erfassen und die Grenzen ihres Gefängnisses zu erforschen. Denken wir an *Nocturna Artificialia* oder *The Epic of Gilgamesh, or This Unnameable Little Broom* und die Bewegung der Hand, die durch ein Loch in der Wand n a c h d r a u ß e n gelangt und blind zu entdecken versucht, was außerhalb ist. Beide Szenen erinnern an die alte Radierung mit dem Wanderer, der am Ende der Welt angekommen ist und nun, nachdem er den Kopf durch das halbrunde Himmelsfirmament hinausgesteckt hat, den Bau und die Mechanik der Sphären bewundert. Doch bei den Brothers Quay ist alles ganz anders – die Hand irrt im Nichts umher. Wir verfolgen ihre Anstrengung mit Mitgefühl und Trauer; wir wissen, dass es außerhalb des Gefängnisses, außerhalb der kantigen Box der Welt, nichts Interessantes gibt. Allenfalls findet sich dort das Auge eines namenlosen Beobachters, dessen gleichgültige Position wir, die Zuschauer, übernehmen.

Diese künstliche Welt, ins Leben gerufen von einem unfähigen, schlampigen Demiurgen, wird überdies im letzten Stadium ihrer Existenz erfasst, wenn schon allein Zerfall, Zerstörung und Staub herrschen. Es gibt hier nichts Frisches mehr. Alle Mechanismen und Gegenstände wirken, als wären sie als alt geschaffen worden. Man will nicht glauben, dass sie einst vor Neuheit glänzten und die Getriebe ausreichend geölt waren.

Doch gerade deshalb scheint diese Welt ewig. Nur das Junge und Frische kann altern, sich abnutzen. Das Alte und Unvollkommene dagegen erlangt den Zustand des Seins über allem Seienden, der sicheren Dauer jenseits aller Bemächtigungsversuche der Zeit. In dieser künstlichen Welt ereignen sich freilich Akte der Spontanzeugung, jenes geheimnisvollen Phänomens, das die Grenzen unserer wissenschaftlichen Erkenntnis überschreitet. Erinnern wir uns, wie eindrucksvoll Bruno Schulz diese Erscheinung beschreibt. Um sie zu beobachten, braucht man ein gerüttelt Maß an Scharfsinn und Achtsamkeit: Konzentration auf die kleinsten Details, die Ritzen in einem Brett, die Unebenheiten eines Steins, winzige Brechungen, Müllknäuel, Löcher, Kratzer … Denn gerade dort, in den Mikroabgründen, sprießt der Keim des Lebens. Stimmt das wirklich? Es wäre falsch, so zu fragen. Wir haben nämlich teil an den Phänomenen, und wann immer wir anfangen, einen Weg in die Tiefe zu suchen, verlieren wir unsere besondere Perspektive – und dann wird der Krümel Leben zum Staubkorn, zum Eisenspan. Im Übrigen lässt sich hier nie genau sagen, wo die höchst fragwürdige Grenze zwischen dem Lebenden und dem Toten verläuft. Die Weisen würden uns auslachen, wenn wir ihnen erklären wollten, dass eine solche Grenze überhaupt existiert. Die Frösche kommen ja bekanntlich aus dem Schlamm, die Fliegen aus Exkrementen und die Flöhe aus dem feuchten Staub unter dem Bett. Wie in der kongenialen *Street of Crocodiles* zu sehen ist, pulsiert im komplizierten Mechanismus einer Uhr bisweilen lebendes Gewebe, das an eine Leber erinnert, und die Zahnräder werden von Speichel angetrieben.

Confusio
oder Die ursprüngliche Ordnung der Dinge

Lassen wir uns von dieser vermeintlichen Vision des Zerfalls aber nicht in die Irre führen. Im Tiegel der Alchemisten-Brüder gelangen wir zu den Wurzeln der ursprünglichen Ordnung, in der alles, was ist, gleichzeitig nebeneinander existiert und das Strukturbedürfnis weit über den primitiven Wunsch hinausgeht, die Dinge in ein System von Maßen, alphabetischen Buchstabenfolgen oder Kausalitäten zu zwingen. Hier herrscht die ursprüngliche Ordnung, in der alles gleich wichtig und miteinander verbunden ist.

Wir hören Worte in verschiedenen Sprachen, die sich ungeachtet ihrer Herkunft und Verwandtschaft auf geheimnisvolle Weise ergänzen. Wir müssen nicht einmal verstehen, was gesagt oder geschrieben wird. Diese ursprüngliche Ordnung beinhaltet noch keinen Sinn, wie wir ihn kennen. Die menschliche Sprache hat sich noch nicht allzu weit vom reinen Klang entfernt, sie ist vor allem Laut, die Schrift wiederum reduziert sich auf die Spur von Graphitgriffeln auf dem Papier. Nichts lässt sich sagen, nichts erwidern. Im Film *In Absentia* werden Briefe in eine Uhr eingeworfen – sie erreichen ihren Adressaten nicht, es sei denn, es wäre die Zeit (obwohl deren viel beschworenes Verrinnen sich auch als rein hypothetisch herausstellen kann). Die Landschaft wird vollends abstrakt, und es fällt schwer, darin die vertrauten Formen von Bäumen, Bergen, Häusern und Straßen zu erkennen. Der Horizont existiert scheinbar, doch weil es weder Himmel noch Erde gibt, ist er obsolet – weder stellt er eine Trennlinie dar, noch hilft er bei der Orientierung im Raum. Die physikalischen Gesetze gelten hier nur bedingt – was fallen sollte, schwebt plötzlich in der Luft, während ringsum die Dinge weiterlaufen, als ob nichts wäre. »Vielleicht steckt hinter all den Einzelheiten ein tiefverborgener Sinn«, überlegt Jakob von Gunten, der Protagonist von *Institute Benjamenta*, doch im Grunde sind viele von uns versucht auszurufen: »Welche Erleichterung!« Die Suche nach Sinn und Bedeutung hat uns schon so viele Qualen bereitet, dass wir ganz entkräftet sind von dieser dubiosen Kur gegen das Leiden des Horror vacui.

Wunderkammer oder Fort mit der Enzyklopädie

Unser Wissen gleicht einer ungeheuren Ansammlung von Schubladen, die wir wie im Film *The Cabinet of Jan Švankmajer* aufs Geratewohl öffnen – mal diese, mal jene. Auch ihre Anordnung wirkt chaotisch – das ist kein systematischer Katalog, sondern eine Kuriositätenkammer. Wir wissen nie, was wir erblicken werden, wenn wir eine von ihnen herausziehen. Gewiss ist nur: Es werden seltsame, beunruhigende Dinge sein. Dinge, deren Existenz nicht nur unsere Vorstellung übersteigt, sondern uns verblüfft und irritiert, weil sie beweist, dass sich eine Regel am besten beschreiben lässt, indem man Ausnahmen zeigt. Gegenstände werden nur in die Sammlung aufgenommen, sofern sie verblüffen. Jegliche potenziell anwendbare Systematik ist frei von allgemein akzeptierten wissenschaftlichen oder pseudowissenschaftlichen Annahmen. Es gelten weder das Prinzip von Ursache und Wirkung noch welche Art von Hierarchie auch immer, nicht einmal die einfache lineare Ordnung des Alphabets.

Hier ist ein einziger einfacher Algorithmus am Werk: »Das und das, und dann noch das und das …«

Oneiropractica oder Der Goldfisch

Lassen wir uns nicht täuschen: Das Vorhandensein von Elektrizität, Motoren, Straßenbahnen, Türglocken, Uhren und Menschen bedeutet nicht, dass wir diese Welt als unsere eigene, gewohnte erkennen können. Sie ist eine Illusion, Kostümierung mit bekannten Formen, trügerische Imitation. Wir haben scheinbar Vertrautes und Familiäres vor uns, doch bei genauerem Hinschauen zeigt sich, dass etwas nicht stimmt. Manchmal ist die Illusion reines Spiel, wie im Fall der Verweise auf die witzigen Arbeiten Arcimboldos, manchmal aber ist sie mit etwas Bedrohlichem unterfüttert, das verwirrt und Schwindel auslöst (das aus Fleisch bestehende Uhrwerk). Wir bewegen uns am Rande der Vernunft, dort, wo die einfachen Prinzipien der Wahrnehmung ihre Selbstverständlichkeit verlieren. Hier ist der Mond gerade einmal ein Fußball. »Statt des Geheimnisses gibt es hier nur einen Goldfisch«, sagt die Hauptfigur in *Institute Benjamenta.*

Erkennt ihr anhand meiner skizzenhaften, flüchtigen Beschreibungen dieses Land wieder? Kommt es auch euch vertraut und irgendwie u n s e r vor? Wie immer man es nennen will, sicher ist, dass viele von uns hier leben.

Doch was bedeutet »unser«? Unser, das heißt wessen? Derer, die dieselben Bücher gelesen haben, oder vielleicht derer, die einen von Neurologen noch nicht erforschten Knick im Hirn haben (nennen wir ihn vorläufig die »Quay-Falte«)? Kommen daher unsere merkwürdigen Idiosynkrasien, unser Hang zu einer wirren Metaphysik des Degradierten? Oder sind wir Bürger eines phantasmagorischen grenzüberschreitenden Staates, der wie eine flimmernde Fata Morgana über Mitteleuropa schwebt und sich von dessen Albträumen nährt? In jedem Fall liefern uns die Alchemisten-Brüder ein abgeschlossenes und vollkommenes Werk, das sein Nigredo, Albedo und Rubedo schon durchlaufen hat, um im Quay'schen Tiegel die Vollkommenheit eines filmischen Steins der Weisen zu erlangen.

Glosse

Seit meiner Kindheit quält mich ein metaphysisches Problem, für das ich lange keine Lösung finden konnte. Gibt es etwas in der Welt, ohne das nichts anderes existieren könnte? Gibt es eine unverzichtbare Sache, ein grundlegendes und fundamentales Objekt? Eine *quinta essentia*, die den vier Elementen ihre Macht verleiht? Die Archē der Vorsokratiker, das Geheimnis des Daseins, den Gral des Alltäglichen? Kann man eine Hierarchie der Seinsformen bestimmen, oder muss man in der flachen Welt der gleich nützlichen (oder nutzlosen) Dinge bleiben?

Im alchemistischen Universum der Brothers Quay entdecke ich verwundert, dass ein solcher Gegenstand existiert: die Schraube. Sie kommt in ihren Filmen zu oft vor, als dass man sie ignorieren könnte. Verstaubt und banal, aber allgegenwärtig wie Philip K. Dicks Ubik. Ihre Unscheinbarkeit darf uns nicht täuschen. Denn sie ist es, die hinter unserem Rücken die Ebenen der Wirklichkeit miteinander verschraubt, unsere unsteten, vereinzelten Perspektiven zu einer zusammenfügt, die Gegensätze in einer mechanischen spiralförmigen Drehbewegung vereint.

Gesegnete Schraube, behalte uns in deiner Obhut!

Deutsch von Bernhard Hartmann

Wie Übersetzer die Welt retten

Bisweilen nehme ich gern eine panoptische Perspektive ein und schaue mir – wenigstens für einen Moment – alles von oben an. Dann kann man unsere menschliche Welt als eine Ansammlung von weit gestreuten Kolonien selbstzufriedener Organismen sehen, die sich leicht an wechselnde Gegebenheiten anpassen, einen ausgeprägten Ausbreitungsdrang besitzen und miteinander rivalisieren, jedoch ebenso fähig sind zu Selbsterkenntnis und Kooperation. Ein unersetzliches Element innerhalb dieser organischen Struktur sind die Übersetzer von Büchern. Sie sind Teil einer Art leitenden Nervengewebes, eines Netzes, das Informationen von einer Stelle des Gebildes an eine andere übertragen hilft. Durch den Geist der Übersetzer verlaufen die Grenzen zwischen unterschiedlichen Welten, und ihre Gabe ermöglicht es ihnen, diese Grenzen zu überschreiten, zu verwischen und in den Alembiken ihrer Computer den Stein der Weisen unserer heutigen Zeit herzustellen – Universalität.

Kaum verwunderlich also, dass den Übersetzern seit Jahrhunderten der Gott Hermes als Patron und Beschützer gilt. Von geringem Wuchs, wieselflink, listig eilt »der kleinste und gerissenste aller Götter«, um es mit Plutarchs Worten zu sagen, über die Wege und Straßen dieser Welt. Flatterndes langes Haar, Flügelhelm, den Hermesstab in der Hand, ist er überall und nirgends. Eine Gottheit schwer bestimmbaren Geschlechts. Eine Gottheit der Synthese, der Verknüpfung des Fernliegenden, der Schläue, mit Sinn für Humor und einer Neigung zu List und Tücke. Der Gott der Händler, Kaufleute, Handwerker, Glücksspieler. Hermes ist es, der uns auf Reisen begleitet; seine Stimme spricht zu uns aus Reiseführern und Wörterbüchern. Er ist es, der uns durch unwegsames Gelände geleitet, der uns das Kartenlesen lehrt, uns über Grenzen führt. Vor allem aber ist er bei jeder Form der Kommunikation zur Stelle. Öffnen wir den Mund, um jemandem etwas mitzuteilen, ist Hermes da. Lesen wir Zeitung, surfen wir im Internet, versenden wir eine SMS – Hermes ist da. Ein Hermestempel der heutigen Zeit müsste mit Druckern, Telefonen und Kopierern ausgestattet sein.

Einer seiner Titel ist der des Hermeneutes – des Deuters und Übersetzers. Und die Hohepriesterinnen und Hohepriester in einem Hermestempel wären heute die Übersetzerinnen und Übersetzer, berührt ihre Arbeit doch das Wesen dieser Gottheit: Sie verbindet Menschen durch Sprachen, aber auch über Sprachgrenzen hinweg und überführt die menschliche Erfahrung von einer Kultur in die andere.

Ich habe eine große Schwäche für diesen Gott und fühle mich eng mit ihm verbunden. Doch nun möchte ich zunächst – aus einer gewissen Lust am Widerspruch vielleicht oder aus dem Gefallen am Paradoxen – ein Loblied auf das Nichtverstehen singen.

Es war einmal eine moderne junge Frau, die ließ sich in ihrer Begeisterung für die schönen chinesischen Schriftzeichen ein paar hübsch anzusehende Wörter auf ihren Nacken tätowieren. Die Bedeutung dieser Wörter musste jeden Kenner der chinesischen Sprache in Erstaunen versetzen, sprachen sie doch folgende Mahnung aus: »Nicht wieder einfrieren!«

Diese Begebenheit illustriert eine Unschuld, die nur dem Hochmütigen primitiv oder bemitleidenswert erscheinen kann. Gewöhnlich ruft sie Erheiterung hervor; schließlich sind jedem von uns schon ähnliche Missverständnisse unterlaufen. Etwas falsch oder nicht zu verstehen bedeutet Einsamkeit und eine Distanz, die sich immer dann einstellt, wenn man als Einziger den Kontext nicht kennt. Dies ist die eindringlichste und schamvollste Erfahrung von Introversion – wir schämen uns, wenn wir etwas nicht verstehen. Unsere Kultur erzieht uns dazu, alles verstehen zu wollen, und gibt uns so die Möglichkeit der Kontrolle über die Welt. Einem Menschen, der etwas nicht versteht, ist diese Möglichkeit genommen.

Manchmal aber wird das Nichtverstehen auch zum befreienden Erlebnis. Solche Momente ereignen sich meist auf Reisen in die Ferne: Wir kommen an einen Ort, an dem uns alles anders, neu, unbegreiflich erscheint. Fremde Gerüche überwältigen uns, die Farben haben eine andere Tönung, eine andere Intensität, wir atmen eine andere Luft. Die Körpersprache der Menschen, denen wir begegnen, stürzt uns in Verwirrung, ihre Sprache scheint unergründlich, die Buchstaben des Alphabets erinnern an exotische Schlingpflanzen für einen Steingarten.

Nach dem unvermeidlichen Anflug von Panik geht unser Atem allmählich langsamer, während unser Hirn auf Hochtouren zu arbeiten beginnt; es sucht in der neuen Wirklichkeit nach bekannten Elementen, beliebigen Anhaltspunkten. Im Chaos der Eindrücke entdecken wir das Wort *»bike«* oder den Namen einer internationalen Firma und stellen erleichtert fest, dass wir uns immer noch in derselben Welt befinden, bloß in einer anderen Variante.

Nach einigen Tagen fruchtloser Mühen, in denen unser Verstand wieder und wieder Zeichen mit Situationen zu verknüpfen sucht, kommt unser Hirn zur Ruhe – vielleicht erliegt es auch nur der Flut unverständlicher Reize – und verfällt in einen gleichsam meditativen Zustand. Wir erfassen Zeichen nicht mehr als Informationsträger, sondern als ästhetische Muster, als etwas Organisches, Natürliches, als Formen ohne Bedeutung – so wie wir im ersten Impuls die Natur wahrnehmen, als sinnfreies Kommunikat. Werbeslogans sprechen uns nicht mehr an, sind nur mehr farbige Flecken auf Bannern, Firmenschilder werden zu bloßen Ornamenten über Eingangstüren, Fahrkarten zu Zetteln, die einfach keine unbeschriebenen Blätter bleiben wollten … Die menschliche Sprache aus dem Mund der Vorübergehenden erinnert an Vogelgezwitscher, wir lauschen ihr und hören einzelne Laute, ohne ihnen einen Sinn beizumessen. Wir betrachten die Bewegung der Lippen, das Spiel der Gesichtsmuskeln, den Tanz der Brauen. Mit den Augen folgen wir den Bewegungen der Hände, des ganzen Körpers. Manche scheinen uns vertraut: ein Nicken, ein Lächeln, andere wiederum – ein Wedeln mit der Hand vor dem Gesicht, ein rasches Zurückwerfen des Kopfes – sagen uns gar nichts. Jede dieser Bewegungen jedoch, ob sie uns nun bekannt oder fremd erscheint, verlangt nach Übersetzung – und allzu oft kommt es dabei zu Missverständnissen. Jede Geste könnte Unwillen oder auch Sympathie bedeuten, Zustimmung oder Abwehr.

Reisen in ferne Länder sind stets eine Übung im Fremdsein. Das spürte Marco Polo, als er an den Hof des Kaisers von China kam, und das spürt der heutige Reisende, der bei einem Spaziergang in der Dämmerung, vielleicht durch Jodhpur in Rajasthan, in einen seltsamen und schwindelerregenden Zustand gerät: das Aussetzen des eigenen Seins. Er versteht nichts, gehört nirgends dazu, niemand interessiert sich für ihn. Durch die Unkenntnis der lokalen Sprache treten die groben Nähte deutlicher zutage, die unser illusorisches Weltbild zusammenhalten – dass wir uns die Welt zu eigen gemacht hätten und sie kontrollierten –, während wir selbst an Distanz gewinnen und unseren Blick über die Schichten von Zeichen und Konventionen schweifen lassen. Wir überlassen uns ganz dem Zufall und erliegen unseren Illusionen, wenn wir zum Beispiel, verleitet durch die bekannt erscheinende Ordnung der Buchstaben, auf einer Speisekarte ein Gericht auswählen.

Eben das ist mir kürzlich auf einer Reise durch Rumänien passiert, als ich in einem Imbiss am Straßenrand, in dem auch LKW-Fahrer aßen, ein Gericht bestellte: *zamă de cocoş şi tăiţei de casă*. Mein hungriger, ungeduldiger, vegetarischer Verstand assoziierte den Namen mit einer Thai-Suppe mit Kokosmilch. Sein übereilter Schluss erwies sich jedoch als verfehlt: Die Kellnerin brachte hausgemachte Hühnerbrühe mit hausgemachten Nudeln.

Dieser eigentümliche Zustand ist im Grunde ein kreativer: Er mobilisiert unseren Geist zu intensivem Arbeiten und bringt ihn dazu, all sein über Jahre gesammeltes Kapital an Wissen, Erfahrung und Intuition zu nutzen. Die angeregte Vorstellungskraft wird zum großen Helfer und zugleich zum hinterhältigen Feind.

Ich bin der Meinung, ein jeder sollte diesen wunderbaren Zustand der Unschuld wenigstens ein Mal erfahren, den Zustand vor dem Verstehen, vor dem Erfassen der Welt durch den Verstand und durch die Netze von Verbindungen, Beziehungen, Assoziationen, die unsere Welterfahrung in einem bestimmten Rahmen halten und uns die Illusion vermitteln, die Welt werde durch unveränderliche, wiederholbare Gesetze regiert, sei einigermaßen stabil und zuverlässig. Dieser Zustand führt uns deutlich vor Augen, dass es Welten gibt, die nach ganz anderen Regeln funktionieren als die unsrige, deshalb aber weder besser noch schlechter sind. Dass unsere Ordnung eine unter vielen ist und dass wir uns in ihr wohlfühlen, weil wir sie gewohnt sind.

Die schöne Geschichte, die ich nun erzählen möchte, sollten alle Übersetzer in ihrem mythologischen Dossier aufbewahren – beweist sie doch, dass sie es waren, die die zivilisierte Welt gerettet haben.

Nach dem Niedergang des Römischen Reiches, unter dem Ansturm plündernder Barbaren auf Europa schien es, als sollte der ganze intellektuelle Reichtum der Antike verloren gehen. Und tatsächlich verschwand vieles unwiederbringlich – dass dennoch einiges gerettet werden konnte, ist vor allem den arabischen Kalifen aus der Abbasiden-Dynastie zu verdanken, die ab dem 8. Jahrhundert weite Landstriche im Mittelmeerraum und im Nahen Osten beherrschten. In ihrer Hauptstadt Bagdad gründeten sie eine große, auf Übersetzungen spezialisierte Akademie. In jenem berühmten Haus der Weisheit (*Beit al-Hikma*) übertrugen Scharen von Übersetzern nahezu alles in die arabische Sprache, was aus dem Römischen Reich stammte und ihnen in die Hände fiel. Besonders die Griechen hatten es ihnen angetan – Archimedes, Theophrast, Ptolemäus, Hippokrates, Euklid. Und Aristoteles. Ihr Interesse weckten wissenschaftliche Arbeiten aus Geographie, Astronomie, Medizin, aber auch aus

Astrologie und Magie. Sie übersetzten nicht nur griechische Werke, sondern ebenso Texte aus Ägypten, Indien und Persien. Manch einer mag bedauern, dass sie sich nicht auch für historische Werke begeisterten oder für Lyrik, Epik oder das Drama. Die pragmatischen Bewohner des Ostens befassten sich weder mit Herodot noch mit Homer, Thukydides oder Aristophanes – ihr Interesse galt der Sprachwissenschaft, der Grammatik, der Stilkunde. Höchstwahrscheinlich beabsichtigten sie, auf dieser Grundlage eigene, noch bessere Werke zu schaffen. Während also über Europa die Rauchschwaden von den verbrannten Überresten seiner untergegangenen Zivilisation aufstiegen, überdauerten deren wichtigste Texte das Frühmittelalter in anderer Sprache in den Regalen der Bagdader und weiterer arabischer Bibliotheken – verborgen wie die von Hermes entführten Rinder des Apollon. All das in einer Zeit, die bekanntermaßen zu den düstersten Kapiteln der europäischen Geschichte zählt – Binnenkriege und Raubzüge von Barbaren machten Städte dem Erdboden gleich und zerstörten Ackerland, Gewalt und Krankheiten forderten scharenweise Menschenleben. Es war eindeutig nicht die Zeit der Bibliotheken.

Die Mühlen der Geschichte mahlen langsam und nach unergründlichen Regeln – und so kehrte die Situation sich um: Nun kam es auf der anderen Seite des Mittelmeerbeckens zu einem ähnlichen Geschehen wie dem oben geschilderten. Die Reconquista – der bewaffnete Kampf der Christen gegen die Mauren auf der Iberischen Halbinsel – wurde erbitterter; zur selben Zeit fanden die Kreuzzüge statt, und eifernde Prediger entfachten die Phantasie mit ihren Geschichten über die Rückeroberung des Heiligen Landes und der arabischen Reichtümer im Nahen Osten. Die Araber, zurückgedrängt bis in den Süden des heutigen Spaniens, hinterließen reiche, schöne Städte, ihre außergewöhnliche Musik und hochentwickelte Kultur. Und ihre Bibliotheken. Den Heeren der Eroberer folgten Mönche und andere Büchermenschen, die kein anderer Reichtum begeisterte als Schriftrollen und Kodizes. Nun wurden – umgekehrt – Übersetzer vom Arabischen in die christlichen Sprachen benötigt.

Der Erzbischof des rückeroberten Toledo rief die berühmte Übersetzerschule von Toledo ins Leben, deren Übersetzer, akribisch wie Archäologen, Werk um Werk für den Westen wieder zutage förderten. Häufig wurde zunächst vom Arabischen ins Kastilische und erst danach vom Kastilischen ins Lateinische übersetzt. Latein gefiel den neuen Übersetzern nicht, es erschien ihnen wie eine durch und durch veraltete Sprache, marode wie die Aquädukte des untergegangenen Römischen Reiches. Die Ausbildung der Schüler zu exzellenten, vertrauenswürdigen Übersetzern nahm viele Jahre in Anspruch. Ich weiß, dass es schwerfällt, all diese Namen im Gedächtnis zu behalten – nach denen eigentlich die Straßen im heutigen Europa benannt sein müssten: Adelard von Bath, Robert von Chester, Alfred von Sareshel, Daniel von Morley, Gerhard von Cremona, Plato von Tivoli, Burgundio von Pisa, Jakob von Venedig, Eugenius von Palermo, Michael Scotus, Hermann von Carinthia, Wilhelm von Moerbeke, Abraham bar Chija. Bevor diese großen Gelehrten ihre Übersetzungen anfertigten, kannte der Westen neben einigen kleineren Schriften verschiedener Autoren nur zwei (!) philosophische Werke von Aristoteles und ein einziges Werk von Porphyrios; ebenso verhielt es sich mit Platon (bekannt war der *Timaios*). Die Übersetzung des gesamten Aristoteles, zusammen mit den altrömischen und altgriechischen, byzantinischen und islamischen

Kommentaren, die Übersetzung Hunderter anderer griechischer und arabischer Bücher läutete eine absolute Wende in der mittelalterlichen Wissenschaft und Philosophie ein. Es war eine Revolution, nach der die Zivilisation des Westens wieder auf die Beine kam.

Wie umfangreich diese Arbeit gewesen sein muss, kann man sich kaum vorstellen. Das Arabische ist überaus plastisch und bedient sich einer Vielzahl von Synonymen. Angeblich hat allein das Wort »Schlange« 500 davon! In einer solchen Sprache ist der Sinn oftmals mehrdeutig und hängt vom Kontext ab. Die Übersetzer versuchten, so gut es ging, damit zurechtzukommen. War ein Ausdruck ihnen unbekannt und fanden sie ihn nicht in ihren wertvollen Wörterbüchern, die sie einander ausliehen und unentwegt vervollständigten, beließen sie die arabischen Wörter und schrieben sie mit lateinischen Buchstaben. So führten sie ganz nebenbei – wie Segler, die Pflanzensamen als blinde Passagiere von fremden Kontinenten mitbringen – Begriffe ein, die der Westen zuvor nicht kannte: Alembik, Algebra, Algorithmus, Alkali, Artischocke, Azur, Borax, Elixier, Jasmin, Kaffee, Kampfer, Laute, Nadir, Ries, Safran, Sorbet, Talkum, Zenit, Ziffer, Zirkon – und Hunderte andere. Ein unerwarteter Reichtum, dessen Gottheit, wohlgemerkt, ebenfalls Hermes ist.

Einmal traf ich mich mit einer Bekannten aus Frankreich, die ebenfalls Schriftstellerin ist. Beim Kaffee unterhielten wir uns über unsere Lieblingsbücher, empfahlen einander die Werke, die wir für lesenswert hielten, und tauschten unsere Meinung zu anderen aus, die im Allgemeinen als bemerkenswert gelten. Ich sagte ihr, dass ich sehr gern Montaigne lese, aber nicht in einem Zug von vorne bis hinten, sondern von Zeit zu Zeit, indem ich seine *Essais* an einer beliebigen Stelle aufschlage und seinen Ausführungen folge, zum reinen Vergnügen und um meine eigenen Gedanken zu klären. Das verwunderte meine Freundin sehr; skeptisch fragte sie mich, ob ich Montaigne auf Französisch läse. Auf Polnisch, erwiderte ich; die vermittelnde Arbeit des Übersetzers schien mir eine weiter nicht erwähnenswerte Selbstverständlichkeit.

Da sagte sie mir, dass es für sie und die meisten Franzosen kein Vergnügen, sondern im Gegenteil fast eine Qual sei, Montaigne zu lesen. Sein Französisch sei veraltet, archaisch, und zu verstehen, was er schreibt, erfordere große Konzentration. So sei es kaum möglich, sich an seinem Stil zu erfreuen. Montaignes *Essais,* in Frankreich Schullektüre, werden dort im Original so gelesen wie bei uns in Polen die Werke des Renaissancedichters Mikołaj Rej – voller Hochachtung, aber auch unter einigen Mühen. Und so stießen wir rein zufällig auf folgendes Paradoxon: Dank der Vermittlung durch den Übersetzer ist ein französischer Autor aus dem 16. Jahrhundert wundersamerweise leichter verständlich für mich als für meine Freundin, die sein Werk im Original lesen kann! Denn Wörter veralten, und der Übersetzer verjüngt sie; aus alten Trieben wachsen neue empor. Übersetzen ist demnach nicht nur die Übertragung von Sprache zu Sprache, von Kultur zu Kultur – es erinnert auch an eine Technik in der Gärtnerei, bei der man die Triebe eines Gewächses einem anderen aufpfropft, wodurch sie neue Kraft gewinnen und zum vollwertigen Zweig werden. (Dabei fällt mir ein, dass Hermes nicht nur die Wörter, Wörterbücher, Ziffern, die Astronomie, die Musik, die Lyra erfand, sondern den Menschen auch den Anbau und die Pflege von Olivenbäumen zeigte.)

Meine Generation in Polen – und wahrscheinlich nicht

nur meine – kennt die klassische französische Literatur durch die Übersetzungen des polnischen Dichters und Kritikers Tadeusz Boy-Żeleński. Er war ein sehr produktiver Übersetzer mit einer starken Persönlichkeit und fand eine Ausdrucksweise im Polnischen, die das geordnete und ordnungsliebende Französische überaus treffend wiedergibt. Wenn ich also Montaigne lese, dann lese ich ihn vermittelt durch Boy-Żeleńskis geistige Vorarbeit. Jeder Satz der *Essais* hat einen kürzeren oder längeren Moment in Boy-Żeleńskis Geist verweilt, bevor er zu Papier gebracht und schließlich gedruckt wurde. Daher wage ich die kühne These, dass ich die französische Literatur so kenne, wie ihr Übersetzer sie erlebte und verstand. Der Übersetzer ist anwesend in jedem einzelnen Satz. Was wohl Montaigne dazu sagen würde?

Hermes ist auch ein Trickster. Keiner lügt und betrügt so geschickt wie er.

Vor einiger Zeit befasste ich mich während der Arbeit an einem neuen Buch intensiv mit Keilschrifttafeln, wobei meine Recherchen mich nach Syrien führten. Damals wäre niemandem in den Sinn gekommen, dass dort wenige Jahre später einer der blutigsten und grausamsten Kriege unserer Zeit ausbrechen sollte, der uns möglicherweise als der erste Klimakrieg in Erinnerung bleiben wird. Damaskus wirkte zu der Zeit wie die friedliche Oase einer multiethnischen, multireligiösen Gesellschaft, die in Einigkeit zusammenlebte und ihre bevölkerungsreichen Straßen und Viertel so anmutig untereinander aufgeteilt hatte, wie man einen Steinfußboden mit vielfarbigen und verschieden geformten Teppichen auslegt.

Ich ging sogleich in ein Museum, von dem ich wusste, dass es eine unglaubliche Sammlung von Göttinnen-Darstellungen besaß. Es war sehr heiß, die Stadt war in einen cremefarbenen Schleier aus Sandstaub gehüllt, der bis in die Museumssäle vordrang. Das menschenleere, leicht staubige Museum erwies sich als wahre Schatzkammer – in unzähligen Ausstellungsräumen, Schaukästen, Fluren befanden sich Zigtausende Exponate, unter denen ich auch gleich solche entdeckte, über die ich mehr erfahren wollte. Gierig starrte ich sie an, hatte man mich doch eingangs darauf hingewiesen, dass Fotografieren nicht erlaubt sei – so, als würde die Verewigung der Ausstellungsstücke ihnen einen Teil ihrer Authentizität rauben. Zu meiner Enttäuschung waren die meisten Erläuterungen ausschließlich auf Arabisch verfasst.

Der alles bedeckende Sandstaub war wie eine Mahnung vor dem drohenden Vergessen. Voller Verzweiflung suchte ich nach einem Übersetzer, und tatsächlich konnte ich einen Museumsangestellten kurz vor seiner Mittagspause abfangen, der mir recht unwillig die Schilder unter den Exponaten übersetzte. Jeden Satz begann er mit einem »Here is written …« und distanzierte sich dadurch von dem Geschriebenen, als wäre seine eigene Unwissenheit eine Tugend. Oder als wüsste er genau, dass er mir durch die Übersetzung eine bestimmte ideologische, mystifizierte Auslegung übermittelte, die bereits in der Beschreibung der Exponate enthalten war. Aus irgendeinem (politischen? religiösen?) Grund nämlich wurden sämtliche Figuren, und ganz besonders die nahöstlichen Göttinnen des Altertums, entweder als gewöhnliche Frauengestalten beschrieben oder aber als Spielfiguren für Kinder. Ich hatte damals – und auch später – keine Gelegenheit mehr zu überprüfen, ob der hungrige Museumsangestellte korrekt übersetzt hatte oder ob sein knurrender Magen ihm eine eigene Religionswissenschaft diktierte.

Viele der ältesten Geschichten auf den Keilschrifttafeln sind leider nur noch in der Übersetzung erhalten – in zahlreiche, mitunter kleine Sprachen. Häufig haben unsystematisches Vorgehen an den Ausgrabungsstätten, politische Spannungen oder offene Konflikte für Durcheinander gesorgt, sodass etwa inhaltlich zusammengehörige Tafeln auf verschiedene Museen weltweit aufgeteilt wurden. Es ist also ein wenig wie bei einem Puzzle: Die ältesten Texte der Menschheit sind über die ganze Welt verstreut, haben sich im wahrsten Sinne des Wortes aus dem Wüstenstaub gemacht. Nach ihrer Erforschung und Übersetzung erzählen sie in einem vielsprachigen Chor verschiedene Versionen derselben Geschichte, in unterschiedlichen Tempi, jeweils unter anderem Himmel. Und so sieht auch das Wirken des großen Hermes aus: Er verbreitet Ideen und Geschichten über die ganze Welt.

In letzter Zeit habe ich oft, Hand in Hand mit den jeweiligen Übersetzern, meine Bücher in anderen Ländern vorgestellt.

Die Erleichterung, sich die Autorschaft mit jemandem teilen zu können, lässt sich schwer in Worte fassen. Ich freue mich immer, wenn ich wenigstens einen Teil der Verantwortung für einen Text abgeben kann – im Guten wie im Schlechten. Wenn ich nicht mehr allein dastehe, Auge in Auge mit dem aufgebrachten Kritiker, der mimosenhaften Rezensentin, dem literarisch unbewanderten Journalisten, dem arroganten Moderator. Wie schön, wenn nicht mehr alle Fragen nur an mich gerichtet sind, wenn dieser bedruckte und gebundene Papierstapel nicht mehr allein meine Sache ist! Dieses Gefühl kennen sicherlich viele Schriftsteller. Am erstaunlichsten ist jedoch, dass die Anwesenheit einer Übersetzerin, eines Übersetzers Sphären eröffnet, die mir bereits nicht mehr zugänglich sind, dass sie oder er sich unabhängig von mir in Debatten begibt, die ich nicht einmal ganz verstehe, die mir fremd, ja mysteriös erscheinen. Mein Text befreit sich von mir – oder bin ich es, die sich von ihm löst? Er wird selbstständig wie ein aufsässiger Teenager, der von zu Hause ausreißt, um zum ersten Mal auf ein Musikfestival zu fahren. Die Übersetzerin, der Übersetzer hat meinen Text an die Hand genommen und ihm andere Seiten dieser Welt gezeigt, hat hinter ihm gestanden, sich für ihn eingesetzt. Welch ein Glück für mich! Plötzlich bin ich frei von der tiefen Einsamkeit, die so fest zur schriftstellerischen Tätigkeit gehört – Stunden, Tage, Wochen, sogar Jahre verbringt man in seinem eigenen Kosmos, allein mit seinen Gedanken, inneren Dialogen und Vorstellungen. Die Übersetzer kommen auf uns Schriftsteller zu und sagen: »Auch ich war dort. Ich bin deinen Spuren gefolgt – und jetzt überschreiten wir gemeinsam eine Grenze.« Hier wird der Übersetzer buchstäblich zum Hermes: Er nimmt mich an die Hand und führt mich über die Grenzen von Ländern, von Sprache und Kultur.

Literatur als Kommunikationsakt beginnt damit, dass wir einen Text mit unserem Vor- und Nachnamen unterschreiben und uns so als Autorin oder Autor hinter ihn stellen. Damit, dass wir unsere tiefste, innerste Erfahrung, das Verletzlichste an uns, in Worte fassen und dabei das Risiko auf uns nehmen, nicht verstanden zu werden, mit unserer Geschichte Wut oder Abfälligkeit auszulösen. Literatur beginnt also in jenem speziellen Moment, in dem unsere individuelle, einzigartige Sprache mit der Sprache anderer Menschen zusammentrifft. Literatur ist der Raum, in dem das Private öffentlich wird.

Es wird angenommen, dass das erste menschliche Wesen, das seinen Namen unter einen eigenen literarischen Text setzte und damit zur frühesten Schriftstellerin wurde, En-hedu-anna war, eine sumerische Hohepriesterin der Göttin Inanna. In einer finsteren Zeit gesellschaftlicher Unruhen und brutaler Machtkämpfe, einer Zeit der Enttäuschungen und Zweifel schrieb sie einen Hymnus an Inanna – es ist die berührende Klage eines Menschen, der sich von Gott verlassen glaubt. Dank der Übersetzung, die einen Text naturgemäß in die Gegenwartssprache versetzt, ist dieser Hymnus für den heutigen Leser sprachlich gut verständlich – und auch der Inhalt bleibt ihm nicht verschlossen, erzählt der Hymnus doch von einer zutiefst persönlichen, dabei aber zeitlosen und universellen Erfahrung. Das bedeutet, dass En-hedu-annas vor rund 4500 (!) Jahren geschriebenes intimes Bekenntnis der Verzweiflung und Trauer, der Verlassenheit, Einsamkeit, Enttäuschung auch heute von Lesern in einer völlig anderen Welt nachempfunden werden kann – und das, obwohl die Sprachen der damaligen Zeit bereits vor Ewigkeiten im wahrsten Sinne des Wortes zu Staub zerfallen sind.

Unsere private Sprache bildet sich während unseres ganzen Lebens heraus; sie leitet sich ab von der Sprache unserer Eltern, von unserer Umgebung, unseren Lektüren und von unserer individuellen Persönlichkeit. Manchmal ist sie eine intime Sprache, in der wir mit uns selbst reden und die natürlich nicht immer aufgezeichnet wird – schließlich hat nicht jeder die Angewohnheit, seine Gedanken zu Papier zu bringen. Diese Sprache ist etwas ebenso Einzigartiges wie die Papillarlinien, anhand derer ein Mensch sich identifizieren lässt.

Ich denke, Kultur ist ein kompliziertes Austarieren

zwischen privaten und kollektiven Sprachen. Kollektive Sprachen sind breite ausgetretene Wege, individuelle Sprachen sind einzelne schmale Pfade. Kollektive Sprachen sind gesellschaftlich vereinbarte Methoden einer möglichst verständlichen Kommunikation, bei der vor allem ein solcher Inhalt übermittelt werden soll, der ein für alle übereinstimmendes Bild der Realität entstehen lässt. In der so erzeugten gemeinsamen Realität beziehen sich die Wörter auf konkrete Phänomene und auf existierende oder als existent geltende Dinge. Von da an stützen die gemeinsame Sprache und das Realitätsbild sich gegenseitig. Paradox ist, dass wir uns durch diese gegenseitige Bedingtheit von kollektiver Sprache und Realitätsbild bisweilen beengt fühlen, da die Sprache die Realität vorantreibt und die Realität die Sprache. Das beste Beispiel hierfür sind totalitäre Gesellschaften, in denen die regierungstreuen Medien eine postulierte, vorhersehbare und entsprechend benannte Realität verbreiten.

Die kollektive Sprache dient der Aufrechterhaltung einer bestimmten politischen Ideologie und wird von der Propaganda auf zynische Weise eingesetzt. In solchen Fällen kommt die gesamte Kommunikation zum Erliegen, ja wird sogar zur Unmöglichkeit. Unter diesen Bedingungen wird es zum mutigen Akt, einen Begriff von außerhalb des Systems zu verwenden oder eine offensichtliche, innerhalb des Systems aber nicht akzeptable Wahrheit laut auszusprechen. In der Gruppe der Systemtreuen wiederum wird die kollektive Sprache mit der Zeit zur Selbstverständlichkeit und darum zusehends unreflektiert verwendet; die Wörter verlieren ihre Bedeutung, Kontexte scheinen vorgestanzt und zu abgenutzt, um noch schöpferische Wirkung zu entfalten. Eine solche Sprache besteht aus abgedroschenen Phrasen, sie hört auf, irgendetwas zu kommunizieren, und wird zum reinen Ritual, zum Slogan. Die konturlosen Begriffe eignen sich höchstens noch, um sie zu skandieren.

Geschichte und Gegenwart lehren uns, dass es bei der Schaffung derartiger politisch gefärbter kollektiver Sprachen zu Wortdiebstählen, Wortentführungen kommt. Beliebige neutrale, leicht angestaubte, bereits fast archaische Wörter gelangen plötzlich wieder auf Banner und in Wahlprogramme. Einer dieser Begriffe ist etwa »die Nation«. Es zeigt sich, dass dieses Wort, wenn man es von seinem historischen Kontext befreit und ein wenig abstaubt, vorzüglich geeignet ist, um eine neue Ordnung zu etablieren. So besetzt ist es inzwischen, dass diejenigen, die sich nicht zu den Anhängern der neuen Ordnung zählen, dieses einst unschuldige Wort nicht mehr in den Mund nehmen können, ist es doch so aufgeladen mit neuen Bedeutungen, dass es zum Kampfbegriff geworden ist.

Natürlich bedarf es einer kollektiven Sprache, damit wir uns in einer stets wieder neu vereinbarten Realität überhaupt verständigen können. Es muss eine gewisse sprachliche Dimension der sozialen Verbundenheit geben; häufig vermitteln etwa bereits einfachste Redewendungen und Idiome ein Gemeinschaftsgefühl.

Der Kampf, bei dem anderen eine kollektive Sprache aufgezwungen werden soll, findet nicht nur in den Parlamenten und in den Medien statt, sondern auch an den Universitäten. Dort treten in Wellen intellektuelle Moden auf, die jeweils ihre eigene kollektive Sprache entwickeln – deren Implementierung zwar ein wenig dauert, die aber, wenn sie einmal etabliert ist, nicht nur dazu dient, ein bestimmtes Weltbild zu zeichnen, sondern auch dazu, Bündnisse zu schaffen, in die andere ein- oder von denen sie ausgeschlossen werden können. Jede Generation hat ihre eigene Sprache zur Beschreibung der Welt, ja, vielleicht hat heute sogar jedes Jahrzehnt seine eigene Sprache – und wir Sprecher sind uns häufig ihrer Kurzlebigkeit und Eingeschränktheit, ihrer ausschließlichen Fähigkeit zur Artikulierung dessen, was sich innerhalb ihrer Grenzen befindet, nicht einmal bewusst.

Es gibt keine schlimmere Krankheit als den Verlust der individuellen Sprache, wenn ein Mensch eine kollektive Sprache gänzlich zu seiner privaten macht. An dieser Krankheit leiden Beamte, Politiker, Akademiker und auch Geistliche.

Die einzig mögliche Therapie ist die Literatur – der Umgang mit schöpferischer Sprache wirkt wie eine Impfung gegen eilends zusammengezimmerte und rein instrumental behandelte Weltsichten. Dies ist ein gewichtiges Argument für das Lesen von Literatur – auch klassischer –, denn die Literaturgeschichte zeigt, dass kollektive Sprachen einmal anders funktionierten, dass sie auch andere Weltsichten eröffneten.

Eben darum ist es so wichtig zu lesen: um diese anderen Sichtweisen zu entdecken und sich zu vergewissern, dass unsere Welt nur eine von vielen möglichen Welten ist – und uns ganz sicher nicht für immer gegeben.

Übersetzerinnen und Übersetzer tragen eine ebensolche Verantwortung wie Schriftstellerinnen und Schriftsteller. Die einen wie die anderen sind die Hüter eines der erhabensten Phänomene der menschlichen Zivilisation – der Möglichkeit, anderen Menschen die intimste individuelle Erfahrung des Einzelnen zu übermitteln und diese Erfahrung in einem erstaunlichen kulturschaffenden Akt zu einer gemeinsamen zu machen. Und dabei steht ihnen Hermes zur Seite – als Gott der Kommunikation, der Beziehungen knüpft und Verbindungen schafft.

Koinos Hermes! Es lebe die Hermes-Gemeinschaft!

Deutsch von Lisa Palmes

Finger im Salz oder Kurze Geschichte meines Lesens

In seinem Roman *Die Handschrift von Saragossa* führt Jan Potocki einen bezeichnenden Dialog zwischen den Tischgenossen eines Gastmahls an. Einer der Gäste, Apollonios, wendet sich an die anderen:

»Haben Sie die Gärten des Tantalus gesehen, die es gibt und nicht gibt?«

Die Tischgenossen antworteten: »Wir haben sie nur bei Homer gesehen, denn wir sind nicht in die Unterwelt hinabgestiegen.«[12]

»Bei Homer die Gärten des Tantalus sehen«, »bei Tolstoi die Napoleonischen Kriege erleben«, »sich bei Mann von der Schwindsucht kurieren«, »bei Melville Wale jagen«, »bei Prus die unglückliche Liebe durchleiden« – das ist wohl die lakonischste und zugleich treffendste Zusammenfassung dessen, was die Literatur mit uns anstellt.

Indem sie Welten von verblüffendem ontologischen Status kreiert, führt sie uns aus uns selbst hinaus und ermöglicht uns so die Teilnahme an einer Erfahrung, die uns sonst nicht gegeben wäre. Wenn wir es uns recht überlegen, so steht der größte Teil unseres Wissens, unserer Erfahrungen, Vorlieben, Leidenschaften und Emotionen in direktem Zusammenhang mit den Büchern, die wir gelesen haben. Die darin vorkommenden literarischen Figuren betrachten wir als uns nahestehende, vollkommen reale Menschen. Wir hängen unser Herz an sie, vergleichen uns mit ihnen; manche von ihnen verändern gar unser Leben.

Unter allen Gattungen von Lebewesen ist nur dem Menschen die Fähigkeit des Lesens gegeben – und damit die Möglichkeit, die vorgefundene Realität, jedenfalls im Geiste und für eine gewisse Zeit, zu verlassen. Jedes Mal, wenn wir ein Buch aufschlagen, vollzieht sich zwischen Auge und Papier etwas Außerordentliches, eine Art Wunder. Wir sehen Reihen von Buchstaben, und wenn wir unseren Blick darübergleiten lassen, verwandelt unser Gehirn sie in Bilder, Gedanken, Gerüche, Stimmen. Es geht mir nicht nur darum, dass wir fähig sind, aus einfachen Zeichen konkrete Informationen herauszulesen – das könnte auch ein Computer. Ich meine eher die Bilder, die Gerüche, die Töne, die diesen Zeichen entspringen. Die Möglichkeit, einem anderen Menschen ganz subtile, vielschichtige Erfahrungen zu übermitteln, ihm jemandes ganzes Leben zu eröffnen – und das in einem intensiveren Maße als bei einer real existierenden Person. Wie geht das vor sich? Keinem Psychologen ist es wohl jemals gelungen, dieses Wunder des Lesens gänzlich zu erklären. Ein allgemein verbreitetes Wunder, denn schließlich geschieht es jede Sekunde an verschiedenen Orten auf dem ganzen Erdball; ein Wunder, das ich selbst gut kenne, bin ich doch selbst in erster Linie Leserin und nur in zweiter Linie Schriftstellerin. Bis jetzt haben die Psychologinnen und Psychologen jedenfalls festgestellt, dass die Fähigkeit zu ergiebigem Lesen eines der Merkmale für psychisches Gleichgewicht ist. Ergiebiges Lesen heißt, dass das Gelesene verstanden und nachempfunden werden kann. In Momenten von Aufregung oder Stress lesen wir nicht.

Menschen, die an einer Psychose leiden, verlieren fast vollständig ihre Lesefähigkeit. Somit ist Lesen das Privileg eines in seinem natürlichen Gleichgewicht befindlichen Verstandes.

Erste Bedingung für das Lesen ist allerdings die Beherrschung einer menschlichen Sprache. Der Spracherwerb ist ein komplexer Prozess, der bis etwa zum fünften Lebensjahr eines Kindes der neuronalen Initiation unterliegt. Lebt das Kind in diesem Zeitfenster in einer nicht mit Worten kommunizierenden Umgebung, so lernt es auch später nicht mehr sprechen. Es verhält sich dann so wie die sogenannten Wolfskinder, die zumeist ohne menschliche Gesellschaft aufwachsen und deren Vokabular in Knurren oder Heulen besteht. Hat sich das Zeitfenster für den Spracherwerb geschlossen, so versucht man diesen Kindern verzweifelt und ohne Erfolg eine menschliche Sprache beizubringen.

Ich bin überzeugt, dass es einen ähnlichen Initiationsprozess auch für das Lesen von Literatur gibt – jenes außerordentliche, wundersame Lesen, das ich hier im Sinn habe. Hat ein Mensch dieses nahezu erotische Vergnügen an der Lektüre nicht, sagen wir, zwischen dem neunten und sechzehnten Lebensjahr erfahren, so ist es unwahrscheinlich, dass noch eine echte Leserin, ein echter Leser aus ihm wird. Natürlich kann ein solcher Mensch Zeitungen und Bücher lesen, sie verstehen und aus ihnen lernen, vielleicht schlägt er oder sie eine wissenschaftliche Laufbahn ein oder spezialisiert sich auf einem Fachgebiet, ja, wird sogar Literaturkritiker oder Literaturkritikerin! Dennoch kann dieser Mensch niemals wirklich durchleben, was er liest, er wird sich niemals richtig in einen Roman oder eine Erzählung vertiefen und die Welt darin für die allerwirklichste Wirklichkeit ansehen – so wie es jener

Leserin von Jean-Jacques Rousseaus *Neuer Heloise* ging, die in einem Brief an ihren Mann schrieb: »Eben habe ich *Die Neue Heloise* zum vierten oder fünften Mal verschlungen, und immerfort will es mir scheinen, als wäre ich von den Romanfiguren umgeben, als wären sie echte Menschen.«

Jene Initiationszeit ist eine recht heikle Phase. Dass Körper und Geist in diesem Lebensabschnitt noch jung sind und dass der Geist empfindlich, empfänglich ist für prägende Eindrücke, kommt der Initiation entgegen – lernt das Gehirn in dieser Zeit, Musik und Bilder aus gedruckten Zeichenreihen herauszulesen, so bleibt ihm diese Fähigkeit für immer, wenn sie auch mit dem Alter ein wenig nachlässt.

Ich glaube nämlich auch, dass wir im Alter diese außerordentliche Empfänglichkeit verlieren, mit der wir in früheren Jahren die Welt in uns aufsaugen. Bei manchen geht es schneller, bei anderen langsamer, doch es gibt auch so einige Menschen – die ich glühend darum beneide –, deren Aufnahmefähigkeit fast bis zum Ende gleich hoch bleibt. Deswegen berührt und beeindruckt es mich so sehr, wenn ich an diejenigen älteren Menschen denke, die abends vor dem Einschlafen oder in den häufiger werdenden schlaflosen Nächten immer noch in einem Roman versinken können.

Nun, sagen wir es doch frei heraus: Frauen halten sich in dieser Hinsicht länger. Ich weiß nicht, ob dabei die von den Soziobiologen so vielbeschworenen Unterschiede im Aufbau des Gehirns eine Rolle spielen oder vielmehr kulturelle Fragen – fest steht jedoch, dass Mädchen von Anfang an mehr lesen und auch später, als ältere Damen, ihre Liebe zum geschriebenen Wort nicht verlieren.

Mit zunehmendem Alter stellt sich allerdings meist

eine Art Autismus ein: Wir interessieren uns weniger für Romane, Beschreibungen beginnen uns zu langweilen, stattdessen meinen wir in Biographien und Monographien mehr Interessantes zu finden, und Fakten erscheinen uns spannender als Bilder oder Dialoge. Wir fangen an, einen Tatsachenkult zu betreiben – und seien diese Tatsachen auch von sensationshungrigen Journalisten aufgepeppt worden. Voller Ehrfurcht starren wir auf Fußnoten, im festen Glauben, diese verwiesen auf »die Wahrheit«. Schließlich gelangen wir zu der Ansicht, dass Romane bloße Lügengespinste seien, ein leerer Zeitvertreib und daher überflüssig. Dann stellen wir den Autorinnen und Autoren die dumme Frage: »Wie viel von dem, was da steht, ist denn nun wahr?« Und das ist dann das Ende …

Denn wenn wir diese Frage stellen, bedeutet das, wir haben die Fähigkeit zum Spiel mit den Welten verloren, zur Balance zwischen dem, was ist, und dem, was sein könnte, was noch nicht geschehen ist, was nicht da ist; wir sind im Begriff, einen immens wichtigen und schöpferischen, quecksilbrigen Teil unserer Psyche zu verlieren – die zutiefst menschliche Fähigkeit, alternative Welten zu kreieren und das Leben anderer Menschen mitzuleben. Dieses Element unseres Selbst ermöglicht es uns auch, eine Zukunft zu schaffen und zu erproben, es verbindet uns auf die vollkommenste Weise mit anderen, lehrt uns Empathie und führt uns vor Augen, wie ähnlich wir einander sind – und wie unähnlich zugleich. Menschen, die Romane lesen, sind gewissermaßen »angefüllter«; sie haben ein weiteres Bewusstsein, lebten sie doch das Leben anderer Menschen mit, wenigstens für eine Weile.

Anders als es der alte Mythos besagt, ist Literatur keine Sache der Musen, jener sorgsamen Hüterinnen und Bewahrerinnen von Wissenschaft und Künsten. Die Literatur wurde – wie so vieles andere auch – von Hermes ersonnen.

Hermes erfand die Literatur, als er zum ersten Mal flunkerte. Als er und sein Bruder Apollon, dem der gerade einen Tag alte Hermes fünfzig Rinder gestohlen hat, vor Gericht bei Zeus, ihrem Vater, erscheinen müssen, gesteht Hermes nicht etwa seine Tat, sondern erdenkt eine völlig andere Version der Ereignisse. Homer führt in seinem *Hymnos an Hermes* dessen Worte aus der Verteidigungsrede an:

»Vater Zeus, ich werde gewiß die Wahrheit dir sagen, bin ich doch ohne Trug, verstehe auch gar nicht zu lügen.«[13]

Und auf diese Worte hin erzählt Hermes seine erfundene Geschichte. Die Dreistigkeit des Götterknirps bringt die anderen Götter zum Lachen; die Situation ist höchst amüsant, obgleich doch die Wahrheitsliebe, deren sich die Götter bis dahin rühmten, dadurch arg auf die Probe gestellt wird. Der kleine Hermes denkt sich also einen anderen Hergang aus, der nicht unbedingt den Tatsachen entspricht, aber dennoch ebenso gut wahr sein könnte. Wir nennen so etwas recht brachial eine »Lüge«, dabei wäre doch die Bezeichnung »Konfabulation«, »Konfabulieren« viel treffender – von *confabulatio*, einem lateinischen Ausdruck, der sich vom Verb *confabulari* herleitet, was so viel bedeutet wie »plauschen, plaudern« und sich zusammensetzt aus *con-*, von *cum*: »mit«, und *fabulari*: »reden, erzählen«, von *fabula*: »Fabel, Geschichte, Märchen«. Gemeint ist also das Erzählen erfundener Ereignisse, an deren Wahrheit man glaubt. Die Verwendung von »Konfabulieren« anstelle von »Lügen« würde es gestatten, Hermes mit einem etwas wohlwollenderen Blick zu betrachten. In der Literatur geht es schließlich darum, eine Gesamtheit der Erfahrung zu vermitteln, und nicht um reine Tatsachen. Literatur ist ein Spiel mit den Welten, mit den Möglichkeiten; sie ist eine wunderbare, atemberaubende Gaukelei, die unsere sorgsam errichteten, pragmatischen Systeme der Ordnung, unsere Festlegungen »von hier bis dort«, den akribisch sortierten Inhalt der Schubladen unseres Verstandes hinwegfegt, durcheinanderwirbelt, für nichtig erklärt.

Hermes erfand auch die Schrift. Er ist der Gott der Wege, der Reisenden, der Kaufleute, der Diebe und der Hirten, der Patron von Erfindern jeglicher Couleur. Als Götterbote arbeitet er unermüdlich. Er geleitet die Toten in den Hades, führt sie als Hermes Psychopompos ans jenseitige Ufer. Er ist Kurier und Botschafter. Werft einmal einen Blick ins Internet, und ihr werdet sehen, wie häufig der Göttername Hermes und dessen römische Variante – Merkur – heute, im 21. Jahrhundert, verwendet wird. Der Name, so zeigt es sich, wird mit allen Arten von Kommunikation in Verbindung gebracht, mit dem Briefeschreiben, der Erstellung von Schaubildern, mit Vorgängen des Ordnens, Kennzeichnens, der Übermittlung. Die Sphären des Heilens und Lehrens sind mit ihm verknüpft, auch der Austausch und Handel. Ferner Betrug, Illusion, Täuschung, Trickserei, spöttische Nachahmung, Humor und Witzelei. Auch sagt man über Hermes, er sei ein nächtlicher Voyeur. O ja – ohne Voyeurismus gäbe es keine Literatur! Hermes ist auch der Hüter von Geheimnissen. Er kann bestehende Ordnungen verändern und ihre Natur umkehren, hat somit als Großer Alchemist die Obhut über jegliche Arten von Transmutation.

Betrachten wir auch zwei besondere Kinder des Hermes: Pan und Hermaphroditos. Bei diesen Namen kommen uns weitere Domänen des Hermes in den Sinn, die in untrennbarem Zusammenhang mit der Literatur stehen. Pan lässt uns daran denken, dass die Wurzeln der Literatur in der ältesten Mythologie liegen, in jenen Urzeiten des Menschen, in denen die ersten, noch halb animalischen, säugetierhaften Ängste und die ersten menschlichen Träume zu Geschichten gemacht wurden. Und Hermaphroditos erinnert uns, dass die Literatur in ihrer tiefsten Bedeutung geschlechtslos ist, das heißt, dass sie ihre Wirkung in den Schichten der menschlichen Psyche entfaltet, in denen kein geschlechtlicher Dualismus herrscht, in denen der Mensch ein komplettes, ungeteiltes Wesen ist und mit vollen Händen aus seiner Ganzheit schöpfen kann.

Manche sagen, Hermes habe nur drei Kinder: den ältesten Sohn – Pan, den mittleren Tochtersohn – Hermaphroditos, und die jüngste Tochter – Literatura. Aus diesem Grund sollte die Literatur – und besonders der Roman, der mir als Gattung am Herzen liegt – keine elitäre, sondern eine alltägliche und allgemein zugängliche Kunst sein, eine Kunst, die auch auf Bahnhöfen, in Hotels, an Marktständen zu Hause ist. Klug sollte sie sein mit einer Lebensklugheit der Straße, sie sollte nicht aufgesetzt wirken oder besserwisserisch. Ein Roman sollte eine Welt kreieren, die wir betreten können, so etwas wie ein holographisches Kino, in dem der Zuschauer selbst zum Teil der Produktion wird. Er sollte Figuren und Orte erschaffen, die zur Quelle der fortdauernden Illusion werden, dass sie wirklich existieren und – mehr noch – dass wir selbst diese Figuren sein, an diesen Orten verweilen könnten. Wie eine Lampe sollte er das, was deutlich und klar vor uns liegt, aus einem anderen Winkel beleuchten, sodass Wohlbekanntes in seinem Lichte plötzlich zu gänzlich Unbekanntem wird, Vorhersehbares zu Überraschendem, Zahmes zu Wildem, Harmloses zu Suspektem. Es gibt wohl keine wirksamere Methode, mit der man für eine Zeit lang aus sich selbst hinaustreten und zu jemandem werden kann, der man im alltäglichen Leben nicht ist. Eine faszinierende und erleichternde Erfahrung. Beim Lesen haben wir teil am Leben eines anderen, wir werden zu dieser Figur. Sehen mit ihren Augen, nehmen die Welt mit ihren Sinnen wahr, denken wie sie, die uns mit sich zieht. Eine solche Verwandlung ist ungefährlich und macht weniger abhängig als beispielsweise Drogen. Ein Mann kann eine Frau sein. Jan Kowalski kann zu Anna Karenina werden, und die achtjährige Olga Tokarczuk zu Kapitän Nemo.

Die Individualität und Identität von Leserin oder Leser werden konfrontiert mit der Persönlichkeit der Figur, sie stehen in einem Reibungsverhältnis – keine Chance, dass dies keine Spuren in einem jungen Menschen hinterlässt. Wir behandeln literarische Figuren naiverweise so, wie wir anderen Menschen in der Realität begegnen; wir schöpfen aus der Fülle ihres Lebens und bedauern, dass sie nichts von uns annehmen können. Es wäre eine spannende Aufgabe, einmal zu verfolgen, auf welche Weise und wie sehr die Literatur zur Herausbildung der höchst individualisierten, sich ihrer selbst bewussten Persönlichkeit des modernen Menschen beigetragen hat. Denn es besteht wohl kein Zweifel, dass Bücher uns verändern. Aber verändern wir auch die Bücher? Lernen auch sie von uns und verändern sich, w e i l w i r s i e l e s e n?

Seit vielen Jahren schon kenne und praktiziere ich eine bestimmte Übung, die dieses Problem gut illustriert. Sucht euch ein Buch, das ihr besonders mögt oder das ihr – vom Gefühl her – mögen könntet (wenn ihr als sehr junge Menschen mit diesem Experiment beginnt), und lest dieses Buch nun alle acht bis zehn Jahre. Dabei werdet ihr das große Geheimnis des Textes enthüllen: Er wandelt sich, liest sich anders als bei der vorherigen Lektüre, flirrt und wabert. Ihr werdet euch über euer eigenes Erstaunen wundern – gut möglich, dass ihr jedes Mal etwas völlig anderes lest als beim vorangegangenen Mal, und dass ihr die Figuren, an die ihr euch erinnertet, nicht mehr auffinden könnt, so sehr haben sie sich verändert während der Zeit seit der letzten Lektüre. Diskutiert werden gänzlich andere Themen, und etwas völlig anderes spricht euch daran an. Verblüfft werdet ihr feststellen, dass in dem Buch Figuren auftauchen, die vorher nicht dort waren, während andere, die ihr vom letzten Lesen kanntet, irgendwo in zweiter, dritter oder noch fernerer Reihe verschwinden.

Ich mache dieses Experiment mit dem *Zauberberg*. Beim ersten Lesen erschien mir der Roman todernst und tieftraurig. Der arme naive Castorp steht, hin- und hergerissen zwischen den zwei dämonischen Gestalten Naphta und Settembrini, mal auf dieser, mal auf jener Seite ihres Streites. Ihre Gespräche erschienen mir schwierig und anspruchsvoll; nicht verwunderlich, dass da die Enzyklopädie ständig zum Einsatz kam. Bei alldem hatte ich das Gefühl, einem intellektuell fundamentalen Ereignis beizuwohnen, das meinen Verstand für immer formen würde. Gleichzeitig spürte ich, dass die Wirklichkeit, in der ein solcher Streit stattfinden konnte, für immer vergangen war und dass ich zur Zeugin wurde, wie sie in den Abgrund stürzte.

Das zweite Lesen war sinnlich, häuslich, durchzogen von der Sehnsucht nach einer Welt, in der man lange Sätze bildete und deren regelmäßige Abläufe einen in Trance versetzten. Ein subtiles psychologisches Spiel, Gesten,

Mienen, vorsichtige Annäherungen, Blicke. Theorien, die nicht der Erklärung der Welt dienten, sondern der Herausbildung der eigenen Identität, und die stets viele verborgene Motivationsgründe enthielten. Und eine Erotik, die in den unerwartetsten Momenten aufscheint und gleich einer Epidemie alle und alles erfasst.

Das letzte Lesen, vor einigen Jahren, bot mir viel Unterhaltung – entdeckte ich doch ganz überraschend die groteske Dimension dieses Romans. Castorp verwandelte sich plötzlich in einen durchtriebenen Trickster mit Zauberstab, der überall dort, wo er auftaucht, vor unseren Augen ein Marionettentheater inszeniert. Dieses Mal verfolgte ich kichernd, was und wie diese aufgeblasenen, wenn auch sympathischen Gockel so von sich geben (allen voran der zugeknöpfte Naphta). Ist nun nicht Castorp mit einem Mal jene dämonische Kraft, die den unbezähmbaren Drang in ihnen auslöst, sich hervorzutun und Theorien zu jedem erdenklichen Thema darzubieten? Sie verausgabten sich in einem Kampf, den keiner von ihnen gewinnen konnte, war er doch nichts als ein Scheingefecht. Unser armer Hans erwies sich als Katalysator für das Panoptikum in Davos – und als er ging, ließ er die anderen als geschwätzige, eifernde Schatten hinter sich zurück.

In meiner Lesensgeschichte spielt mein Vater, der Bibliothekar gewesen ist, eine wichtige Rolle. Wie eine Art König herrschte er über sein eigenes Königreich der Regale, das sich aus mehreren, ihm unterstellten Provinzen zusammensetzte: polnischer Roman, Romane aus aller Welt, Lyrik, Drama … In den Bibliotheken, in denen er arbeitete, musste stets ein Aquarium stehen, und darin schwammen – wie geheimnistuerische, stumme Wächter der Worte – Schleierfische und Schwertfische. Zur Arbeit nahm er unseren Hund Filon mit, der zwischen den Bücherregalen lag. Wenn ich in den Buchbeständen stöberte, musste ich aufpassen, nicht auf ihn zu treten. Dort auf dem Boden, irgendwo zwischen den Regalen, lernte ich lesen. Ich weiß nicht, wie es geschah. Eines Tages begannen die Titel auf den Buchrücken zu mir zu sprechen, und plötzlich bekam alles einen Sinn – so, als hätte mich eine mysteriöse, wenn auch zum Glück nicht besorgniserregende Psychose ereilt. Auch wann es geschah, kann ich nicht sagen, und auch niemand anders. Ganz von selbst und ohne irgendeine Hilfe fing ich an, rasch und flüssig zu lesen. Eines meiner ersten Lieblingsbücher war ein Buch mit Partisanenliedern, das mir pathetische Wallungen bescherte, und besonders die Zeile »Die Knochen mein wird Moos bewachsen« aus dem bekannten Lied »Heut kann ich nicht zu dir kommen« ließ mich zutiefst erschüttert und nachdenklich zurück. Gut möglich, dass das meine erste Reflexion über den Tod war. Mein nächster und völlig anderer Lesestoff, den ich mir während einer langen Krankheit einverleibte, war die *Kleine allgemeine Enzyklopädie* aus dem Wissenschaftsverlag PWN in ihrem grünen Wachstucheinband, von der ich kaum ein Wort begriff. Doch schließlich ging es weder im ersten noch im zweiten Fall darum, zu verstehen. Alles, was zählte, war das echte Vergnügen, das ich empfand, wenn ich die Schriftzeichen in meinem Kopf zusammensetzte und zu Bildern und Mutmaßungen umformte. Wer nur liest, um zu verstehen, betreibt Blasphemie. Man liest, um etwas zu durchleben, mitzuleben – es ist eine tiefere, ganzheitliche Form des Verstehens.

Zu meinen weiteren frühen Lektüren zählten Märchen, wie bei jedem Kind. Zu Hause hatte ich eine zweibändige Ausgabe der *Polnischen Märchen*, die zu lesen mir schwerfiel, war doch der Druck klein und dicht gesetzt und die Texte von altgedienten Schriftstellern verfasst. Zu meinem Lieblingsmärchen aus dieser Sammlung wurde »Die Farnblüte« von Józef Ignacy Kraszewski, eine Geschichte, die mich jedes Mal stark bewegte und mir die Tränen in die Augen steigen ließ, und deren einfache Moral »Man kann nicht glücklich sein, wenn ringsum andere unglücklich sind« mir für den Rest meines Lebens einen Kompass in Sachen Feinfühligkeit an die Hand gab.

Märchensammlungen las ich ohnehin gern. Ich weinte bei Andersen, besonders da, wo Gegenstände die Akteure waren. Zum Nachdenken regten mich Grimms Märchen an (ich besaß eine zerlesene Vorkriegsausgabe); hier spürte ich beunruhigt, dass eine feine Grenze überschritten und mein kleiner Verstand jedes Mal wieder leicht überfordert wurde. Auch die volkstümlichen Märchen mit ihren schlauen Jans oder Iwans[14] mochte ich, die erst von allen für Dummköpfe gehalten wurden und am Ende doch immer die schönsten Prinzessinnen kriegten.

Etwas später fand dann irgendwie die Mythologie Eingang in mein Leserinnenleben. Eines der wichtigsten Bücher meiner Kindheit, vielleicht das wichtigste sogar, war Jan Parandowskis *Mythologie*. Ich hatte mehrere Ausgaben davon. Die erste, eine schlecht gebundene Taschenbuchausgabe, las ich so gründlich, dass sie schließlich in einzelne Seiten zerfiel. Aber da kannte ich die Geschichten alle schon auswendig; ich wusste alles über die Beziehungen der Götter zueinander, über ihre Eigenschaften und Abenteuer. Wäre das heute gewesen, hätte ich in einem Fernsehquiz auftreten können. Zur gleichen Zeit begann ich mich auch für andere Mythologien als die griechische zu interessieren. Ich entdeckte, dass die ganze

Welt voller solcher Geschichten ist, die einander häufig auch ähneln. Besonders faszinierten mich Kosmogonien aller Art, jener unglaubliche Schöpfungsakt, der aus einer Geschichte, aus einem Konflikt, aus einem Dialog, einem Kampf oder aus Liebe entsprang. Am Anfang der Welt stand immer eine Geschichte.

Kurz darauf rückte Jules Verne ins Zentrum meiner Begeisterung. Schnell hatte ich alles gelesen, was bei meinem Vater in der Bibliothek stand, und dann begann ich nach einer eigenen Büchersammlung zu verlangen. Verne zog mich an und stieß mich zugleich ab. Ich konnte es nicht ertragen, wie er Geheimnisse behandelte – zuerst die Spannung immer weiter aufbaute, um die Geheimnisse dann nach den Geboten des Verstandes aufzuklären. Das beflügelte zwar zunächst meinen Forschergeist und befreite mich von meinen kindlichen Ängsten, später aber begann es mich zu ärgern. Mit heißen Wangen las ich so lange, bis das Geheimnis gelüftet, die Rätsel gelöst waren. Dennoch blieb zum Schluss immer ein unbefriedigendes Gefühl zurück, ein Gefühl der Enttäuschung. Vielleicht keimte damals, bei der Lektüre von Jules Verne, der Wunsch in mir auf, selbst zu schreiben. Professor Lidenbrocks oder Phileas Foggs Abenteuer selbst fortzuspinnen, sie zu weiteren Horizonten des Uneindeutigen zu führen – die Geheimnisse zu wahren und nicht zuzulassen, dass sie vom stumpfen und groben Schraubenzieher des gesunden Menschenverstandes durchlöchert würden. Die einzige Figur, die sich Vernes Ockham'schem Rasiermesser in gewisser Weise entzog, war Kapitän Nemo. Obwohl enthüllt, blieb mir sein Geheimnis immer rätselhaft, weswegen Nemo sich meinem Gedächtnis am tiefsten einprägte und dadurch trotz seiner Undurchschaubarkeit zu jemand Nahestehendem wurde. Von Kapitän Nemo war es nicht mehr weit bis zu Kapitän Ahab, seinem literarischen Bruder im Geiste, und von ihm wiederum gelangte ich zum psychologischen Roman, wo das Geheimnis nicht von unbekannten Inseln oder aus dem Erdinnern kam, sondern den weißen Flecken und dem Inneren der Psyche entsprang. Bestimmt erinnert sich noch manch anderer Leser, manch andere Leserin daran, die umfänglichen Romane gierig verschlungen zu haben; sie steckten voller Beschreibungen und Dialoge und wimmelten nur so von verschiedensten Figuren, die mein Zimmer bevölkerten wie Hologramme. Ich las im Liegen oder auf dem Boden hockend, auf dem Sofa, in der Badewanne, und immer hatte ich etwas Salziges bei mir – kleine Salzfiguren aus Wieliczka (einen großen Vorrat davon hatte ich mir beim Schulausflug in das Salzbergwerk mitgenommen), die ich systematisch eine nach der anderen knabberte, oder ein Tellerchen mit Salz, in das ich wahlweise meinen Finger stippte oder einen Kaugummi (der Bubblegum mit Donald-Duck-Konterfei war ein solcher Luxusartikel, dass man ihn stets mehrere Tage im Mund behielt). Etwas beschämt muss ich zugeben, dass ich damals auch Maggi- und Brühwürfel verzehrte. Ich hatte diese exzentrische Gewohnheit immer für eine Schrulle gehalten, bis ich – vor Kurzem erst – irgendwo las, dass man in der Jeschiwa den Schülern, die intensiv die Tora studierten, kleine Schüsseln mit Salz hinstellte, damit sie beim Lernen ihren befeuchteten Finger hineinstippen und die Salzkörner ablecken konnten. Also war das gar keine exzentrische Flause von mir gewesen, sondern ein alter Brauch mit langer Tradition, deren Ursprung sich nur noch schwer ermitteln lässt. Meine Befriedigung war enorm. Ich hatte recht gehabt! Salz und Lesen stehen in irgendeiner Verbindung – und das wussten die ausdauerndsten und gründlichsten aller Leser: jüdische Tora-Studenten.

Ich habe da so meine Theorie bei dem Thema, wie eine gewisse Janina Duszejko[15] sagen würde – Salz unterstützt die Übertragung der Impulse an den Synapsen, was bewirkt, dass unser Nervensystem, unsere Wahrnehmung und unser Denken besser und schneller funktionieren.

Auch in den Sommerferien las ich. Gleich am ersten Ferientag spazierte ich zur Stadtbibliothek und lieh mir zur Verwunderung der Bibliothekarin einen ganzen Stapel Bücher aus. Manchmal verschlang ich gar einen Roman täglich – natürlich nur, wenn dessen Umfang es erlaubte. Ich las im Licht meiner Nachttischlampe, wodurch ich mir meine Augen verdarb. Ich las beim Essen und auf der Toilette. Beim Baden, am Strand, im Schrebergarten. In Zügen, in Autos, beim Kartoffelschälen und beim Stricken. Meine Eltern bestellten für mich die Bücher der Reihe *Bibliothek der Klassiker aus Polen und aus aller Welt*, ein großes gemeinsames Unterfangen mehrerer Verlage, und so traf alle zwei Wochen ein neuer Titel bei uns ein. Ich holte sie mir der Reihe nach aus dem Regal und las sie alle, durch die Bank: Das *Rolandslied*, in einem Band untergebracht mit *Tristan und Isolde* sowie Villons *Großem Testament*, Platonows *Rückkehr*, die Tragödien des Aischylos, des Sophokles und des Euripides, de Brantômes *Leben der galanten Damen*. Waren meine Augen nicht auf einen gedruckten Text geheftet, entglitt mir mein Blick nach allen Seiten. Ich verfiel in ein kognitives Schielen, die Konturen der Welt verschwammen, sobald ich nicht las. Zuhause legte ich an verschiedenen Orten Bücher aus und schmökerte darin, wenn ich gerade dort war. Ich war buchabhängig.

Eben damals begann meine Faszination für alles Geheimnisvolle, Unklare, Verwunderliche und Erschreckende, alles Exzentrische. Düstere Parabeln zogen mich an. Über Edgar Allan Poe, den ich zutiefst und grenzenlos verehrte, machte ich mich auf die weitere Suche nach dem Unheimlichen – *the Uncanny* –, demjenigen also, was mich bis heute in der Literatur am meisten interessiert. Von meiner ausgehungerten Intuition geleitet stieß ich schließlich auf Kafka, Tschechow, Dostojewski, Schulz, Meyrink, Huysmans, Kubin und Topor. Hier schlug ich geistige Wurzeln – in der beklemmenden, albtraumhaften Düsternis Mitteleuropas, und selbst als ich auf meiner Reise über die weiteren Regale der *Bibliothek* schließlich zu anderen Kontinenten gelangte, blieb ich jener Region immer treu: den Romanen, die die unerträgliche Seltsamkeit der Welt zu beschreiben wagen.

Bei einer solchen Ausrichtung war es klar, dass ich früher oder später zu Stanisław Lem gelangen musste. Was lehrte mich Lem, den einer meiner anderen Lieblingsschriftsteller, Philip K. Dick, für ein »multiples Wesen« hielt – für einen vielköpfigen Drachen aus den Laboratorien des KGB? Tatsächlich hatte auch ich meine Zweifel bezüglich der Identität dieses kleinen Männleins mit dem Marsmenschengesicht … Nun, jedenfalls lockerte Lem mir die Schrauben – so würde ich es bezeichnen. Ich wurde beinahe verrückt, als ich seine Bücher las, und dabei hätte doch nur wenig gefehlt, und ich wäre zur braven und pragmatischen Gefährtin von Anne auf Green Gables geworden. Auf einer von Ijon Tichys Reisen (ich kannte sie alle beinahe auswendig, was mich ärgerte, denn so konnte ich sie nicht »von Neuem« lesen) gerät der Protagonist in eine Zeitschleife und kehrt immer wieder an denselben Ort zurück, jedes Mal allerdings ein wenig älter oder jünger. Schließlich ist sein Raumschiff so überfüllt von ihm selbst in allen möglichen Altersstufen, dass man sich kaum noch rühren kann. Der Ijon von vor einer Stunde begegnet dem Ijon von vor zwei Stunden, dem Ijon vom Tag davor, dem Ijon von vor zwei Wochen. So begegnete auch ich bei der Lektüre von Lem mir selbst – der Elfjährigen, die Zeitungsausschnitte über Astronomie sammelt und die fasziniert ist vom Aufbau der Galaxien, der rebellischen Heranwachsenden mit rasiertem Kopf, der frischgebackenen Psychologiestudentin. Warum gibt es in keiner polnischen Stadt ein Denkmal für den *Futurologischen Kongress*? Warum werden neu entdeckte Sterne und Galaxien nicht nach Stanisław Lem benannt?

Auf dem Gymnasium hatte ich noch immer Lem auf meinem Nachttisch liegen, dann aber wandte ich mich den beiden Amerika zu und entdeckte – wie viele aus meiner Generation – meine Begeisterung für die iberoamerikanische Prosa. Wir lasen Borges, Cortázar, Carpentier, Donoso, García Márquez, Vargas Llosa – wir, Gymnasiasten und bald schon Studenten in unseren karierten Hemden und den unvermeidlichen Wanderschuhen, *trapery* genannt, die wir Schlange standen um Butter und Käse, um Zahnpasta und Zahnbürste, und von Reisepässen träumten. In jener Zeit war es auch, dass ich zum ersten und letzten Mal in meinem Leben ein ausgeliehenes Buch einfach behielt. Ich habe es heute noch, im Einband befindet sich der Bibliotheksstempel – welche Bibliothek es war, verrate ich nicht, sonst kommt vielleicht noch eine Strafe auf mich zu (auch wenn die ganze Angelegenheit gewiss längst verjährt ist). Außerdem habe ich damals ein anderes, ebenso »annehmbares« Buch aus meinem eigenen Bücherregal geholt und es in besagter Bibliothek abgegeben, als Ersatz für das andere Buch, das ich verloren zu haben behauptete. Jenes Buch war ein Gedichtband von Thomas Stearns Eliot, eine Ausgabe von 1978, zweisprachig, in einer vielstimmigen Übersetzung u. a. von Czesław Miłosz und Michał Sprusiński. Ein Buch, das ich überallhin mitnahm, dem ich Zettel mit anderen Übersetzungen zwischen die Seiten legte und aus dem ich Englisch lernte, indem ich mir die berühmten Zeilen auf Polnisch und auf Englisch vorsprach:

In the room the women come and go
Talking of Michelangelo.

Bald darauf wurde ich zur leidenschaftlichen Leserin William Faulkners und lieh mir aus den städtischen Bibliotheken alles aus, was auf Polnisch von ihm erschienen war. *Schall und Wahn* und *Absalom, Absalom!* wurden für mich zu einer Art Musterromane, mit denen ich alle anderen verglich. Ihre Atmosphäre, die emotionale Fülle, die quirlige, verrückte Sprache, der sprunghafte Erzählduktus, die Betrachtung aus mehreren Perspektiven legten nahe, dass die Literatur im Grunde eine einzige große Projektion des schreibenden »Ich« auf die Welt sei, und damit gaben sie meinen adoleszenten solipsistischen Befürchtungen recht. Über *Absalom, Absalom!* schrieb ich die erste Kritik meines Lebens. Kurz darauf trat durch meinen ersten Freund Bruno Schulz in mein Leben – eine stille Lektürerevolution. Aus heutiger Perspektive denke ich, dass es diese Schriftsteller waren, die mich für das Wunder des Lesens öffneten, für das, was jenes Wunder wirklich ist – die Bereitschaft, sich mittels einer bewussten Verwendung von Sprache, durch das Spiel mit Zeichen, Kontexten und Verweisen geduldig in die vielschichtige, komplizierte, bedeutungsvolle Struktur der Welt ringsumher zu vertiefen, stetig weiter hinabzusteigen oder auch, wie über die Wendeltreppen eines perspektivischen Verwirrbildes, immer höhere Höhen zu erklimmen. Gerade damals, als ich selbst mich hauptsächlich aus allen möglichen Idiosynkrasien zusammensetzte, las ich zum ersten Mal Freud. Es war die polnische Pionierausgabe von *Jenseits des Lustprinzips*, die ich in einer Buchhandlung aufgespürt hatte, in der man Bücher unter dem Ladentisch und über Beziehungen bekam. Ich muss hinzufügen, dass ich Freud auch für einen Romanschriftsteller halte, besonders dort, wo er seine Patientinnen in tiefgehenden Analysen skrupulös aufblättert; die Fallstudie wiederum betrachte ich als wenig bekannte literarische Gattung, in der auch ich mich später bewegte, als ich für eine gewisse Zeit als Psychologin tätig war, und deren Textproben vielleicht sogar heute noch in den Kellerarchiven der Krankenhäuser lagern.

Freuds Schreibmethode war ganz anders als die Techniken meiner vorangegangenen Lieblingsschriftsteller. Freud folgte dem Denken, und nicht einer Ahnung oder einem Gefühl, er gab nichts auf sprachliche Schönheit oder Satzmelodie. Seine zunächst recht trocken wirkenden Ausführungen und sein wissenschaftlicher Stil konnten eine junge und unerfahrene Leserin, wie ich es war, mit Leichtigkeit einlullen. Rasch begriff ich jedoch, dass Freud unberechenbar ist. Beim Lesen seiner Schriften saß ich häufig wie vom Blitz getroffen da, starr vor Staunen, in einer Art Katatonie. Wie? So etwas konnte man also? Man konnte solche weit entfernten Dinge miteinander in Verbindung bringen? Auf der Spur eines einzigen Wortes in die Tiefe vordringen, in einen halb vergessenen Mythos, in ein Bild, das im Geiste erscheint? Sich derart exzentrische Assoziationen erlauben? Etwas Flüchtigem und Unbedeutendem einen tiefen Sinn zuschreiben? Plötzlich ging mir auf, dass die Welt nicht unschuldig ist, dass sie also nicht so ist, wie sie erscheint. Es gibt so vieles mehr an Welt – Verstecktes, Verborgenes, Unklares, und all das lässt sich von immer wieder anderen Gesichtspunkten aus betrachten und bis ins Unendliche interpretieren. Denn von seiner Theorie hatte Freud mich ganz und gar nicht überzeugt – es war seine Methode, die mich überzeugte.

Sie zu entdecken, berauschte mich auf merkwürdige Weise. Ungefähr zur selben Zeit begann ich mit überschäumender Akribie meine eigenen psychischen Zustände zu beschreiben, war ich doch mittlerweile bei einer geradezu neurotischen Selbstanalyse angelangt. Seit ich Freud gelesen hatte, konnte ich die Welt nicht mehr mit den alten Augen sehen. Etwas Seltsames war mit meiner Wahrnehmung geschehen – ich hatte den unschuldigen Blick verloren, konnte die Welt nicht mehr eins zu eins betrachten, nicht mehr so, als wäre das, was ich sah, einfach nur das, was ich sah. Nach der Lektüre von Freud war nichts mehr offensichtlich. Das Geheimnis – eine der Domänen des Hermes –, das so erfolgreich von Verne kompromittiert und später in der düsteren mitteleuropäischen und iberoamerikanischen Literatur wiedergefunden worden war, kehrte hier mit doppelter Kraft zurück, überwältigend und allumfassend, und dazu noch in unmittelbarer Nähe angesiedelt: in mir, in dir, in der Küche, im Zimmer, auf der Straße. Hier. Jetzt. Die Akte der Interpretation enthüllen immer weitere Schichten der Welt – die Buddhisten haben recht, wenn sie lehren, dass die Welt durch die Schleier der Maya geschaffen wird, die Schleier der Illusion, die in der Leere wehen. Auch gegenseitig ausschließen können sich die Interpretationen – das hat nichts zu bedeuten, wenn sich etwas ausschließt, heißt das, es ergänzt sich. Die Verbindungen zwischen Tatsachen zeichnen sich intuitiv ab, Synchronizitäten entfalten ihre Wirkung, Assoziationen, aus denen plötzliches und natürliches Verstehen erwächst. Interpretation ist keine andere Wahrnehmung, sie ist Sinnstiftung. Sie verleiht einen Sinn, viele Sinne. Ein Text ist unendlich, ganz wie die Tora, die die Schüler in der Jeschiwa studieren und dabei ihre Finger in Schüsseln mit Salz tauchen – so viele Versionen gibt es von ihr, wie es mögliche Buchstabenkombinationen gibt. Jede Version ist der Name Gottes; wer sie schließlich alle zusammenzählt und alle ausspricht, der schließt die Geschichte der Welt, der setzt der Zeit ein Ende.

Ja – wir sind hier, um zu lesen.

Deutsch von Lisa Palmes

Über den Daimon und andere schriftstellerische Motivationen

Ich aber bedeutete ihnen, dass auch ich schreiben wolle, und der Hauptmann sagte: »Lasst ihn schreiben! Wenn er es nicht kann, werden wir ihn davonjagen, wenn er aber schön schreibt, werde ich ihn als Sohn annehmen, denn ich habe wahrlich noch keinen verständigeren Affen gesehen als ihn!«

Das Buch von Tausendundeiner Nacht,
Dreizehnte Nacht[16]

Liebe junge Kollegen und Kolleginnen, ich wende mich mit diesem Zitat aus dem *Buch von Tausendundeiner Nacht* an euch, um euch gleich zu Beginn zu warnen, dass das Schreiben ein Beruf mit hohem Risiko ist.

Viele von euch haben schon ihre ersten oder sogar weitere Schritte in der Literatur gemacht, und sehr viel interessanter als mein Vortrag wäre wohl ein Gespräch darüber, was euch hierhergeführt hat und wie ihr selbst seht, was euch in den letzten Jahren widerfahren ist. Mich würde interessieren, ob Creative-Writing-Kurse dazu beigetragen haben, dass ihr die Segel gesetzt habt – oder ob ihr im Gegenteil bitter enttäuscht wurdet. Vor allem aber würden mich eure Antworten auf eine in ähnlichen Situationen immer wieder gestellte Frage interessieren: Kann man das Schreiben ebenso erlernen wie man Yoga oder ein Musikinstrument lernt? Dessen bin ich mir nämlich nie ganz sicher.

Ich spreche heute an einem Ort, an dem sich auch andere Schriftsteller aufhalten; sie stammen aus unterschiedlichen Ländern und schreiben sehr unterschiedliche Bücher. Gestern haben wir uns bis spät in die Nacht über unsere Anfänge unterhalten. Ich war verblüfft, dass jeder von uns, unabhängig von Abstammung, Kultur und Alter, von Anfang an die gleiche Überzeugung hatte, schreiben zu müssen. Wenn man mit einem gewissen Abstand auf das eigene oder ein fremdes Leben zurückblickt – und wenn man es aufmerksam genug tut –, dann lässt sich erkennen, dass bestimmte Symptome wie Leitmotive immer wieder auftauchen und dem Chaos oder dem Schicksal entgegenwirken. In den meisten Lebensläufen haben sich diese Schicksale unterschiedlich gefügt, es gab literaturferne Ausbildungen und Berufstätigkeiten, auch Ehen und Mutter- bzw. Vaterschaften, Reisen und mannigfaltige Verwicklungen – und doch immer kehrte früher oder später das Schreiben zurück. Als hätte sich alles schon früher entschieden und als suchte nun diese seltsame Kraft, dieser störrische Trotz, diese quälende Obsession, oder wie immer wir es nennen wollen, nur nach der angemessenen Weise, der passenden Zeit und dem richtigen Ort, um sich endlich zu realisieren.

Ich weiß, dass eine solche Sichtweise für viele womöglich schwer zu akzeptieren ist. Unsere Kultur lehrt uns, unser Leben als Abfolge schicksalhafter, schwer vorhersehbarer Ereignisse zu betrachten, die ein eigentümliches Dickicht bilden, durch das wir uns, ausgestattet mit bestimmten Visionen und Zielen, mehr oder weniger entschlossen hindurchkämpfen. Dabei ist es keineswegs schwer, uns aufzuhalten oder bisweilen sogar in eine völlig andere Richtung zu lenken und alles auf den Kopf zu stellen. Oft schon genügen kleine Missverständnisse, unerfüllte Hoffnungen, Enttäuschungen.

Die heutige Welt gleicht der Vorstellung, die sich vor Jahrhunderten Descartes von ihr machte: ein ausgedehntes Feld von kalter, mechanischer und dem Menschen feindseliger Materie. Ausgestattet mit diesen oder jenen Fähigkeiten, mit Talenten und Fleiß bewegen wir uns in diesem Feld und versuchen, uns einen Weg zu bahnen, einen Ort für uns zu finden und das zu tun, was wir wirklich wollen. Doch nur wenigen von uns gelingt das. Zu viele Menschen sind heute Sklaven anderer, wobei die Bezeichnung »Sklave« in unserer Zeit natürlich etwas völlig anderes bedeutet als einst. Eine Arbeit, die weder den Ehrgeiz befriedigt noch den eigenen Interessen entspricht, die als Zwang empfunden wird und Widerwillen weckt, die man als Plackerei wahrnimmt, die weniger den eigenen Geldbeutel füllt als den des Arbeitgebers, die man verrichten muss, um zu überleben – das ist die heutige Sklaverei. Und es ist ein weit verbreiteter Glaube (eine Illusion?), dass die Position des Künstlers, und damit auch des Schriftstellers, einen Ausweg aus den Abhängigkeiten der sozialen Zugehörigkeit oder der Lohnarbeit biete – weshalb viele eine solche Position anstreben.

Eine vereinfachte und deswegen umso beliebtere Variante dieses Wegs besteht darin, Promi zu werden. Das ist gar nicht so kompliziert – obwohl man nur staunen kann, wenn man hört, womit sich auf dem virtuellen Jahrmarkt der Eitelkeiten heutzutage gigantische Mengen von Likes sammeln lassen ... Viele vom Grau des Alltags ermüdete Menschen fragen sich: Warum nicht ich? Und so entstehen immer neue Blogs, Facebook-Konten, Instagram-Profile. Die Ehrgeizigeren beginnen zu schreiben und träumen von einem Werk, das ihnen Ruhm und damit einhergehend Geld und Unabhängigkeit bringt. Dabei zeigt sich dann meist, dass das Schreiben neben Talent und Ideen auch handwerkliches Können erfordert, durch welches Talent und Ideen überhaupt erst zur Geltung kommen.

Hier wäre nun der passende Ort für die eingangs erwähnte Frage, ob man das Schreiben ebenso erlernen kann wie Yoga, eine Fremdsprache oder ein Musikinstrument.

Zunächst: Es gibt keine Untersuchungen, die darauf hindeuten würden, dass schriftstellerisches Talent vererbt oder infolge einer bestimmten Erziehung erworben wird. Wäre dem so, dann hätten die Kinder von Schriftstellerinnen und Schriftstellern – mit Blick auf die Gene und die Umgebung, in der sie aufwachsen – die besten Chancen auf eine schriftstellerische Karriere, und vom Kindergarten an würde man Creative-Writing-Kurse durchführen, um Heerscharen von Literaten heranzuziehen. So ist es aber nicht. Vorstellungskraft und Sprachbegabung sind im Schriftstellerberuf sicher nützlich oder gar unverzichtbar; auch die literarische Kultur des Elternhauses ist ein begünstigender Faktor. Doch nicht sie machen in erster Linie einen Menschen zum Schriftsteller. Was also dann?

Man muss heute, den realen Umständen entsprechend, die Wörter »Schriftstellerin« und »Schriftsteller« entzaubern, sie jeder erhabenen Bedeutung entkleiden, sie auf den Boden holen und wie andere Berufsbezeichnungen behandeln, zumal handwerkliche. Vielleicht sogar in dem Ausmaß, wie es die Amerikaner tun, die jeden als Schriftsteller bezeichnen, der irgendetwas veröffentlicht – etwa Kartoffelrezepte für ein Kochbuch sammelt, eine Geschichte für seine Tochter schreibt oder auf eigene Kosten Gedichte, Erinnerungen oder Reisenotizen herausgibt. Eine Schriftstellerin, deren Bücher in Buchhandlungen prominent ausgelegt werden, die gelegentlich im Fernsehen oder auf Buchmessen auftritt und deren Werke in angesehenen Tageszeitungen wie auch in Boulevardblättern besprochen werden, gilt als jemand, der es zu etwas gebracht hat, nicht anders als ein Sänger, die Gründerin einer Yoga-Schule, die Erfinderin eines neuen Make-ups oder wer auch immer, der auf seinem Gebiet Erfolg hat. Ein Schriftsteller, eine Schriftstellerin ist etwas – schaut: schon »etwas« – in der Art einer Agentur, die sich mit Schreiben befasst. Oft in der Freizeit von …

Hier ist zu fragen: Was macht ein zeitgenössischer Schriftsteller oder eine zeitgenössische Schriftstellerin? Was füllt ihr Leben aus?

Der zeitgenössische Schriftsteller steht im Informationsaustausch mit unzähligen Menschen – nicht nur auf die gleichsam klassische Weise, das heißt im Rahmen von Lesungen, Interviews, Diskussionen und Debatten, Wortmeldungen zu diesen oder jenen Themen, Präsentationen von Buchcovern oder Auszügen aus neuen Werken. Mit dem Internet sind neue Datenkreisläufe und neue Aktivitäten entstanden: Der Autor zeigt Fotos und postet kurze Texte in den sozialen Medien, er antwortet auf Kommentare und kommentiert selbst fremde Posts, streitet sich mit anonymen Trollen herum. Das ist die heutige Welt, und das sind die heutigen Formen der Anpassung – Darwins altes Gesetz ist noch immer in Kraft. Wir haben zugelassen, dass man die Welt in einen rund um die Uhr geöffneten Markt des Kaufs und Verkaufs verwandelte, in einen lärmenden Rummel – kein Wunder also, dass wir zur Ware geworden sind. Ich meine hier nicht die traditionelle Auffassung, wonach Ware ist, was wir schaffen. Nein. Heutzutage ist das schriftstellerische Ich selbst eine Ware wie alles andere auch. Die

Person des Schriftstellers wird zur Marke. Masłowska, Twardoch, Pilch, Bator oder Stasiuk sind so etwas wie Logos. Tokarczuk auch. Die Kommodifizierung wirkt auch rückwärts: Schulz, Witkacy oder Lem auf einem T-Shirt erregen keinen Anstoß mehr – ich besitze selbst solche Stücke; zugleich erinnere ich mich noch gut an den Schock, den ich empfand, als ich Anfang der neunziger Jahre in Prag Kafkas Gesicht auf Kaffeetassen entdeckte. Die Gewöhnung ist bekanntlich die zweite Natur des Menschen, aber früher verlief sie sehr viel langsamer. Heute, in einer Zeit ungeheurer Beschleunigung, geschieht sie blitzartig.

Die menschliche Persönlichkeit insgesamt ist zur Ware geworden – was früher ein eher abstrakter Begriff war, hat heute messbaren Wert. Experten können den Marktwert einer medialen Persönlichkeit bestimmen. Es genügt nicht mehr, dass ein Schriftsteller gut schreibt, er muss etwas darüber hinaus sein: nett, cool, unkonventionell, kontrovers, kultig.

An diesem Punkt komme ich auf das gestrige Schriftstellertreffen zurück. Als wir uns spät in der Nacht unterhielten, entstand vorübergehend eine Front zwischen Älteren und Jüngeren. Wie ihr euch denken könnt, gehöre ich zur ersten Gruppe – mit einem Kollegen versuchte ich, an bestimmte Grundsätze und überhaupt an eine Welt zu erinnern, die scheinbar unwiderruflich in der Ferne verschwindet. Als wir zu schreiben anfingen, so sagten wir, dauerte der Prozess des Schreibens, Veröffentlichens und Rezipierens von Büchern unvorstellbar viel länger. Schon allein, weil alle Korrekturen manuell durchgeführt wurden, zweimal, dreimal, oder weil man intensiv mit seinen Lektoren arbeitete. Damals gab es noch die Person des Lektors, eine mächtige, gebieterische Instanz, die als graue literarische Eminenz über den Sätzen und Begriffen stand, beharrlich und obsessiv an ihnen rüttelte und nach ihren wahren Bedeutungen, Bezügen und Kontexten suchte, die uns Autoren oft verborgen blieben. Es gab Gutachter, die sich in der Materie auskannten und dabei unabhängig waren, weil sie für keine Zeitung schrieben, die mit der ihnen eigenen Objektivität wie eine Walze über den Text rollten und den Sinn aus ihm herauspressten oder bisweilen sein Fehlen bemängelten. Wenn ein Buch erschienen war, wartete man lange auf Rezensionen, die Reaktion der Welt, und es dauerte Monate, vielleicht auch Jahre, bis ein Buch seinen Platz fand, bis es sich einen Status erwarb und ins kollektive Bewusstsein eindrang. Von Eigenwerbung war keine Rede, es sei denn scherzhaft. Man bettelte nicht um Blurbs. Es war auch keineswegs üblich, die eigenen Bücher herumzuschicken, es sei denn auf ausdrücklichen Wunsch und mit einem schönen Begleitbrief. Man akzeptierte, dass es eine Welt mit Regeln und Ritualen des Savoir-vivre gab, und zugunsten dieser Welt gab man einen großen Teil der Kontrolle über das eigene Werk ab, man verließ sich auf die genannten Regulierungsinstanzen und wartete auf die von außen kommende – oder auch nicht kommende – Anerkennung.

Heute herrscht eine völlig andere Philosophie – seine Sache in die eigene Hand nehmen, auch wenn diese Hand leider nicht immer an Arbeit gewöhnt und geschickt genug ist, aber sich dafür umso leichter zur Faust ballt. Dieser Slogan und andere, die lehren, man solle selbst die Fäden seines Schicksals ziehen, sich selbst so betten, dass man gut schläft, seines eigenen Glückes Schmied sein und dergleichen mehr, wurden geradezu zu einem kategorischen Imperativ – der gleichwohl nicht wenige ins Unglück stürzt. Denn wenn du es nicht schaffst, bist du selbst schuld. Du warst nicht entschlossen genug, nicht begabt genug, nicht fleißig genug …

Die jungen Schriftsteller und Schriftstellerinnen sind sich dessen bewusst. In unserem Gespräch sagten sie: Statt zu warten, dass jemand etwas für dich tut, musst du selbst aktiv werden und alles tun, was möglich ist, dein »Projekt« so früh es geht überall bekannt machen, selbst Reklame machen – oder allgemein gesagt: die Kontrolle über alles übernehmen, was sich irgendwie kontrollieren lässt. Paradoxerweise fehlt in einer solchen Situation nicht viel, und statt zum Herrn seines Schicksals wird man zu seinem Opfer.

Es ist eine Gesetzmäßigkeit der Literaturgeschichte, dass die Schriftsteller aller Epochen sich nach einem goldenen Zeitalter sehnen, einer idealen Zeit, in der die Literatur sehr viel mehr war als in ihrer Gegenwart, auch wenn sich schwer bestimmen lässt, was. Kochanowski sehnte sich nach der Epoche Homers und Vergils, die Romantiker nach dem heroischen Mittelalter und noch früheren Zeiten, nach den legendären Anfängen der Nationalgemeinschaften (die sie selbst in ihren Werken erdachten). Für meine Generation lebt noch immer der modernistische Mythos vom Künstler als Auserwähltem, in dessen Fall selbst besinnungsloses Trinken erhaben wirkte. Zu diesem Mythos gehört unter anderem der Glaube, dass sich nach dem Tod des Künstlers (unserem Tod) ein Max Brod findet, der seine (unsere) Schubladen durchwühlt und dort ein vergessenes Werk entdeckt, das ihn (uns) unsterblich macht.

Die Jüngeren machen sich offenbar keine solchen Illusionen mehr. Sie denken nicht daran, den Erfolg aufzuschieben, geschweige denn auf posthumen Ruhm zu hoffen. Sie hecheln den Älteren hinterher, jagen nach Erfolgen, Stipendien, Autorenverträgen. Sie wachsen auf in einer Zeit, in der das riesige und monströse HIER und JETZT herrscht, in der alles möglich und begehrenswert scheint und die Perspektiven grenzenlos sind. Diese Generation »No limits« hält sich oft für omnipotent. Lyrik? Bitte sehr, ruckzuck ist der Band fertig. Ein Drehbuch? Kein Problem, voilà. Ein Roman? Meinetwegen auch ein Roman. Ihre Vertreter moderieren auch gern eine TV-Sendung und machen in einer populären Tanz-Show mit. Sie können morgens politische Ereignisse kommentieren und abends in einer Rockband spielen und noch dazu einmal pro Jahr einen Mehrtausender bezwingen. No limits.

Diese jungen Leute senden mir manchmal ihre Texte mitsamt einem detaillierten PR-Plan, der alle Aspekte der Reklame umfasst, darunter die Mitwirkung von Prominenten und Persönlichkeiten des öffentlichen Lebens, Facebook-Aktionen, Interviews in angesagten Magazinen und der Boulevardpresse, selbst Modesessions und Nacktfotos kommen infrage …

Wenn das, was ich gerade sage, für euch nach Sarkasmus klingt, liegt ihr falsch. Ich finde es traurig.

Ihr tut mir leid, ihr jungen Schriftsteller und Schriftstellerinnen. Ihr lebt in einer Welt, in der vielleicht noch zwei oder drei Generationen lesen werden, oder genauer ein einstelliger Prozentsatz davon – dann kommt das Ende der Literatur, wie wir sie kennen. Es ist eine Welt der Produkte und Waren, in der nichts darüber hinaus existiert, eine Welt, in der das Buch eine Ware ist wie Hohlblocksteine oder Socken. Ein Produzent denkt sich etwas Neues, Attraktives aus und versucht, es den Konsumenten zu verkaufen. Zu diesem Zweck beauftragt er Werbespezialisten und Dienstleister, die für jeden Arbeitsschritt bezahlt werden, und belegt das Produkt mit einer entsprechenden Marge. Am Ende kommt das fertige Produkt – versehen mit Klappentext, Blurb und Rabattaufkleber – auf den Markt und in den Vertrieb. Dann werden die Maßnahmen intensiviert, weil der Verkauf angekurbelt werden muss. Dazu nutzt man gern den Autor, der in all dem die Position des, sagen wir, Ideengebers oder Designers behält; man bittet ihn, in einfachen Worten zu erklären, was er beim Schreiben im Sinn hatte und wovon sein Buch eigentlich handelt. Bezahlte Rezensenten käuen seine Worte wieder oder verwenden das vom Verlag bereitgestellte Material, um leichte und klare, aber auch Neugier weckende Texte über das Buch zu fabrizieren. Manchmal fügen sie etwas Eigenes hinzu, doch nahezu immer wird ihr Einfallsreichtum durch den zur Verfügung stehenden, in Druckzeichen bemessenen Raum begrenzt. Deshalb sind Rezensionen heute so kurz, so oberflächlich und so verblüffend gleichförmig. Wenn der Bedarf an neuer Ware gestillt ist, zählt man das Geld und teilt es unter den Beteiligten auf, während das Buchprodukt aus den Buchhandelsregalen verschwindet – unverkaufte Exemplare werden oft makuliert, um Platz für weitere ähnliche Produkte zu schaffen.

Das hat etwas Brutales. Oder anders: Es ist, als setzte man jemanden in eine Achterbahn – für die einen ist es ein großer Spaß, anderen wird speiübel.

Gerade ist das Wort »Geld« gefallen, deshalb möchte ich jetzt dazu etwas sagen.

Wenn er »einen Erfolg erzielt hat«, legt der etwas benommene Autor, der Urproduzent, den Verdienst zurück – er muss ihm für unproduktive dürre Jahre reichen –, und macht sich an eine neue Arbeit. Das Steuersystem behandelt ihn nicht anders als, sagen wir, ein Sägewerk oder genauer einen individuellen Produzenten von was auch immer, der in diesem Fall durch den schubsenden Finger des Kapitalismus zur Selbstanstellung und zur Gründung einer Firma »Literarische Produkte. Aus eigenem und überlassenem Material«, »Produktion von Erzählungen« oder »Roman-Manufaktur« gezwungen wird.

Es hat mich zutiefst betrübt, wie scharf eine junge polnische Autorin angegriffen wurde, die ihre miserablen Einkünfte nach einer Buchveröffentlichung beklagte. In einer Welt, in der alle jammern, zu wenig zu verdienen, sind die Kübel von Schmutz, die ausgerechnet über sie ausgegossen wurden, ein Anlass zu gründlichem Nachdenken. Hätte auf Facebook ein Beamter, eine Lehrerin, ein junger Arzt oder der Besitzer des erwähnten Sägewerks eine solche Klage geäußert, hätte man verständnisvoll genickt. Die Zeiten sind hart. Recht hat er. Aber eine Schriftstellerin, eine Frau? Was fällt ihr ein, sich zu beklagen?! Sie soll dankbar sein, dass ihr Buch überhaupt gedruckt und für einen Preis nominiert wurde. Was erwartet sie? Mitleid? Wenn ihr etwas nicht passt, soll sie sich im Supermarkt an die Kasse setzen.

Diese Reaktion zeigt, dass die soziale und marktwirtschaftliche Situation des Schriftstellers keineswegs geklärt und trotz aller Bekundungen der Anhänger des freien Marktes eine besondere ist. Alle um dich herum erinnern dich daran, dass du nicht allein für dich existierst als Person, die ein Gut erschafft; nein – du läufst am Gängelband der Leser, Rezensenten und der öffentlichen Meinung.

Der Glaube, dass die Ordnung des Kaufens und Verkaufens von Gütern das Gleichgewicht in modernen Gesellschaften schaffen und bewahren könne, kommt mir naiv und primitiv vor, auch wenn viele Menschen sich verzweifelt daran klammern. Dieser neue Glaube hat sich in Polen in den letzten zwanzig Jahren vor meinen Augen etabliert. Es fing ganz unschuldig an. Man sagte uns, wir müssten uns wie eine Ware verkaufen und vermarkten. Man sagte, wir müssten etwas zu verkaufen, etwas anzubieten haben. Wer das nicht habe, werde abgehängt. Es galt – ich wiederhole es –, sein Schicksal selbst in die Hand zu nehmen und die Welt zu erobern. Es wurden keinerlei Schutz- oder Hilfsmechanismen geschaffen. Man legte nicht einmal fest, wie ein Bankrott auszusehen hätte. Für diejenigen, die vom Weg abkamen, blieben die Straßengräben. Die Freiberufler wurden komplett vergessen. Aus diesem Grund sind die meisten Schriftsteller (und überhaupt Künstler jeglicher Art) nebenbei bei Schwagern, Cousins oder Bekannten angestellt, um wenigstens grundlegend sozialversichert zu sein. Die Glücklicheren klammern sich an ihre Stellen in Redaktionen oder an Universitäten. Es gibt weder Gewerkschaften noch Stipendiensysteme noch Arbeitsorte für Künstler.

Wenn es so etwas wie die Ökonomie des freien Markts gibt, dann gibt es sicher auch eine Ökonomie des Romans. Nehmen wir etwa einen durchschnittlich langen historischen Roman von, sagen wir, vierhundert Seiten. Wenn man alles einrechnet – die Recherche (Bibliotheksbesuche, Studienreisen, Lektüren und dergleichen), das Schreiben, das Überarbeiten, die Fahnenkorrekturen –, dann wird mir wohl niemand widersprechen, wenn ich sage, dass am Tag eine halbe Seite publikationsreifer Text entsteht. In unserem Fall sind also achthundert Tage nötig, um das besagte Buch fertigzustellen. Nehmen wir an, eine Schriftstellerin oder ein Schriftsteller arbeitet acht Stunden am Tag, Samstage und Sonntage ausgenommen (er oder sie hat zwei Kinder), was in den meisten Berufen mehr oder weniger die Norm ist. Dann entsprechen diese achthundert Arbeitstage einer Beschäftigung von mehr als drei Jahren, was selbst bei einem durchschnittlichen Stundenlohn ein recht ansehnliches Einkommen bedeutet. Hinzu kommen die Arbeitgeberbeiträge zu Kranken- und Rentenversicherung, Boni, Prämien und so weiter.

Warum also diese Empörung, wenn Schriftsteller über niedrige Honorare klagen? Wenn heutzutage alles seinen Preis hat, warum meinen wir dann immer noch, Romane fielen vom Himmel oder sie würden sich wie die heiligen buddhistischen Schriften selbst schreiben und dann von besonders ehrwürdigen Mönchen in Baumhöhlen finden lassen?

Der Prozess der allgemeinen Kommerzialisierung hat noch einen weiteren Aspekt.

Ist die Vorstellung von Kultur als einer weiten Sphäre der zwischenmenschlichen Verständigung noch haltbar? Als einem unaufhörlichen Prozess, in dem wir uns – und sei es auf exzentrische Weise – die Welt erzählen? Wenn wir alles dem Gesetz von Angebot und Nachfrage unterwerfen, sind wir dann noch imstande, nicht nur das Wohlbekannte, sondern auch zuvor Ungehörtes und Ungesehenes zu hören und zu sehen? Sind wir offen für Veränderungen oder kreisen wir im Gegenteil nur um das, was wir attraktiv und nett finden, summen wir ständig dieselben Refrains, die uns gerade gefallen?

Warum unterstützen wir nicht uneigennützig diejenigen, die sich entschlossen haben, eine eigene Stimme zu entwickeln, wo wir doch Unsummen für den Bau neuer Panzer und Stadien ausgeben? Warum überlassen wir nicht die Frage von Stadien und Panzern dem freien Markt?

Es tut mir leid, aber ich kann die Literatur nicht wie eine x-beliebige Ware betrachten. Die Literatur stiftet Verbindungen zwischen Menschen, sie ermöglicht es ihnen, sich zu verständigen – paradoxerweise sogar über die Wörter hinaus, denn es kommt auch zu einer Verständigung, wenn wir uns begegnen und dabei ein bestimmtes und kein anderes Buch in der Hand halten. Man könnte einwenden, so funktionierten heute auch Marken – man braucht gar nicht zu sprechen, sondern nur wie zufällig die Marke seiner Kleidung oder auch eine dieser merkwürdigen neuartigen Uhren vorzuzeigen, deren wichtigster Teil nicht das Zifferblatt ist, sondern die »Brand«. Doch das ist nicht dasselbe.

Schon vor langer Zeit verstanden Gesellschaften, dass nicht kleine oder große Geschäfte, Moden, Stars der Saison oder selbst Dynastien das Beständigste und Langlebigste sind, sondern die Werke der Kunst. Was wäre heute Florenz ohne Michelangelo und den berühmten unvollkommenen Marmorblock, den er hinter einem Vorhang in ein Meisterwerk verwandelte? Wer sicherte über mehrere Jahre hinweg – so lange arbeitete er an der Skulptur – seinen Unterhalt? Ohne die Unterstützung des damaligen Gonfaloniere Piero Soderini und einen profanen Vertrag, der dem Künstler ein einigermaßen sorgloses Arbeiten ermöglichte, wäre der *David* nie entstanden. Und das ist nur einer von vielen vergleichbaren Fällen. Ohne sie wäre Florenz sicher ein florierendes Zentrum des Goldhandels geblieben, doch es lockte nicht die Touristenscharen an, die heute eine unerschöpfliche Einnahmequelle der Stadt bilden. In vielen anderen Städten Italiens ist es ähnlich. Die Umsicht der Mäzene und Ratsherren früherer Jahrhunderte verschafft Hoteliers, Restaurantbesitzern, Fremdenführern oder Verkäufern von italienischen Souvenirs (*Made in China*) heute ein gutes Auskommen. Natürlich gab es sicher auch viele Künstler, die keine Unterstützung fanden – ihr Marmorblock brach entzwei, und sie selbst verfielen der Trunksucht, vergeudeten ihr Talent oder verzettelten sich mit Kleinaufträgen.

Kurzum: Ohne materielle Absicherung der Künstler gibt es keine Kunst und keine Literatur.

Wenn wir den freien Markt so sehr schätzen, warum zahlen dann Bibliotheksnutzer keinen symbolischen Złoty für jedes ausgeliehene Buch? Das könnte übrigens auch der Staat übernehmen, so wie es in Schweden der Fall ist. (Das Ausleihen eines Buchexemplars an eine unbegrenzte Zahl von Lesern ist ja eigentlich ein illegaler Vertrieb.) Aus den so gewonnenen Mitteln könnte man einen Stipendienfonds für Schriftsteller einrichten, denen der Markt nicht hold ist. Geben wir Schriftstellerinnen und Schriftstellern Geld für die Kinderbetreuung, damit sie die Vormittage ihrer Arbeit widmen können. Geben wir ihnen die Möglichkeit zu reisen, damit sie für ihren nächsten Roman recherchieren können. Fragen wir nicht, ob sie berühmt sind oder Preise gewonnen haben (entscheiden wir nicht anhand dessen, ob wir in sie investieren wollen). Ermutigen wir die schüchternen, unsicheren Provinzler, die nicht wissen, was das »Plan B« am Warschauer Erlöserplatz (Plac Zbawiciela) ist, und die keinen Zugang zu einflussreichen Kreisen haben.

Lassen wir uns nicht einreden, Profitstreben und die Sehnsucht nach Reichtum seien die einzigen Motoren, die diese Welt in Gang halten. Wäre dem wirklich so, dann hätten die italienischen Städte und ihre reichen Bürger ihr Geld wohl eher in neue Schiffe zum Transport von Wurzeln aus Indien oder in Waffen zur Unterwerfung ihrer Nachbarn gesteckt.

Wenden wir uns nun wieder unserem Hauptthema zu und fragen wir, was einen dazu bringt, Bücher schreiben zu wollen.

In diesem Punkt habe ich sehr viel von jungen Menschen gelernt, die sich in der Literatur versuchen und mit denen ich mich über die Motive unseres Schreibens unterhalten habe. Viele Antworten waren vage – vielleicht fehlten den betreffenden Personen die Selbstsicherheit oder der Mut, ihre Empfindungen zu verbalisieren.

Also: Warum willst du schreiben? Was am Schreiben zieht dich an? Es ist ja eine unsichere Laufbahn, die in vielen Fällen in einer Aneinanderreihung von Enttäuschungen endet …

Am häufigsten fiel der unselige Satz: Um mich selbst auszudrücken. Für mich konnte diese Behauptung alles und nichts bedeuten – sie war so allgemein, dass ich sie als etwas in der Art von »hm« oder »äh« verbuchte.

Manche antworteten, nachdem sie ein wenig Mut gefasst hatten, mit beeindruckendem Pragmatismus, sie wollten Erfolg haben, Geld verdienen und berühmt werden.

Gerührt war ich von einer Studentin, die in trauriger Offenheit bekannte: »Weil ich nichts anderes kann.« Dieses verzweifelte Coming-out nahm ich für bare Münze.

Andere wiederum hatten sehr konkrete Vorstellungen:

Ich beabsichtige, einen Bestsellerzyklus über Vampire zu schaffen.

Ich möchte Krimis schreiben, einen pro Jahr.

Meine Absicht ist es, wie Jerzy Pilch zu sein (»Warum wie Jerzy Pilch?«, hakte ich neugierig nach. »Weil mir dieser Mann imponiert. Ich lese niemanden außer ihm.«)

Ich möchte meiner Mutter beweisen, dass ich kein Versager bin.

Keiner dieser Beweggründe ist schlecht, und jeder verdient ernst genommen zu werden.

George Orwell, der ein unglaublich vielseitiger Schriftsteller war, hat in *Why I Write* sehr treffend die vier Hauptmotive formuliert, die uns zum Schreiben bewegen.

Das erste Motiv ist etwas, was Orwell ästhetischen Enthusiasmus nennt. Wenn ich ihn richtig verstehe, meint er damit eine Art innerer Bewegtheit, ausgelöst durch die Ordnung der Welt, durch das, was wir als Schönheit und Harmonie begreifen. Das ästhetische Erlebnis kann so mächtig und überwältigend sein, dass es verlangt, etwas scheinbar Unmögliches auszudrücken – die passenden Worte zu finden und dieses Erlebnis in der Sprache zu vermitteln. Eine Reise, die völlig neue Horizonte eröffnet. Ein Gefühl, das die Psyche grundlegend ummodelt. Oder auch eine enttäuschte Liebe – das ist ein eigenes Thema, mit dem man sich befassen muss, wenn man über Schreibmotivationen spricht. Die private Tragödie, die erzählt werden will, wenn auch nicht direkt, und die in uns unerschöpfliche Potenziale von Melancholie und Verzweiflung aktiviert – beide Affekte begünstigen trotz allem das Schreiben. Das Erleben von Verzweiflung, die Erfahrung von Ablehnung oder das Gefühl des Unerfülltseins richten uns auf uns selbst, sodass wir uns von außen betrachten. Ereignisse dieser Art werden selten von der Psychologie beschrieben, obwohl sie sehr oft den Anstoß dazu liefern, dass Menschen ihr Leben auf neue Gleise stellen. Liebeswunden heilende Melancholie ist ein ausgezeichneter Nährboden für das Schreiben – meiner Meinung nach ruft sie eine Art sekundären Narzissmus hervor, setzt eine tiefe Selbstreflexion in Gang und erhöht die Sensibilität. Wenn wir schreiben, versuchen wir das innere Gleichgewicht wiederherzustellen, unsere Libido kreist um sich selbst, und wir hüllen uns in eine zuvor ungekannte Zärtlichkeit. Wir wiegen uns in den Schlaf, indem wir uns Geschichten erzählen und nach unverbrauchten Metaphern suchen.

Auch Einsamkeit begünstigt das Schreiben, eine weite Reise, ein dramatisches Ereignis – wir brauchen Wörter, um uns zu beruhigen, um der Welt die verlorene oder erschütterte Ordnung und den Sinn wiederzugeben.

Dieses Motiv zeigt deutlich, dass man zuweilen Schriftsteller sein kann, auch wenn man eigentlich keiner ist. Dass es in unserem Leben Episoden gibt, die nach künstlerischem Ausdruck verlangen, und dass dies etwas ganz Natürliches ist. Ich wette, jeder von uns kennt solche Momente der kreativen Unruhe, in denen die Wörter wie von allein aus dem Füller oder Kugelschreiber zu fließen scheinen, wie von allein Figuren auftauchen und Dinge sich ereignen. Die Welt ist zu groß für den Menschen, und die Literatur ist sicher entstanden, um mit »Teelöffeln« Schritt für Schritt ihre monströse Größe in Worten abzumessen.

Vielleicht sollte man abwägen, ob es sich für den oben beschriebenen Impuls nicht lohnt, sein Leben zu ändern und vom Ingenieur zum Schriftsteller zu werden, von der Lehrerin zur Schriftstellerin.

Das zweite Schreibmotiv ist nach Orwell der Sinn für Geschichte, der verlangt, die Dinge zu beschreiben, »wie sie sind«, so naiv diese Forderung auch klingen mag. Das betrifft Situationen, in denen der Einzelne zum Zeugen kollektiver Ereignisse wird, die seinen Horizont übersteigen, die schwer zu begreifen und anfällig für Verfälschungen sind. Dann erwacht das Bedürfnis, »Zeugnis abzulegen« und in der Sprache zu ordnen, was sich ansonsten in Nichts auflöst, vergessen wird. Dieser Impuls, denke ich, liegt oft der Niederschrift von Memoiren zugrunde oder anderen Formen, in denen laufende oder vergangene, aber noch nicht allzu weit zurückliegende Ereignisse festgehalten werden. Eine Familiengeschichte, geschrieben von einer älteren Frau für die Enkel, oder die Geschichte einer Stadt, der ein pensionierter Lehrer seine Zeit widmet; Erinnerungen an den Krieg, das Lager, den Kriegszustand, die Internierung, das Gefängnis, den Militärdienst; jegliche Art von Zeugnissen kollektiver Gewalt, in denen sich das tiefe Empfinden von Absurdität oder Ungerechtigkeit artikuliert; ein romanartiges Werk, das der Welt berichtet, »wie es war«.

Der dritte Impuls ist das politische Engagement, das heißt, wie Orwell schreibt, der Wunsch, der Welt eine bestimmte Richtung zu geben oder den anderen die Idee einer bestimmten Form von Gesellschaft zu zeigen, die angestrebt oder im Gegenteil verhindern werden sollte. Orwell ergänzt – und darin stimme ich völlig mit ihm überein –, kein Buch sei frei von Politik. Auch die Behauptung, Kunst habe nicht politisch zu sein, sei schon politisch. Deshalb gibt es keine unpolitischen Bücher. Außer sie werden nicht gelesen. Sobald sie Leser finden und zu sprechen beginnen, tendieren sie, ob sie es wollen oder nicht, zu einer bestimmten Weltsicht, nehmen sie ein bestimmtes Spektrum von Normen und Bestimmungen als selbstverständlich an. Und sind damit politisch. Das gilt für die schmalzigste Romanze ebenso wie für die abgefahrenste Science-Fiction. Wenn ein Schriftsteller das nicht weiß oder nicht wissen will – umso schlimmer für ihn.

Viertens schließlich, so Orwell, geht es beim Schreiben um reinen Egoismus. Gemeint ist hier das tiefe Begehren, intelligent und geistreich zu wirken, jemand zu sein, über den man spricht und der auch nach seinem Tod in Erinnerung bleibt, der Wunsch, es den Quälgeistern der Kindheit heimzuzahlen und ihnen ins Gesicht zu werfen: »Schaut nur, was aus mir geworden ist!« Es wäre unredlich, diese »niederen« Beweggründe zu verschweigen, zumal die Schriftsteller sie mit anderen Künstlern, Wissenschaftlern, Politikern, Militärs, Sozialaktivisten, Juristen und anderen ehrgeizigen Menschen teilen.

Orwell zufolge verlieren durchschnittliche Menschen um die dreißig ihren individuellen Ehrgeiz, leben nur noch für andere und reiben sich in der alltäglichen Arbeit auf. Lediglich eine begabte und entschlossene Minderheit setzt alles daran, ihr eigenes Leben zu leben – zu ihr gehören auch die Schriftsteller. Für Orwell sind die Schriftsteller von allen talentierten Individualisten am meisten auf sich bezogen, sogar mehr als die Journalisten; dafür sei ihnen weniger am Geld gelegen.

Jedes dieser vier Motive manifestiert sich heute ganz anders als zu Orwells Zeiten.

Ich wage die Hypothese, dass der reine Egoismus sich enorm ausgebreitet hat und die Mehrheit der Dreißigjährigen, die nicht schreiben und mit ihrer Anonymität versöhnt sind, deutlich geschrumpft ist. Wenn man sich im Internet umschaut, findet man unzählige Menschen, darunter auch Romanciers und Dichter, die bloggen, twittern und die Texte anderer kommentieren. Ihre sprachlichen Fähigkeiten sind keineswegs schlecht, sie wissen kultiviert mit Worten umzugehen. Sie scheinen hauptsächlich das zu lesen, was von verwandten Geistern geschrieben wurde, ohne mit Lesern von außen zu rechnen – so entstehen geschlossene Wahrnehmungszirkel. In diesem Schreibfieber gibt es niemanden mehr, der das Geschriebene gründlich und objektiv rezensieren könnte, und auf dem Markt reüssieren neuerdings Zeitschriften, deren Ehrgeiz darin besteht, Buchbesprechungen so kurz wie möglich zu halten.

Wir sind Zeugen eines außergewöhnlichen Prozesses: Wir können beobachten, wie das schriftstellerische Ich an Masse gewinnt. Früher erschien es als notwendiger Anknüpfungspunkt in der Welt und als Fundament des schöpferischen Gleichgewichts, heute aber bläht es sich krankhaft auf, subjektiviert alles um sich herum und ersetzt nach und nach das ganze Universum. Eine der Intentionen der Postmoderne zielte auf die Aufwertung der erfrischenden Wirkung des subjektiven Ichs auch im wissenschaftlichen Blick, doch nach einigen Jahren begann dieses Ich, wie eine boshafte Winde die anderen Perspektiven zu ersticken. Auch das wuchernde Ego des Schriftstellers verändert die Literatur von Grund auf und womöglich für immer. Es ist nicht auszuschließen, dass es bald nur noch zwei große literarische Strömungen geben wird, die schon heute auf Buchmessen und Literaturfestivals immer mehr Raum einnehmen: »Ich-erzähle-euch-wo-ich-war« und »Ich-erzähle-euch-von-meiner-Familie«. Die Non-Fiction wird die Fiktion komplett verschlingen, weil die Menschen allmählich die Fähigkeit verlieren, den Romanmodus des »Als ob« zu verstehen. Ständig werden Autoren gefragt, ob das, was sie beschreiben, wahr ist. (Auf dem Feld der Fiktion wird sicher der Kriminalroman überdauern – »Ich-erzähle-euch-wer-der-Mörder-war-aber-das-dauert-ein-bisschen«.)

Es gibt in uns eine unterschätzte und doch in all unserem Tun lodernde Kraft, die am treffendsten Alfred Adler beschrieben hat – eine Kraft, die uns befiehlt, zu gefallen, emporzustreben, bekannt, bedeutsam, attraktiv zu sein. Es wäre aber besser, wenn wir unsere Welt an ihr ausrichteten, wenn wir sie als Schauplatz einer unaufhörlichen Anstrengung und Präsentation unserer Talente begreifen würden, statt bei der allzu wörtlich genommenen Metapher der Börse zu bleiben, an der alles zum Verkauf steht, alles seinen Preis hat, was die Welt immer mehr an einen 1-Euro-Laden erinnern lässt.

Czesław Miłosz hat einmal weise geschrieben: »Wir können uns vor der aufgeblähten Herrschaft unseres Egos, unseres Ehrgeizes und unseres Hochmuts nicht schützen, indem wir uns einreden, dass sie nicht existieren, aber wir können ihnen das Maul stopfen, so wie man Hunden zu fressen gibt, damit sie uns in Ruhe lassen.«[17]

Ich möchte jetzt auf den im Titel des Vortrags angesprochenen Daimon zurückkommen. Von ihm werde ich in einem anderen als dem bisherigen rationalen und pragmatischen Ton sprechen – ich gestatte mir hier eine Bezugnahme auf den magischen Realismus, der ja oft vorschnell auch meinem Schreiben als Etikett angeheftet wird.

Ist euch jemals der Gedanke gekommen, der Ursprung des Schreibens könnte darin liegen, dass etwas aufgeschrieben werden will? Dass gleichsam außerhalb von uns Themen existieren, die erheischen, von uns benannt und artikuliert zu werden? Die uns, wenn wir sie aufgreifen, mit einer besonderen Fürsorge umgeben – wie Kinder, die sich ans Zeichnen machen. Wir schieben ihnen Stifte hin, bringen ihnen Bilder, zeigen ihnen, wie man ein Pferd zeichnet oder ein Haus; ganz am Anfang geben wir ihnen Malbücher, die sie ausmalen, damit ihnen die Konturen der Dinge vertraut werden. Wir ermuntern sie und versprechen ihnen Belohnung.

Wie sieht diese Fürsorge in der Literatur aus?

Wie geschieht es, dass von irgendwoher diese merkwürdigen Existenzen auftauchen, zu Beginn noch körperlos, aber versehen mit einem vollständigen psychologischen Apparat, vollständiger als bei manchen mit Körpern ausgestatteten lebenden Menschen? Wie geschieht es, dass sie sich vor unseren Augen materialisieren, nach Sätzen und Wörter greifen, konkrete Züge annehmen und schließlich zu sprechen beginnen, Ansichten und Gefühle entwickeln, ganze in sich zusammengerollte Zeiten und Welten? Gibt es irgendwo ein Reservoir dieser Wesen, deren existenzielle Natur sich von der menschlichen unterscheidet? Und wo befindet es sich? Wie geschieht es, welche Prozesse führen dazu, dass ihre dubiose Realität sich mit der Zeit verfestigt, dass sie für ihre Schöpfer und Leser zur Wirklichkeit heranwächst?

Henryk Sienkiewicz soll Briefe von Lesern bekommen haben, die ihn anflehten, er möge den von ihm geschaffenen Rittern nichts Schlimmes widerfahren lassen. Und wurden etwa in Zbaraż keine Messen für die Seele des Longinus Podbipięta[18] gelesen?

Als ich in den neunziger Jahren im Glatzer Kessel ein Haus kaufte, begann plötzlich alles um mich herum zu flüstern. Die ewig feuchte steinerne Kellertreppe, der Bach, an dem noch immer die Reste einer Wassermühle standen, die Steine an den Feldrainen, die Schiffe der Kirche in Nowa Ruda … Es war ein seltsamer Zustand, eine Art – ich verwende dieses Wort – Heimsuchung. Jeder der Orte, die ich damals erkundete, schien mir vielschichtig, angefüllt mit mehr oder weniger offensichtlichen Bedeutungen. Aus dem erwähnten Flüstern sowie aus einer Unmenge vager Informationen, Ahnungen und Vermutungen schälten sich langsam die Fäden verschiedener Geschichten heraus, die verlangten, aufgeschrieben und mit anderen geteilt zu werden.

Was ich von den Dingen sage, gilt auch für die Menschen, zumal diejenigen, die – wie es mir vorkam – aus diesem Ort erwachsen und fest in ihm verwurzelt waren. So wie Pan Ch., dessen Geburtsjahr von seiner Laune abhing. Ich weiß bis heute nicht, wie alt er ist. Ein Junge aus einer vielköpfigen Goralenfamilie aus Dąb in Podhale. Als Teenager wurde er zur Zwangsarbeit nach Deutschland deportiert, wo er das Gehör verlor. Nach dem Krieg ging er nicht nach Hause zurück, sondern ließ sich in der Nähe von Nowa Ruda nieder. Er lebte, wie man sagen könnte, vorbildlich und arbeitete lange bei der Stadtreinigung. Er war unglücklich verheiratet mit einer Frau, die ihn bald verließ. Jahrelang wohnte er einsam in einem abgelegenen kleinen Haus und verdiente sich ein Zubrot, indem er Besen herstellte und Gras mähte. Er wurde eine wichtige Figur in *Taghaus, Nachthaus*, wobei er das selbst sicher nicht weiß, denn er kann nicht lesen. Oder Pani J., deren Mann den ganzen Kampfpfad von der Oka bis nach Berlin mitmachte, um ein paar Kilometer von zu Hause durch eine zufällige Kugel zu sterben. Oder Pan P., ein Deutscher von hier, der als 15-Jähriger zur Wehrmacht eingezogen wurde. Nach wenigen Tagen geriet er in Gefangenschaft und verbrachte zehn Jahre in Sibirien (er weint, wenn er davon erzählt). Oder die Schwestern B. B., die in Sibirien zur Welt kamen, in einer Erdhütte. Sie hatten ihr Haus in Lemberg verloren und ließen sich mit ihrer Mutter in einem ehemals deutschen Gasthaus nieder. Erst bewirtschafteten sie es, dann sahen sie zu, wie es zerfiel. Jetzt züchten sie Bienen.

Ich wollte mich Figuren wie Pan Ch. annähern, indem ich ihnen Lebensläufe andichtete. Dabei achtete ich darauf, ihre Privatsphäre und Würde nicht zu verletzen. Ich hatte das Gefühl, wenn ich ihre Geschichten verschriftliche, hebe ich sie auf ein höheres Existenzniveau, verleihe ihnen eine kollektive Identität; ich dachte, sie würden immun gegen die Zeit, ich würde sie retten.

Manchmal habe ich auch Figuren ins literarische Leben gerufen, die in Wirklichkeit nicht existierten, aber hätten existieren können. Ich hatte sogar das Empfinden, sie müssten existieren, um eine schmerzliche Lücke in der realen Welt zu füllen.

Um das sogenannte Erfinden herum ereigneten sich mitunter seltsame Dinge, die zeigten, wie geschärft meine Wahrnehmung war und wie wenig selbstverständlich die Welt. In einem Buch erschuf ich die Figur der Marta, Hüterin des Tals, einer älteren, allein am Waldrand lebenden Frau. Sie hat sich vielen Lesern ins Gedächtnis eingeprägt – sicher hatte sie etwas vom Archetypus der weisen alten Frau. Merkwürdigerweise erinnerten sich die Leser oft an ein bestimmtes Detail von Martas Kleidung – die ausgeleierten Knopflöcher ihres Pullovers. Gelegentlich kamen sogar besonders hartnäckige Leser als Touristen ins Dorf und fragten nach »Martas Haus«, das ja in unserer Wirklichkeit nie existierte.

Als ich viele Jahre später die in Deutschland lebenden Enkel der Erbauer meines Hauses kennenlernte, fühlten wir uns ein wenig wie eine Familie. Sie hatten in Esslingen mein Buch gelesen, Orte wiedererkannt, die ihnen aus ihrer Kindheit vertraut waren, und daraufhin beschlossen, ihrer Vergangenheit einen Besuch abzustatten. Eines Tages standen sie vor meinem Haus, und da geschah diese sehr, sehr merkwürdige Sache – ich weiß gar nicht, wie ich davon erzählen soll, denn ihre unverfrorene Metaphysik macht mich verlegen. Aber ich will es versuchen.

Meine Gäste hatten alte Fotos dabei, darunter eines, das

die ganze Familie in einem Zimmer des Hauses zeigte, das nun mir gehörte. In der Mitte der sorgfältig platzierten Schar der Verwandten, zwischen Männern (manche in Wehrmachtsuniform), Frauen und Kindern saß eine ältere Frau mit glatt gekämmtem Haar und einem Pullover mit … ausgeleierten Knopflöchern. Als ich sie genauer ansah, überlief mich ein Schauder. »Wer ist das?«, fragte ich. »Ah, das ist meine Großmutter Marta«, antwortete Siegfried freudig und stolz.

Angeblich widerfahren auch anderen solche Geschichten, aber es lockt mich nicht, sie zu erklären. Ich kann mich nur auf die weithin anerkannte Autorität des Thomas von Aquin berufen, der die Fiktion positiv als eine F o r m v o n W a h r h e i t definierte.

Es gibt auch Figuren, die fertig in der Psyche ausharren, die jahrelang unverändert bleiben und auf den richtigen Moment warten, um sich zu offenbaren und körperlich und psychologisch komplett mit ihrem literarischen Leben aus der Kiste zu springen. Eine solche Figur war in meinem Fall der Mönch Paschalis aus *Taghaus, Nachthaus* – ein junger Mann (?) mit nicht fest definierter geschlechtlicher und sexueller Identität, der in der Legende von der heiligen Kümmernis Halt sucht, welcher wiederum Jesus selbst bei der Befreiung von ihrem kulturellen Geschlecht half, indem er ihr sein Antlitz gab. (Hier eine Abschweifung: Genau in dem Moment, in dem ich diesen Satz schrieb, rief mein Mann an, um mir zu sagen, dass eine gewisse Conchita Wurst, eine Frau mit Bart oder eigentlich eine Drag Queen, den Eurovision Song Contest gewonnen habe. Das ist ein perfektes Beispiel für das, worüber ich hier schreibe und was so wunderbar zu sehen ist, wenn man kreative Prozesse aufmerksam studiert – das zeitlich und räumlich parallele Auftreten von nicht kausal verknüpften Ereignissen, das C.G. Jung bahnbrechend als Synchronizität bezeichnete, was ich euch freudig lächelnd in Erinnerung rufe.) Einige Zeit nach Fertigstellung des Buches, aus dessen Anlass mir Paschalis in fertiger Gestalt erschienen war, um seine Rolle zu spielen, ohne dass ich Zeit gehabt hätte, darüber nachzudenken, woher er eigentlich kam, ordnete ich meine Unterlagen und stieß dabei auf ein vergilbtes Heft noch aus Schulzeiten, in dem ich den Anfang einer der vielen Erzählungen entdeckte, die ich damals begonnen hatte, die aber meist nicht über die ersten zwei Seiten hinausgekommen waren. Dort fand ich Paschalis in seinem schmutzigen Habit, barfüßig, unsicher, wer er eigentlich ist, und grübelnd, was es überhaupt heißt, Frau oder Mann zu sein. Ich hatte ganz offensichtlich die Figur dieses Mönchs erfunden und vergessen, doch sie hatte geduldig abgewartet (wo?), bis ich Schriftstellerin wurde, ein Haus im Glatzer Kessel kaufte und in Wambierzyce auf eine Frau mit Bart stieß, Kümmernis/Wilgefortis, die den Mönch aus der Vergangenheit herbeirief, damit ich ihn ins Kloster von Broumov setzte, von wo er die Landschaft des Kessels betrachtete, als blickte er aus den Fenstern meines Hauses.

Ich gestatte mir, das Thema so anzugehen, obwohl ich weiß, dass ich die Grenzen der rationalen Argumentation überschreite. Doch wir werden nicht Schriftsteller, um den ausgetretenen Pfaden der allgemein akzeptierten Normen der Beweisführung zu folgen und unser Leben mit dem Anfertigen von Fußnoten, das heißt dem Zitieren fremder Ansichten zu vergeuden. Wir müssen uns vielmehr an dem orientieren, was um uns herum und in uns spricht, uns öffnen für unsere Bestimmung, für unseren Daimon.

Einen wichtigen Beitrag zum Thema bildet gleichwohl ein Zitat, und zwar eine Stelle aus Platons *Staat*:

»Nachdem nun sämtliche Seelen ihre Lebensläufe gewählt, seien sie in der durch die erste Losung bestimmten Ordnung an die Lachesis herangetreten; diese aber habe einem jeden den Dämon, den er sich erwählt, als Hüter seines Lebens und als Vollstrecker dessen, was sie sich erwählt, zugesellt. Dieser (Dämon) habe die ihm überwiesene Seele zunächst zur Klotho geführt, dicht an ihre Hand heran und an die unter ihrer Leitung sich drehende Spindel, um so das von ihr erloste Geschick zu befestigen; und nachdem er sie berührt, habe er sie zur spinnenden Atropos geführt, um den gesponnenen Schicksalsfaden unabänderlich zu machen. Von da sei er nun unverwandten Blickes an den Thron der Notwendigkeit herangetreten […].«[19]

Wenn man auf das eigene Leben zurückblickt, kann man eine Perspektive finden, die eine gewisse Konsequenz erkennen lässt, so als wäre eine Möglichkeit, ein Potenzial stärker gewesen als andere. Ich wollte schon mit zwölf Schriftstellerin sein und habe dafür stichfeste Beweise – unter meinen ersten begonnenen Roman mit dem originellen Titel *Die Zauberinnen* notierte ich in kindlichen Buchstaben: »Ich werde Bücher schreiben!« Und von da an führten mich jeder Schritt und jede Lebensentscheidung auf mehr oder weniger – und bisweilen ganz und gar nicht – offensichtliche Weise in diese Richtung. Die Abkehr von der Idee, Polonistik zu studieren, weil ich wohl zu Recht davon überzeugt war, ein solches Studium würde mir die Literatur verleiden und die leserische Unschuld nehmen; die Arbeit als Psychotherapeutin, die vor allem auf dem Anhören fremder Geschichten beruht, und in ihrem Ergebnis die Erkenntnis, dass unser Verständnis der Welt sich aus Erzählungen und deren Interpretation zusammensetzt; der Verlag, den ich gründete, um C. G. Jung zu veröffentlichen (was mir nicht gelang); der Umzug aufs wilde Land und die Entdeckung, in welch ungeheurem Ausmaß Einsamkeit und die Präsenz der Natur unsere Imagination stimulieren; das instinktive Fernhalten vom Zentrum, dessen hektische Betriebsamkeit und ewiger Hunger die schriftstellerische Individualität sowohl anregen als auch zerstören; schließlich die Reisen, die übernommenen Aufgaben und Beschäftigungen, die Tiere und die Menschen, denen ich auf meinem Weg begegnete – heute sehe ich, dass all das erforderlich, ja absolut notwendig war, damit ich schreiben kann.

Was ist denn das für eine Methode, könnte jemand von euch einwenden – das Ganze vom Ende her zu betrachten. Auf diese Weise kann ja jeder seine Ordnung finden.

Ich sehe darin aber nichts Falsches – diese teleologische Perspektive hat dieselbe Berechtigung wie andere. Einen ähnlichen Standpunkt nehmen wir ein, wenn wir über die Evolution des Menschen sprechen. Die Betrachtung früherer Entwicklungsstadien erlaubt es uns, in den Millionen zufälliger Veränderungen auf dem Weg der Anpassung an die Umwelt eine gewisse Konsequenz zu erkennen, die den Menschen zu dem werden ließ, was er ist.

Der zu unkonventionellen Ansichten neigende Psychologe und Philosoph James Hillman sagt, wir würden mit einem bestimmten Bild von uns selbst geboren. Es sei eine Art Eichel, aus der später ein Baum wachse. Es sei noch nicht der Baum, aber in diesem winzigen Brocken Materie stecke schon das ganze Potenzial der künftigen Eiche oder Zeder. Vielleicht wisst ihr es schon, vielleicht hört ihr schon das Rauschen der Blätter eures großen Baumes?

Meine lieben schreibenden Kolleginnen und Kollegen, junge Adepten dieses merkwürdigen Handwerks, das Schreiben ist die Hölle, eine ständige Qual, ein Schmoren in Teer. Es erschöpft, schadet dem Rücken und verursacht Neurosen, es nötigt einen, in die Schranken zu treten, Bewerbungen und Anträge zu schreiben, zu kommentieren, gehässige Rezensenten zu verfluchen und sich aus Ärger über eine unfreundliche Kritik auf die Finger zu beißen. Doch das Schreiben ist zugleich auch der Himmel – es verleiht ein Gefühl von Macht, es macht das Leben zur ständigen Ausübung eines Hobbys, es ermöglicht den Umgang mit interessanten und klugen Dingen und Menschen, es zwingt zu unkonventionellem Denken und zur Betrachtung der Welt aus untypischen Perspektiven, es lässt einen ständig fragen, wer man ist, es fördert die Empathie und das Verständnis für andere. Und nicht zuletzt befreit es uns von Notwendigkeit, jeden Morgen zur Arbeit gehen und sich für fremden Profit abrackern zu müssen.

Ich denke, Literatur geht immer mit einer gewissen Selbstlosigkeit einher. Natürlich wollen wir Autoren gefallen und Eindruck machen. Selbstverständlich erwarten wir Lob und Aufmerksamkeit. Das ist allzu menschlich. Doch letztlich wollen wir etwas schreiben, das auch für die Allgemeinheit von Wert ist. Wenn man genau hinschaut, erkennt man deutlich, dass jedes gute Buch unsere Welt ein wenig verändert – es bereichert sie um Figuren, Fragen oder Erkenntnisse, die es bis dahin nicht gab. Vor Proust und Prus sahen die Dinge anders aus als danach.

Ich wünsche euch, dass ihr in einer Welt schaffen könnt, in der eure Arbeit Interesse und Respekt findet. In der es wieder Kritiker gibt, die große, tiefgründige Rezensionen über eure Romane schreiben. In der die auflagenstarken Tageszeitungen wöchentlich umfangreiche Literaturbeilagen bringen – mit ausführlichen Besprechungen und fundierten Analysen zu wichtigen Themen und neuen Trends, mit lebhaften Debatten und Leserbriefen von Provinzlehrern, die sich um den Zustand der Literatur sorgen. Ich wünsche euch, dass ihr nicht in idiotischen Fernsehsendungen auftreten müsst, in denen alles, was ihr zu sagen habt, auf einen lächerlichen Satz zusammengestutzt wird, und dass ihr nicht euer Privatleben zur Schau stellen müsst, damit sich euer Name länger auf den Bestsellerlisten hält. Ich wünsche euch, dass ihr euch über die Erfolge eurer schreibenden Kolleginnen und Kollegen freuen könnt und selten von Schadenfreude[20] heimgesucht werdet – viel gute Literatur sorgt allgemein für höhere Standards und bringt alle voran. Vor allem aber wünsche ich euch ausreichend Zeit nicht nur zum Schreiben, sondern vor allem zum Lesen, weil ich nämlich glaube, das Lesen der Kern dessen ist, was wir Literatur nennen.

Virginia Woolf hat dies in ihrem Essay *Moderne Romankunst* schön in Worte gefasst:

»Wir können nicht behaupten, besser zu schreiben; alles, was man sagen kann, ist, daß wir weitermachen, jetzt ein bißchen in dieser Richtung, jetzt ein bißchen in jener, aber mit einer Neigung, uns im Kreise zu bewegen, wenn der ganze Verlauf der Spur von einem hinreichend erhabenen Standpunkt aus beobachtet würde. Es braucht kaum gesagt zu werden, daß wir keinen Anspruch erheben, auch nur für einen Augenblick einen solchen erhabenen Standpunkt einzunehmen. Auf ebener Erde, in der Menge, halb blind vom Staub, blicken wir mit Neid zurück auf jene glücklicheren Kämpfer, deren Schlacht gewonnen ist und deren Leistungen einen so heiteren Zug von Vollendung haben, daß wir uns kaum zurückhalten können zu flüstern, daß für sie der Kampf wohl nicht so hart war wie für uns.«[21]

Deutsch von Bernhard Hartmann

Lodzer Vorlesungen

Zur Psychologie des Erzählers

Wie Sie wissen, bin ich Schriftstellerin, als Handwerkerin in einem besonderen Metier menschlichen Schaffens tätig – ich spinne Geschichten, die ich dann, wenn sie fertig sind, der Erfahrung des einzelnen Lesers und den Schichten der kollektiven Phantasie übergebe. Eine Arbeit, die sich nicht leicht definieren lässt. In den Finanzämtern werden ich und meinesgleichen als Künstler geführt, und stets ergibt sich das Problem, wie man uns effektiv besteuern sollte. Wir erschaffen etwas aus dem Nichts, hantieren mit unsichtbaren Fäden, aus denen wir fliegende Teppiche knüpfen, wir greifen in einen Hut und ziehen ein Kaninchen hervor.

Im Rahmen der drei Vorlesungen, die ich dank der Einladung von Frau Prof. Krystyna Pietrych und Frau Prof. Joanna Jabłkowska die Ehre habe, an der Universität in Lodz halten zu dürfen, möchte ich den modus operandi beim Entstehungsprozess eines Romans in dreierlei Hinsicht betrachten: im Hinblick auf die Erschaffung der Erzählerstimme, die Errichtung der Gerüste für die dargestellte Welt sowie die Herkunft der Figuren (unter besonderer Berücksichtigung eines ganz bestimmten Protagonisten). Von allen Methoden, die der Markt literaturwissenschaftlicher Untersuchungen anzubieten hat, steht mir vor allem eine zur Verfügung: die gute, alte Methode der Introspektion. Vergessen wir nicht, dass eben damit – mit der Introspektion – alle psychologische Wissenschaft ihren Anfang genommen hat. Mein Standpunkt wird ein sehr persönlicher und – ehrlich gesagt – auch nicht zu verifizieren sein.

Was ich hier skizzieren möchte, wäre als Versuch einer Hinführung zur Psychologie des schöpferischen Prozesses zu verstehen.

Überhaupt würde ich gerne fordern, die Grundlagen für eine Wissenschaftsdisziplin zu schaffen, die ich Psychologie des literarischen Werkes nennen möchte. In ihrem Rahmen sollte man die wechselseitigen Einflüsse und Interaktionen zwischen Erzähler und Autor sowie zwischen dem Erzähler und den Figuren nachverfolgen, ihre Reaktionen aufeinander hinterfragen, eine entsprechende Typologie schaffen, Persönlichkeiten und Motivationen untersuchen. Diese Wissenschaftsdisziplin könnte sich auch eingehend mit einer Psychopathologie des Romans befassen – ja, man könnte sich eine institutionalisierte Therapie vorstellen, der Romane mit entsprechenden Störungen und fehlender Integration unterzogen würden. Der Literatur wäre damit sicher gedient.

Bild

Aus Kindertagen erinnere ich mich an die Reproduktion eines Bildes von Paul Klee, das in unserem Haus bei der Treppe hing. Eine immerwährende Faszination ging von ihm aus. Auf den Zehenspitzen stehend, betrachtete ich lange jede Einzelheit dieser auf den ersten Blick so schlicht wirkenden Zeichnung, tief berührt war ich, und ich verspürte Freude und Befriedigung. Im Vordergrund sah ich eine monströse, in der Luft schwebende Gestalt, komisch und erschreckend zugleich. Wie ein riesiger Ballon wirkte sie, von Kinderhand gezeichnet, mit einer großen Nase in provokantem Rot – die schwebende Gestalt hatte etwas von der kindlichen Vorstellung eines Monsters. Grauen und Lächerlichkeit vermengten sich in dieser aufgeblasenen Figur.

Die eigentliche Hauptperson des Bildes aber ist die kleine Gestalt eines Kindes – ein Mädchen mit Reifen in den Händen, sie steht an einem Klavier, auf dem eine Menora zu sehen ist. Jetzt erst verstehen wir, dass das Ungeheuer des Titels trotz seiner Dimensionen und seines erschreckenden Aussehens von dem kleinen Mädchen beherrscht wird. Von dem Kind ist es abhängig, und vermutlich hat das Kind das Ungeheuer auch geschaffen. Und nun tanzt das monströse Wesen zu dessen leisem Lied. »Tańcz, poczwaro, wedle mojego cichego śpiewu« – ich erinnere mich an den polnischen Titel des Bildes, die phantasievolle Übersetzung von *Tanze Du Ungeheuer zu meinem sanften Lied*. Und sowohl das Bild als auch das Wort *poczwara* sind mir im Gedächtnis geblieben.

Stimme

Überlegungen zum Erzähler der eigenen Geschichten kommen nicht aus heiterem Himmel, doch beschäftigen uns diese Belange auch nicht, solange wir nicht unsere Stimme im Echo anderer Stimmen vernehmen. Auch mich haben diese Fragen anfangs nicht gekümmert. Die frühreife, narzisstische Begeisterung an der schieren

Wortmeldung erinnert an die Freude des Kindes, das zu plappern beginnt und voller Erstaunen die Reaktionen auf die selbst erzeugten Töne als Bestätigung einer Macht begreift. Ich schreibe! Ich denke mir etwas aus! Mit einem Mal scheint es ebenso klar wie natürlich, wie eine Bewegung des Körpers, das Gehen, das Sprechen.

Ein junger Autor oder eine junge Autorin, die das Schreiben als immense Freude erleben, gehen oft in spontan gedankenloser Weise davon aus, das Ich, das sich im Schreiben äußere, sei auch das Ich des Alltags, das esse und schlafe, auf Reisen gehe und liebe. Eher selten ist ihnen bewusst, dass wir uns in dem Moment, in dem wir die Vision auf Papier übertragen, in einen wenig bekannten Prozess verwickeln, der die Grenzen des uns bisher Bekannten überschreitet und uns für Sphären öffnet, deren Beschaffenheit wir noch nicht imstande sind, gänzlich zu verbalisieren.

Oft habe ich das Gefühl, zum Schreiben genügt es nicht, eine gute Geschichte zu haben, und sei es ein noch so hervorragendes Thema, gründlich zu recherchieren und über die entsprechenden sonstigen Bedingungen zu verfügen (ein eigenes Zimmer, ein wenig Muße, freie Zeit usw.). Der Autor/die Autorin muss sich in einen bestimmten Lauf, eine bestimmte Strömung einfinden, ohne die sich die Erzählung nicht ausformen kann, ohne die sie eine flimmernde, nicht genauer zu fassende Vision bleiben müsste. Diese Strömung habe ich Stimme genannt.

Bis heute kann ich mich an die Versuche erinnern, die Stimme meiner ersten Romane zu fassen – ein instinktives, nicht bis ins Letzte bewusstes sich Hineinbohren an einer bestimmten Stelle, mit ungeduldigen Blicken nach den Seiten, in der Hoffnung, es käme etwas oder jemand, das oder der mir beispringen wollte.

Ich möchte nicht sagen, dass ich buchstäblich etwas hörte in meinem Kopf – in einem solchen Fall hätte ich eher einen Psychiater aufsuchen sollen –, es geht mir um eine innere Dramaturgie. In dieser Stimme klingt der Raum, zu dem ich in der letzten Vorlesung zurückkehren werde. Dieser Raum stellt die Vermittlungsinstanz dar zwischen der imaginativen Urform der Geschichte und der Sprache und damit letztlich dem Leser. Setzt der Erzähler sich ins Verhältnis zu dieser Stimme, spinnt sich ein innerer Monolog oder Dialog, der mitunter sehr dramatische Formen annehmen kann.

Am Beginn der Erzählung steht also ein Akt der Macht, die Wiederholung des biblischen Schöpfungsaktes, da das Wort Fleisch wird, zu verstehen als Affirmation des schöpfenden, phantasierenden Ich, das sich restlos der Imagination hingibt.

Wer/was ist eigentlich dieses sprechende Ich, jene Stimme, die allein ihr bekannte Bezugspunkte findet, damit die Geschichte verlässlich klingt, Vertrauen weckt? Steckt sie in mir, diese Stimme, bereit, um jedes Thema zu verhandeln? Oder wäre sie eher als etwas Temporäres zu denken, geliehen quasi für die Dauer der Erzählung, und nach deren Abschluss löst sie sich wieder auf in den bodenlosen Abgründen der Psyche? Oder kommt sie von außerhalb, ist es eine Stimme anderer Existenzen, mit denen die Geschichtenerzählerin/der Geschichtenerzähler in medialen Austausch tritt? (In dieser Form hatte kürzlich Hilary Mantel ihre Arbeitsweise beschrieben, im Kontext ihres viel beachteten Buches *Wolf Hall.*)

In meinen ersten Büchern habe ich diese Stimme intuitiv gesucht und mit der Inspiration verwechselt. In Augenblicken des Zweifels stand ich dann vor dem Bücherregal, zog meine Lieblingsromane heraus und »sog« fremde

Sprache in mich auf. Ich wusste noch wenig darüber, wie solche inneren Stimmen beschaffen sind – dass sie zu ganz bestimmten Themen neigen, dass man die einen mit Literatur füttern, andere hingegen auf diese Weise geradezu aushungern lassen kann. Dass die einen sich auf sozusagen natürliche Weise einstellen, während man um andere heftig ringen muss. Dass mit den einen die Arbeit wie geschmiert geht, während man den anderen jeden Satz entreißen muss.

So entdeckte ich nach und nach die ebenso subtile wie geheimnisvolle Existenz des Erzählers.

Der Fremde

Dieses Etwas, das in uns spricht, der Erzähler, deckte sich gänzlich mit meinem eigenen Ich. Scheinbar waren die Umrisse dieselben, doch manchmal quoll es auch über die Ränder hinaus, ergriff von einem Raum Besitz, den mein Ich nicht einnahm, periphere Sphären, Grenzbezirke, deren Existenz ich nicht einmal geahnt hatte.

Manchmal kam im Halbschlaf, wer weiß woher, ein Satz, der einer eben geschaffenen Figur ihren Sinn verlieh, ich hörte Bruchstücke von Dialogen, doch viele dieser invasiven Einfälle waren auch völlig unverständlich – darüber möchte ich in der folgenden Vorlesung sprechen, wenn wir uns den Figuren widmen. Und dann, mit einem Mal, fügten sich Assoziationsketten, die auf den ersten Blick noch absurd und zufällig gewirkt hatten, zu einem schlüssigen anekdotischen Strang.

Vladimir Nabokov, ein Schriftsteller, dessen Tiefgründigkeit ich außerordentlich schätze, spricht mit folgenden Worten über ein ganz ähnliches Gefühl:

»Es ist wie ein Puzzlespiel, das sich in unserem Gehirn unvermittelt zusammensetzt, ohne dass das Gehirn selbst nachverfolgen kann, wie und warum die Teile passen, und Sie erleben den Schauder eines ungestümen Zaubers, eines inneren Erwachens, als würde e i n T o t e r durch eine aufschäumende Arznei, die man in unserem Beisein rasch zusammengemischt hat, wieder zum Leben erweckt.«[22]

Nabokov formt hier ein Bild aus dem reichhaltigen Fundus der Mythologie der Besessenheit, die letzthin sehr in Mode gekommen ist in bestimmten Kreisen – »ein Toter« in uns, von einem geheimnisvollen Impuls stimuliert, erwacht zum Leben, um sich zu Wort zu melden.

Ein Schauder überläuft uns, und in unserer Vorstellung taucht womöglich der Golem auf, jenes Wesen, das mit einer Zauberformel, einem bestimmten Wort zum Leben erweckt und mit einer anderen Kombination von Zeichen wieder in die Nichtexistenz zurückbefördert werden kann. Der Golem ist aus Lehm gemacht (wie der Mensch in der hebräischen Schöpfungsgeschichte), doch nicht der göttliche Atem belebt ihn, sondern ein Wort, das auf einen Zettel geschrieben wird: אמת, *emet* – im Hebräischen »Wahrheit«. Wischt man den ersten Buchstaben aus, das Aleph, bleibt *met* übrig, מת, »verstorben«. Von dieser knappen Gebrauchsanweisung könnten sich Ikea-Konstrukteure inspirieren lassen, um ihre Anleitungen zu vereinfachen. Wie wir wissen, besitzt auch der belebte Golem keine Seele, er ist gänzlich abhängig von den Befehlen des Menschen.

In den Zeiten, von denen es heißt, sie seien geprägt gewesen von der Vernunft und dem unbedingten Glauben der Menschen an die Wissenschaft, tauchte noch ein anderes Monstrum auf: Frankenstein. Zum Leben erweckt im Zuge eines verantwortungslosen wissenschaftlichen

Experiments. Ein Wesen, zusammengenäht aus Leichenteilen – ein Kollektivkörper mithin – wird belebt durch einen ebenso mythischen wie technischen Impuls – durch einen elektrischen Funkenblitz. Allen guten Absichten seiner Schöpfer zum Trotz erweist sich Frankenstein als unberechenbar und wird zur tödlichen Bedrohung.

Mit diesen beiden von der Aura des Mythischen umgebenen Figuren der Popkultur – dem Golem und Frankenstein – ist die Angst vor dem Kontrollverlust verbunden. Wir rufen Wesen ins Leben, sei es, dass sie bestimmte Aufgaben für uns ausführen sollen, sei es aus reiner Neugier, doch können wir dann die Kräfte, die wir freigesetzt haben, nicht mehr beherrschen. Es geht uns wie dem Zauberlehrling.

Wir sehen auch, dass weder der Golem noch Frankenstein in der Lage sind zu sprechen. Als unvollkommene Imitationen eines Menschen haben sie keine Stimme. Sie selbst können nicht zu Schöpfern werden, denn wir wissen, dass die Stimme das wahre Medium des Schöpferischen ist, Zeichen alleine genügen nicht. Gott schreibt nicht, er spricht. »Es werde« – das gesprochene Gebot ist das eigentliche schöpferische Werkzeug.

Ein moderneres Bild finden wir in dem Kultfilm *Alien*, der die Sedimente unserer Ängste umgepflügt und eine völlig neue Art von Bedrohung geschaffen hat: ein Ungeheuer, das in uns, von uns lebt, das unseren eigenen Organismus als Wirt benutzt – ein Parasit, ein Fremder in vielfacher Hinsicht, der aus den erschreckenden Tiefen des Kosmos stammt, ein Wesen, das in unserem Körper schlüpft, den Organismus wie die Psyche beherrscht, um sich auf diese Weise zu vermehren.

Eine Verwandtschaft zwischen dem Erzähler und Monstern scheint fraglos zu bestehen, doch dürfte er im

Gegensatz zu ihnen nicht so gefährlich sein. Der Erzähler besitzt keinen Körper, somit keine Materialität. Er streicht nicht durch die Gegend, macht nicht Jagd auf kleine Mädchen, legt keine Eier in menschliche Organismen. Er ist eine reine, unschuldige Stimme. Es gibt keinen Grund, ihn zu fürchten.

Ich muss gestehen, dass mich Nabokovs Formulierung von einem »Toten« in uns sehr berührt hat, denn sie bestätigt meine intuitiven Gedanken zu dem Prozess, der in mir abläuft. Etwas wird lebendig, erwacht ... Wenn es aber »durch eine aufschäumende Arznei« erweckt werden kann, war es nicht wirklich tot, sondern scheintot, lediglich verdorrt, wie eine Wüstenrose, die in entsprechender Umgebung wieder auflebt und zu blühen beginnt. Etwas, das in Schlaf versetzt wurde und nun seine Kraft offenbart, gleich einem Gen, aus einer Urvergangenheit mitgebracht, und erst eine einmalige Kombination von Bedingungen und Gegebenheiten kann es erneut aktivieren. Oder ist es vielleicht die Stimme aus einer Krypta, Rede der Toten, wie Hilary Mantel es verstehen möchte – ein Zeichen aus der Vergangenheit, ein Gedächtnissignal aus dem kollektiven Unbewussten, aus den Sedimenten von Erfahrungen, die – auf welche Weise auch immer – in die Gegenwart vererbt wurden? Auf jeden Fall ist es eine Stimme, die sich aufs Erzählen versteht und ein Gespür hat für alle Fährnisse und Untiefen, die die Entstehung einer Geschichte begleiten.

Übungen

Erstmals bewusst nachgedacht habe ich über den Erzähler, als ich *Taghaus, Nachthaus* schrieb. An einem Winterabend – in jenen Stunden, da man allein in einem dunklen Zimmer sitzt und nur von einer Schreibtischlampe ein wenig Licht erhält, mit dem Gesicht zum weißen Schimmer des Bildschirms gewandt, und jeder Satz, den man aus sich hervorzieht, scheint Teil einer zum Knäuel gerollten Geschichte zu sein – da stellte ich mir die beunruhigende Frage: Wer spricht hier eigentlich? Wer spinnt in mir diese Geschichte? Wer zieht behutsam den Faden aus dem Knäuel? Ist das meine Geschichte, existiert sie schon irgendwo, hat sie sich schon ereignet, wurde sie schon ausgedacht, verblieb aber bislang noch – aus welchen Gründen auch immer – in einem bestimmten Fundus, und meine bewusste Tätigkeit ist nun zum Glück in der Lage, sie aus diesem Zustand der Halbexistenz ins wirkliche Dasein zu holen, auf den Bildschirm zu bringen. Und dann muss ich nur noch auf »Speichern« klicken.

Damals war ich – ich weiß es noch gut – mit Kümmernis beschäftigt, vielmehr mit dem transsexuellen Mönch Paschalis, der in meinem Buch die Geschichte jener Heiligen mit den vielen Namen niederschreibt, der Schutzpatronin (vielmehr: Schutzmatrone müsste es eigentlich heißen) der unklaren Dinge, der Grenzphänomene, der Abschiede und – Achtung – der Scheidungen. Ihr wunderliches Bild ist in Wambierzyce (Albendorf) zu sehen, das früher auch »Schlesisches Jerusalem« genannt wurde.

Hier muss ich nun einen kleinen Exkurs zu dem Mönch Paschalis einschieben.

Die Figur ist älter, als es scheinen mag, älter als das Buch *Taghaus, Nachthaus*, Paschalis kam mir – als nahezu fertige Figur – im späteren Teenageralter in den Sinn, in den siebziger Jahren. Ich habe keine Ahnung, wie es zugegangen war, aus welchen Lektüren er sich formte, aus welchen Tiefen des Unbewussten er zu mir kam. Damals hielt ich die Figur in Notizen fest, ohne zu wissen, wer das eigentlich war und wozu mir diese Skizze von Nutzen sein könnte. An die zwanzig Jahre lang habe ich die Figur dann vergessen. Bis sie während der Arbeit an *Taghaus, Nachthaus* plötzlich wiederkehrte, gleich einem Verlorenen Sohn, der sich in der Welt herumgetrieben hatte und nun das Bedürfnis verspürte, an den Familiengeschäften teilzuhaben. Paschalis kam als Erzähler zweiten Grades, der sich sogleich mit Verve ans Werk machte, flugs die Gänsefeder ergriff, um die apokryphe Lebensgeschichte der bärtigen Heiligen zu erzählen.

Paschalis hält die Vita der mythischen Frau mit ihren vielen Namen fest: Wilgefortis, Kümmernis, Liberata … Und er verlangt meine Hilfe. Ich muss in Büchern stöbern, konkrete Informationen liefern, doch wenn ich ihm bei der Arbeit zusehe, habe ich den Eindruck, er verfasse seinen Text größtenteils aus dem Gedächtnis, »von sich aus«. Und die Arbeit geht ihm gut von der Hand – Paschalis schreibt, ich schreibe über Paschalis, der über Kümmernis schreibt. Und als ich dieser Erzählebene einen Titel gebe, formuliere ich – ohne zu zögern: *Wer das Leben der Heiligen schrieb und woher er das alles wusste*. Denn schlagartig geht mir auf: Gestern waren es kaum ein paar Gedanken, Begriffe und Ideen, die ich gewissenhaft notiert hatte, ein paar aus Büchern und Reiseführern zusammengetragene Hinweise, und heute ist es schon eine Geschichte, eine selbstständige, in sich geschlossene, fertige Geschichte, die bereit ist, in die Welt zu gehen.

Woher »weiß« der Erzähler von den Dingen, von denen

er spricht? Findet zuerst der schöpferische Akt in Gedanken statt, und dann wird die Geschichte auf Papier bzw. den Bildschirm übertragen, oder vollzieht sich der Akt im Schreiben selbst?

Es gibt Bücher, die sich von selbst schreiben, wenn die entsprechende Stimme gefunden ist. Andere warten mitunter Jahre auf ihre Stimme, verharren in Notizen und Skizzen. Der kraftvolle, selbstbewusste und allwissende Erzähler in *Ur und andere Zeiten*, mit seiner Neigung zu kurzen, geradezu biblisch prägnanten Sätzen, ließ die Arbeit an diesem Buch zum reinen Vergnügen werden. Diesen Roman habe ich mit Leichtigkeit geschrieben, im Vertrauen auf die radikalen Lösungen des Erzählers hinsichtlich der Textaufteilung, der klaren Umrisse des Handlungsortes und ähnlicher Fragen. Dieser Stimme aus *Ur* war es wesentlich zu verdanken, dass ich den Reiz des Fragments entdeckte.

Doch gibt es auch Stoffe, die langwierige Verhandlungen erfordern; mitunter ist der Erzähler launisch, er taucht auf und verschwindet wieder. So war es mit meinem nächsten Buch, dem bereits erwähnten Roman *Taghaus, Nachthaus.*

Auf den ersten Blick gleicht die Erzählerin in diesem Buch der Autorin – sie versucht, sich in einem alten, ehemals deutschen Haus im Glatzer Kessel einzurichten. Ihre Erzählungen darüber, wie sie vertraut wird mit der Umgebung, über die Menschen und Ereignisse werden zum Gewebe des Romans. Doch wenn wir das narrative Gefüge genauer betrachten, wird rasch deutlich, dass die Erzählerin zu klein und zu fragil ist, um alle Dimensionen dieser Erzählung zu erfassen. Die Geschichten entziehen sich ihr ständig, rücken hinter den Horizont ihrer Erkenntnismöglichkeiten, reisen durch die Zeit, sorgen für Koinzidenzen und verknüpfen sich. Dies ist mit Sicherheit nicht die Perspektive einer realen Person. Eher gewinnt man den Eindruck, eine mächtigere Stimme ergreife von der mit wenigen Strichen skizzierten Erzählerin Besitz, eine Stimme, die deutlich weiter reicht und universalen Charakter hat. Diese beiden Perspektiven, die persönliche, individuelle und die allgemeine, verweben sich miteinander, und jeder der Stränge ist auf seine Weise von der doppelten Sichtweise durchdrungen.

Es sah also so aus, als wollte ein Teil von mir sich aus dem Ganzen herauslösen, individualisieren, um mit eigener Stimme zu sprechen, der Stimme eines panoptischen (dazu später mehr) allwissenden Erzählers, der gewissenhaft die Vorkriegsgeschichten der Hausbewohner zu erzählen weiß, sich aufs Perückenmachen versteht und einiges zum Thema Pilze zu sagen hat. Diese Perspektive hat mitunter exzentrische Züge, wirkt bizarr, doch wird sie damit auch ebenso belebend wie überraschend.

Indem ich mich der Initiative dieses Erzählers überließ, war ich in der Lage weiterzuschreiben. Ich konnte mich auch ein Stück weit aus dem Roman zurückziehen, da ich spürte, dass er damit eigene Energie entwickelte, und diese neue Perspektive beschleunigte auch das Arbeitstempo: Das Schreiben nahm Züge einer Fabrikarbeit an – du setzt dich einfach hin und tippst. Der Haupterzähler von *Taghaus, Nachthaus* hieß mich dann auch ganz an den Anfang zurückkehren, wo er sich vorstellen wollte:

»Ich schwebe … hoch über dem Tal, an einem nicht näher bestimmten Punkt, von dem aus ich alles oder fast alles sehe. Ich bewege mich in diesem Zustand des Schauens, bleibe aber an derselben Stelle. Oder besser gesagt: Die Welt ergibt sich mir, während ich sie betrachte, sie nähert und entfernt sich, sodass ich entweder alles auf einmal oder nur die kleinsten Einzelheiten sehen kann.

Ich sehe also das Tal, in dem das Haus steht. Es steht mitten in dem Tal, aber es ist weder mein Haus noch mein Tal, mir gehört gar nichts, denn ich selbst gehöre mir nicht, so etwas wie ein Ich existiert überhaupt nicht. Ich sehe die Linie des Horizonts, der das Tal von allen Seiten wie ein Ring umschließt. Ich sehe den aufgewühlten, trüben Bach, der zwischen den Hügeln fließt. Ich sehe die Bäume, die mit ihren mächtigen Beinen in der Erde verwurzelt sind, wie einbeinige, unbewegliche Tiere. Die Reglosigkeit der Dinge, die ich sehe, ist scheinbar. Wenn ich will, kann ich den Schein durchschauen. Dann sehe ich unter der Baumrinde die beweglichen Rinnsale des Wassers und der Säfte, die unentwegt kreisen und auf- und absteigen. Unter den Dächern sehe ich schlafende Menschen, und ihre Reglosigkeit ist auch nur Schein; ihre Herzen klopfen leise, ihr Blut rauscht, selbst ihre Träume sind nicht wirklich, denn ich sehe, was sie sind: pulsierende Fragmente von Bildern. Ich betrachte diese träumenden Körper, und in ihren verworrenen träumerischen Gedanken sehe ich mich selbst, und dann mache ich diese merkwürdige Entdeckung, dass ich der Blick bin, ohne Reflexion, ohne Urteil, ohne Gefühl. Und gleich darauf mache ich noch eine Entdeckung: Ich kann auch durch die Zeit hindurchsehen, ich kann den Punkt, an dem ich in der Zeit stehe, genauso ändern wie den Punkt, an dem ich im Raum stehe. Wie ein Pfeil auf dem Computerbildschirm, der sich selbsttätig bewegt oder einfach nur nichts von der Hand weiß, die ihn bewegt.

[...]

Es gibt kein Vorher und kein Nachher, ich erwarte auch nichts Neues, denn ich kann weder etwas gewinnen noch etwas verlieren. Die Nacht nimmt kein Ende. Nichts geschieht. Selbst die Zeit ändert das, was ich sehe, nicht. Ich schaue, und weder erkenne ich etwas Neues noch vergesse ich etwas von dem, was ich gesehen habe.«[23]

Wer ist er / sie / es, der / die / das ganz zu Beginn für einen Moment seine / ihre / seine Identität enthüllt? Ist es jener »Tote«, den ich belebt habe, und dem ich von nun an folgen werde, und er wiederum wird in seinen Metamorphosen, mit seinen Einmischungen, Inbesitznahmen und Vereinnahmungen dem reichen, aber noch chaotischen Strom meiner Erzählung einen Rahmen geben? Wird mit mir in ein kompliziertes Verhältnis treten, auf dass wir von da an die Standpunkte teilen, um – jede Seite auf ihre Weise – den fragilen und verwickelten Stoff der Erzählung an uns zu ziehen?

Der eine oder andere mag an dieser Stelle ein Unbehagen verspüren angesichts der Dissoziation, die ich hier vollziehe. Doch ist die Dissoziation ein wichtiger Begriff in der von mir ein wenig scherzhaft bezeichneten Psychologie des Romans. Die Personifizierung ist für mich eine unverzichtbare Eigenschaft unseres »alten Geistes«, einer mythologischen Art zu denken, die in unseren Zeiten in den Ruf geriet, infantil oder primitiv zu sein, und zu der Menschen, die Romane schreiben, nach wie vor Zugang haben. Die Personifizierung ist eine spezifische Form der Existenz in der Welt: Die Welt wird als lebendiges Feld der Psychologie betrachtet, auf dem Ereignisse und Erfahrungen sich spontan in psychische Anwesenheiten verwandeln, die uns betreffen, berühren, zu uns sprechen.

Stimmproben

Seit der Arbeit an *Taghaus, Nachthaus* hatte ich immer wieder spontane »Erzähler-Übungen« absolviert. Das beste Terrain für solche Übungen, die mitunter an langweilige Gymnastik erinnern, wenn man wieder und wieder dieselbe Bewegung ausführt, um bestimmte Muskeln zu stärken, ja, die ab und an durchaus an Wrestling denken lassen, sind Erzählungen. So ist es kein Zufall, dass ich mich gleich nach Abschluss des Buches daran machte, all die Ideen umzusetzen, die im Brutkasten lagen und nur darauf warteten, ihre Stimme zu erhalten. Heute, nach den Jahren, sehe ich den Band *Spiel auf vielen Trommeln* als Turnsaal an. Die erste Erzählung – *Mach die Augen auf, du lebst nicht mehr* – ist von besonderer Art. Wir werden in die Dilemmata einer Leserin hineingezogen, der ein Krimi missfällt. Sie hält die Geschichte für öde und geschwätzig, also beschließt sie, selbst in die Handlung einzutreten und die Sache zu beschleunigen. Gesponnen wird die Geschichte von einem Erzähler, der sowohl den Krimi kennt, den die Hauptfigur liest, als auch mit ihrem Leben und ihren Gedanken vertraut ist. Er sieht und beschreibt beide Sphären, in Form eines leidenschaftslosen Berichts, wobei er selbst sich aus allem heraushält. In der nächsten Erzählung – *Der schottische Monat* – schildert eine Ich-Erzählerin, die trügerische Ähnlichkeit hat mit der Autorin, von ihrem Stipendienaufenthalt in Schottland, zugleich offenbart sie dem Leser ihre Zweifel bezüglich Wahrheit und Erfindung im Prozess des Schreibens. Weiterhin *Die Insel* – hier hören wir den geständnishaften Bericht eines Menschen, der wie durch ein Wunder einen Schiffbruch überlebt hat und nun versucht, seine seltsamen Erlebnisse zu fassen, indem er sie in ein Diktiergerät spricht, in Form eines Briefes an eine Schriftstellerin, die ich selbst sein könnte. Der Mensch vertraut sich der Schriftstellerin an, weil er annimmt, deren Fertigkeiten im Schreiben seien die besseren – doch ist sein gesprochener Brief eine Erzählung in extenso, und seine eigenen Fertigkeiten als Autor sind alles andere als durchschnittlich.

Ich erinnere mich an alle Facetten des Vergnügens, das mir die vielfältige Arbeit an diesem Band bereitet hat. Die Freude, über existierende und nichtexistierende Welten verfügen zu können, von ihnen zu erzählen, mit dem Blick von oben, aus himmlischer Perspektive sozusagen, beinahe in der Rolle des Heiligen Geistes (*Bardo. Die Weihnachtskrippe*). Die Freude, sich in einen anderen Menschen hineinzuversetzen und sich lavierend auf die Suche nach seiner Stimme zu begeben – wie in der Erzählung *Die Insel.* Schließlich konnte ich auch meine eigene formale Identität nutzen, wie in der Titelerzählung, konnte sie auf elegante Weise dekonstruieren, um sie erneut zusammenzusetzen. Wenn es etwas gibt, was beim Schreiben Vergnügen bereitet, dann eben dieses unablässige Spiel mit der eigenen Abgründigkeit.

Beim heutigen Blick auf diesen Erzählungsband scheint mir sein Titel völlig schlüssig. *Spiel auf vielen Trommeln* ist mein Abenteuer mit potenziellen Erzählern und Identitäten, mit denen der Autor/die Autorin für die Zeit der schöpferischen Arbeit ein Bündnis eingeht. Abgeschlossen wird der Band durch den Text, der auch dem Buch den Titel gibt – eine Erzählung vom Oszillieren der Identitäten, von der Entscheidung für Identitäten, die wir benutzen, wie wir Kleidung an- und wieder ablegen, und mit deren Hilfe wir das herauskristallisieren lassen, was wir sind – einen Fundus an Möglichkeiten, einen Zirkel von Gestalten, die Figurenbesetzung unseres Ich.

Es gibt Philosophen und Psychologen, nach deren Auffassung es ein reales, profundes Ich nicht gibt. Sie sehen es lediglich als Illusion an. Es gibt so viel an Ich, wie es Bilder, Archetypen und Ereignisse um uns herum gibt. Das Ich ist für sie ein Strom an Erfahrungen, die sich am chaotischen Gerüst unseres Temperaments und unserer grundlegenden psychischen Eigenschaften anlagern, ähnlich dem Treibgut, das sich an einem Ast sammelt, den ein Fluss umspült.

Anstelle der Illusion einer integren Einheit haben wir eine schillernde Vielfalt in uns, eine unendliche Palette an Potenzial, das wir gar nicht imstande sind, bis an unser Lebensende auszuschöpfen. Diese natürliche Mannigfaltigkeit und die Vielzahl möglicher Gestalten in unserer Psyche sowie deren Neigung, sich ihrerseits mancherlei Figuren auszumalen oder zu erträumen, sollte uns aber nicht beunruhigen. Mit dem Phänomen der Besessenheit oder irgendwelchen Dämonen hat das nichts zu tun. Vielmehr ist es ein Beweis für unsere unzerstörbaren und letztlich unendlich vielfältigen Möglichkeiten der Bindung an die übrige Welt.

Das Geschlecht des Erzählers

Sie kennen sicher das Gedicht von Kavafis, in der schönen Übersetzung von Zygmunt Kubiak. Lassen Sie es mich in Erinnerung rufen:

Ciało, pamiętaj …

Ciało, pamiętaj nie tylko to, jak bardzo byłoś kochane,
nie tylko posłania, na których leżałoś,

ale i te pragnienia, które ku tobie
jawnie pałały w oczach
i drżały w głosie – a jakaś
przypadkowa przeszkoda je udaremniła.
Teraz, gdy już to wszystko w przeszłość się zapadło,
wydaje się niemal, że takim się oddałoś
pragnieniom – jak pałały,
pamiętaj, w oczach, które się wpatrywały w ciebie,
jak w głosie drżały ku tobie, pamiętaj, ciało.[24]

Empfinden Sie auch das sprachliche Vergnügen, wenn Sie die Endungen des Verbs hören – in der zweiten Person Singular der Vergangenheitsform? »Byłoś«, »leżałoś«, »oddałoś« – was das Autokorrekturprogramm meines Computers stur als Fehler unterstreicht. Diese ungewöhnlichen Endungen können nur dann erscheinen, wenn wir uns unmittelbar an ein Objekt im Genus Neutrum richten, wenn wir also »du« sagen zu etwas, das jenseits der beiden Geschlechter steht.[25] Es ist ein großes Vergehen, wenn wir diese Kategorie des subtilen, ich möchte sagen: des heiligen Neutrums verwerfen, indem wir alles auf die Kategorien »männlich«/»weiblich« zurückführen wollen. Findet doch die unermessliche Vielfalt der Welt ihren Platz jenseits dieser landläufigen Simplifizierung.

Dass der Erzähler von mir verschieden und unabhängig ist, habe ich in *Taghaus, Nachthaus* demonstriert, indem ich ihn von jeglichem Geschlecht im Sinne der dualistischen Einteilung befreit und zu einem heiligen allwissenden Neutrum gemacht habe. Dadurch wird der Erzähler umso vertrauenswürdiger, steht er doch jenseits aller biologischen und kulturellen Bedingtheiten. Als ich Formen wie »widziałom«[26], »byłom« auf den Bildschirm setzte, konnte ich mich nicht genug wundern, dass die polnische Sprache solche Endungen tatsächlich parat hat. Und als ich die Verbformen aussprach, erhob sich eine Klangwelle in meinem Zimmer, die auf dezente Weise – so schien es mir – die Konturen der Gegenstände verwandelte. Wunderlich tönte es und geheimnisvoll, als träte ich mit einem Mal mit einer anderen Dimension des Daseins in Kontakt, einer Dimension, die schon immer hier gewesen war, die ich mir aber jetzt erst hatte eröffnen können, jetzt erst hatte ich den Zugangscode gefunden.

Leider blieb die grammatikalische Emphase der Freiheit nur in der ersten Ausgabe des Romans erhalten, bei den späteren Ausgaben schritten bereits rigoros eingestellte Lektorinnen und Lektoren ans Werk, die große Augen machten, wenn sie »zobaczyłom«[27] lasen, um es sogleich in ein banales »zobaczyłam«[28] abzuwandeln.

Die Frage des Geschlechts im Zusammenhang des Schreibens hat die Literaturwissenschaftler seinerzeit lebhaft beschäftigt, Leser haben zu diesen Fragen diskutiert, ebenso die Schriftsteller. Zumal, wenn man eine Autorin war, gehörte es sich, eine Meinung zur »Frauenliteratur« zu haben (bei der »Männerliteratur« wurde es weit weniger erwartet, diese betrachtete *man* als universal und damit als neutral). Die Etablierung der Genderforschung hat diesbezüglich ein wenig Ordnung geschaffen. Für mich war jedoch immer offensichtlich, dass dort, wo eine Erzählerstimme sich zu Wort meldet, das Geschlecht noch nicht – oder nicht mehr – existiert, denn hier bewegen wir uns in den tiefgründigen Bezirken der menschlichen Psyche, und das Geschlecht scheint nun einmal etwas doch recht Oberflächliches zu sein.

Zimzum

Einen Erzähler ins Leben zu rufen, stellt in psychologischer Hinsicht einen Prozess des sich Zurückziehens dar – es muss ein freier Raum entstehen, der Platz bietet für die Welt, die geschaffen wird, um erzählt werden zu können. Die Autorin bzw. der Autor muss sich in sich selbst sammeln und zurückziehen, vergleichbar einem Gastgeber, der die Gäste an der Schwelle empfängt, um sie dann ins Haus zu bitten, wobei er selbst sich mehr und mehr in dessen Tiefe zurückbegibt.

Aus der Tradition der jüdischen Mystik kennen wir den Begriff des *Zimzum.* Er steht im Zusammenhang der Erschaffung der Welt – Gott muss sich in sich selbst zurückziehen, damit ein Raum entstehen kann in der Unendlichkeit des Möglichen, ein Raum für eine endliche, bestimmten Regeln unterworfene Welt.

In unserem Fall schaffen wir in uns selbst den Raum für die Erzählung, gestatten selbigem, sich mit Gestalten zu bevölkern, übergeben dem Erzähler das Steuerruder, leihen dem inneren Drama eine Zeit und einen Ort in uns, in unserem Leben. Nicht ausgeschlossen, dass sich hier eine Regression vollzieht. Bis zu einem gewissen Grad geben wir unser erwachsenes Leben auf, unseren Willen, unseren Verstand, beschränken das Urteilsvermögen, verzichten auf einfache Einteilungen und Gesetze. Ja, ich habe den Verdacht, dass wir auf unsere übliche Findigkeit, unseren gesunden Menschenverstand verzichten und Dinge erschaffen, von denen wir selbst nicht sicher sagen können, ob sie überhaupt jemand mit Interesse lesen wollte. Und ich gehe so weit zu sagen, dass wir auf gewisse Weise dümmer werden.

Sich zurückziehen heißt auch »kleiner werden«, die

Luft aus sich herauslassen, was in einer Kultur, in der es einen großen Wert darstellt, »selbst zu sein« und auf alle nur erdenklichen Arten seine »Ego-Muckis« zu präsentieren, durchaus als Schrulligkeit gelten kann. Wir überlassen gewissermaßen den Gästen das Schlafzimmer und legen uns selbst im Wohnzimmer aufs Sofa.

Diese Selbstbeschränkung ist von ebenso schmerzhaftem wie ekstatischem Charakter. Die Regie des Erzählers ist klar zu sehen – alles wird der Idee des Romans unterworfen: die Lektüre, die Arbeitszeit, die Interessen, die Urlaubsplanung, die Reiseziele, die Träume, die ersten Gedanken nach dem Erwachen; mitunter erscheinen ganze Sätze im Kopf – unklar, woher –, und nach einer Weile erst ist zu erkennen, dass sie aus einem zukünftigen Roman stammen. Dann fügt sich eine bestimmte Ordnung, die Gedanken hören auf, sich zu zerstreuen, bewegen sich in immer deutlicherer Strömung auf das Ziel zu.

Ist der Erzähler schließlich gefunden, verwandelt er das Leben des Autors, er verlangt, dass der Erzählung Zeit gewidmet wird und methodische Arbeit.

Sicher, es kommt auch vor, dass der Erzähler vernachlässigt wird. Dass er kein Gehör findet, keine Nahrung erhält. Wenn die äußeren Bedingungen keine Konzentration erlauben, wenn sie der Arbeit im Wege stehen. Die innere Stimme verlangt ihr Recht, klopft an oder macht sogar schreiend auf sich aufmerksam, in Augenblicken der Hypnagogie, doch schließlich wird sie ersterben, die Geschichte zerbröckelt – löst sich auf. Was bleibt, sind Notizen. Nach Jahren finden wir sie wieder, so wie Archäologen die Abfallgruben von Städten freilegen, wenn die Städte schon längst nicht mehr existieren.

Von hier aus erklärt sich vielleicht, warum Schriftsteller häufig das Gefühl haben, sie seien Mittler, angeworben, damit eine Geschichte möglichst geordnet und schlüssig geführt werde. Wie Czesław Miłosz es in seinem Gedicht »Die Sekretäre« geäußert hat:

> Nur der Diener bin ich einer unsichtbaren Sache,
> Die mir diktiert wird, mir und einer Handvoll anderer.
> Sekretäre, einander unbekannt, so gehen wir unserer
> Wege,
> Begreifen nur wenig, beginnen den Satz in der Mitte,
> brechen
> Andere vor dem Ende ab. Und wie sich das Ganze
> fügt –
> Wir werden es nicht erfahren, niemand von uns wird je
> es lesen.[29]

Tetraktys

Die Aufteilung des Ich in mehr oder weniger abstrakte Konstrukte hat eine lange Tradition. Es beginnt mit der klassischen Unterscheidung von Seele und Körper und endet bei Freud, der in unserer Psyche drei Kräfte am Werk sieht, die – nicht nur unabhängig voneinander, sondern auch in Gegnerschaft zueinander – unser Ich zu einem Feld der Rangeleien und des Kampfes machen: Ich, Es, Über-Ich.

Ockhams Rasiermesser ist ohne Frage ein Instrument, das in der Welt der Imagination seine Wirksamkeit verliert. Wer weiß, vielleicht ist dies eine Eigenschaft sine qua non für die Schriftstellerinnen und Schriftsteller – vermehren sie doch geradezu besessen die Wesenheiten. Alle Systeme, die darauf beruhen, dass ein Ganzes in kleinere Einheiten zerlegt wird, die miteinander agieren (oder auch nicht), haben mir immer große Freude bereitet. Die Freud'sche Dreifaltigkeit wäre schleunigst zu korrigieren, aus der Trias müsste eine Tetraktys werden, eine Urvierheit der Kräfte, damit sich dem Ich, dem Es und dem Über-Ich der Erzähler hinzugesellen kann – eine Kraft, die die Grenzen des Ich überwindet und dessen Trias in Austausch treten lässt mit der Welt.

Vielleicht ist der Erzähler der kommunikative, sozial orientierte Teil unserer Psyche, ohne den es nicht möglich wäre, eine Gemeinschaft aufzubauen. Die Freud'sche Trias scheint doch eher auf sich selbst bezogen zu sein, eine auf die innere Ökonomie ausgerichtete Monade, die eher kühle Kontakte zur Welt unterhält – über Triebe und/oder Gebote bzw. Verbote. Spontan und natürlich gesponnene Geschichten hingegen, die sich in alle Richtungen ausbreiten, bilden eine Art Netz, das die Welt umwebt. Interessant ist, dass man die Entwicklung des Menschen als Verdichtung und Verfestigung eines solchen Netzes ansehen kann. Während die Geschichten selbst sich kaum oder auch überhaupt nicht ändern, unterliegt das Netz, als Instrument der Vermittlung, ständigen Metamorphosen, und seine flexible Gestalt passt sich den Zeiten und Moden an.

Mit noch einmal anderen Worten: Der Erzähler ist so etwas wie ein Reptiliengehirn in uns, eine alte Struktur, der Evolution unverzichtbar, denn ihr ist es zu verdanken, dass die Welt erzählbar und damit begreifbar wurde – vor allem aber: veränderbar. Mit ihrer Erzählbarkeit gewinnt die Welt sofort die Möglichkeit, in weiteren Versionen ihrer selbst zu existieren, was an sich schon den Keim der Rebellion in sich trägt. Vielleicht gibt es den Erzähler ja schon immer, und er existiert seit Anbeginn der Menschheitsgeschichte. Als Teil eines *Narratoriums*, in dem sich die Rhythmen des Lebens formen, die chaotischen Prozesse der Entropie zu den linearen Mustern des Fabulierens fügen. Hier entsteht der Puls der Erzählung, hier verweben sich die Bilder der phantasmatischen Vorstellungskraft mit Mythen und Archetypen.

In seiner tiefen Natur widersetzt sich der Erzähler der Umgangssprache, einer Sprache des Zufälligen, einer phatischen Sprache, die nicht imstande wäre, die Komplexität und Vielschichtigkeit menschlicher Erfahrungen wiederzugeben. Der Erzähler versucht, die Erfahrungen eines Menschen unmittelbar an die Erfahrung eines anderen Menschen zu vermitteln, und er tut dies mithilfe der Erzählung, die einen komplizierten und vielschichtigen Prozess darstellt. Der Erzähler benutzt die Sprache nur als Werkzeug – mit ihrer Hilfe ordnet er in Zeit und Raum die zeit- und raumlose, con-tuitive Imagination zum linearen, rhythmisch-konkreten Fluss der Erzählung.

Der dissoziative und der panoptische Erzähler

An dieser Stelle möchte ich gerne meine Faszination für den panoptischen Erzähler mit Ihnen teilen. Mit diesem Begriff bezeichne ich – eher unverbindlich – einen bestimmten Typus des personalen Dritte-Person-Erzählers, der, wenn auch mitunter fest verankert im Text, zur apersonalen Erzählinstanz wird, die über eine praktisch uneingeschränkte Perspektive und ein grenzenloses Wissen verfügt.

Es ist eine fiktive Figur, die wir gewissermaßen aus dem Ganzen des Textes herauslesen können. Eine unscharfe Anwesenheit, die sich uns lediglich als Stimme und Standpunkt mitteilt. Die Eigenschaften dieser Instanz selbst sind nicht von Belang. Sie ist das Bindeglied zwischen dem Autor und dem Kosmos der Geschichte, einem Radar vergleichbar oder einem großen Teleskop oder einem anderen optischen Instrument. Dieser Erzähler hat Zugang zu einem unmittelbaren Wissen, er verfügt über Intuition, vielmehr Con-tuition, das heißt, er vermag, alles zugleich und blitzartig zu sehen. Er ist in der Lage, sich vom Fleck weg eine große Menge an Informationen anzueignen, deren Komplexität er in der Spanne eines Augenblicks erfasst.

Der Erzähler ist auch Übersetzer. Er steht vor dem Sesam der Welt, den wogenden Fata-Morgana-Bildern, den flüchtigen Luftspiegelungen, ringt mit diesem unendlichen Reichtum. Von Zeit zu Zeit wendet er sich um, versucht zu erzählen, was er sieht. Selbst hat er keine Gestalt, keine Identität, doch jede Gestalt vermag er anzunehmen, dann schärfen sich seine Sinne, ein Gesicht erscheint, mitunter auch Vor- und Nachname. Ich schreibe zwar von »ihm«, doch ist es offensichtlich – der Erzähler hat kein Geschlecht.

Den unermesslichen Reichtum des Sesams nehmen seine Sinne selektiv wahr – unter Millionen von Impulsen konzentriert er sich auf einige ausgewählte.

Um ein Beispiel zu finden, das diesen besonderen Aspekt näherbringen könnte, genügt ein Griff über den Schreibtisch: Bolesław Prus' Roman *Die Puppe*. Ich möchte den Anfang lesen, denn für gewöhnlich stellen sich uns die Erzähler in den ersten Abschnitten vor, dort lassen sie – und sei es nur für einen Moment – ihre Identität aufblitzen.

»Zu Beginn des Jahres 1878 beschäftigte sich die politische Welt mit der Wahl des neuen Papstes, dem Frieden von San Stefano oder auch mit den jeweiligen Aussichten in einem eventuellen europäischen Krieg. Sowohl die Warschauer Kaufleute als auch die Intelligenz eines bestimmten Viertels der Stadt, nämlich der sogenannten Krakauer Vorstadt, interessierte jedoch nicht weniger heiß die Zukunft des Galanteriewarengeschäftes der Firma J. Mincel & S. Wokulski.

In einem wohlrenommierten Speiselokal versammelten sich zum abendlichen Imbiß die Besitzer der Weißwarengeschäfte und Weinkellereien, die Fabrikanten von Equipagen und Hüten, die ehrbaren Familienväter, die ohne Beschäftigung von ihrem Hausbesitz lebten. Man sprach dort genauso ausführlich über die Firma J. Mincel & S. Wokulski wie über die Rüstung Englands. Da saßen sie, in die Rauchwolken ihrer Zigarren gehüllt, über Flaschen aus dunklem Glas gebeugt. Einige schlossen über Sieg oder Niederlage Englands Wetten ab, andere wieder über Wokulskis Bankrott; die einen nannten Bismarck ein Genie, die anderen Wokulski einen Abenteurer; manche kritisierten das Vorgehen des Präsidenten MacMahon, und wieder andere behaupteten, daß Wokulski ein vollkommener Narr, wenn nicht noch etwas Übleres sei.

Herr Deklewski, Equipagenfabrikant, der beharrlicher Arbeit in seinem Fach Vermögen und Ansehen verdankte, kannte S. Wokulski so gut wie Rat Wegrowicz, der seit zwanzig Jahren förderndes Mitglied derselben Wohltätigkeitsgesellschaft war, und prophezeite ihm seit Langem und öffentlich den Ruin. ›Mit Ruin und Zahlungsunfähigkeit muß ein Mensch enden‹, so sagte Herr Deklewski, ›der nicht bei seiner Branche bleibt und der die Gaben einer gütigen Fortuna nicht zu schätzen weiß.‹ Rat Wegrowicz fügte nach jeder tieferen Sentenz seines Freundes hinzu:

›Ein Narr! Ein Abenteurer! Jozio, bring mir noch ein Bier. Die wievielte Flasche ist es denn?‹

›Die sechste, Herr Rat. Ich bediene Sie wie der Blitz!‹, antwortete Jozio.

›Die sechste schon? Wie doch die Zeit vergeht! … Ein Narr! Ein Narr!‹, brummte der Rat Wegrowicz.«[30]

Wir sehen, wie in wenigen geschmeidigen Sätzen eine »politische Welt« gefügt wird, und ein gewisser Wokulski, der Warschauer Kaufleuten, die beim Bier sitzen, Kopfzerbrechen bereitet, nimmt Konturen an. Die besagte »politische Welt« scheint aus der Vogelperspektive gesehen, aus einem Blickwinkel, der gewissermaßen eine Landkarte entwirft, auf der er Ereignisse verortet, die für die Welt von Bedeutung sind (wie bedeutend, das wissen wir heute einzuschätzen – wer von Ihnen könnte etwas zum Frieden von San Stefano sagen oder den Papst nennen, der den Biertrinkern auf der Warschauer Straße Krakowskie Przedmieście zu denken gab?). Nach dieser knappen Skizze, die einige politische Ereignisse gleichsam in einem Kartenbild zusammenstellt, senkt sich der Blick des Erzählers, um im Innern des »wohlrenommierten Speiselokals« zu verweilen, wo »die Besitzer der Weißwarengeschäfte und Weinkellereien, die Fabrikanten von Equipagen und Hüten« sowie einige »Hausbesitzer ohne Beschäftigung« über Wokulski sprechen. Nun unterscheidet der Blick des Erzählers immer mehr Einzelheiten, die Gäste des »Speiselokals« treten mehr und mehr als Individuen hervor – ein Herr Deklewski, ein Rat Węgrowicz, bis sich schließlich anstelle von allgemein gehaltenen Darlegungen ein gewöhnliches Gespräch zwischen ihnen entspinnt und die sechste Flasche Bier auf dem Tisch erscheint.

Von diesem Moment an ist der Erzähler des Romans *Die Puppe* bereits ein Auge – vielmehr, um es zeitgemäß zu sagen: eine Kamera –, im Sinne jenes allwissenden Erzählers, den wir aus dem klassischen Roman kennen.

Als leidenschaftliche Leserin kann ich nur sagen, dass ich diesen Typus des Erzählers überaus liebe – einen Erzähler, der alles sieht, selbst aber unsichtbar bleibt. Zuweilen tut er so, als wäre er eine der Figuren in der Geschichte, die er selbst erzählt, doch dann verwirft er diese Rolle wieder, entschwindet in die Höhe, um Landkarten zu zeichnen, ferne Ereignisse vorwegzunehmen oder in eine entlegene Vergangenheit zu blicken. Ich mag es auch, wenn er in allen möglichen Kammern und Schubladen stöbert, ja, wenn ihm selbst das Innere des Körpers nicht fremd ist. Doch alles zu sehen und zu wissen, ist auch anstrengend für den Autor bzw. die Autorin, der/die ihn am Leben erhält. Ein solcher Erzähler erfordert ein Maximum an Aufmerksamkeit, es ist ein überaus anspruchsvolles Gehirnyoga, alles durch ein Weitwinkelobjektiv zu sehen und alle Fäden in der Hand zu halten, die die Verbindung zur erzählten Geschichte herstellen. Paradoxerweise geht die panoptische Perspektive aber nicht Hand in Hand mit dem Engagement. Ein Gegengewicht zum panoptischen Erzähler, der um symmetrischen Ausgleich bemüht ist, stellt der gewöhnliche Ich-Erzähler dar, der emotional involviert ist, sich durch Idiosynkrasien und Affekte auszeichnet, kurz: durch einen subjektiven Standpunkt. So fühlt sich der Autor oft gedrängt, im Sinne der Symmetrie und des Gleichgewichts – sei es nun bewusst oder unbewusst – eine Figur wie Rzecki ins Leben zu rufen. Und gewiss begrüßt er ihn mit Erleichterung. Eben so verstehe ich die – vermutlich verzweifelte – Geste von Prus, der in einem bestimmten Moment einen weiteren Erzähler einführt, in der ersten Person, engagiert und in Gefühle verstrickt, der uns die Hauptfiguren nicht nur näherbringt, sondern sie auch bewertet, wobei er sein eigenes Verhältnis zu ihnen nicht verschweigt.

Ganz ähnlich erging es mir mit den *Jakobsbüchern*, als ich zu der Einsicht gelangte, dass sich diese Geschichte nicht mehr aus der schlichten Perspektive der dritten Person weiterführen lässt. Zwar gestattet diese Perspektive, »alles« zu erzählen, doch entglitten ihr auf seltsame Weise die kleinen Dinge, die so überaus wichtig sind. Die Welt, das sind die Beziehungen zwischen den Dingen – sie verleihen ihr den Sinn und stellen zugleich ihre verdächtige Einfachheit infrage. Ein Ich-Erzähler bringt eine völlig neue Perspektive ins Spiel, eine Perspektive, die gesättigt ist mit – häufig ambivalenten – Emotionen; sie verleiht der Geschichte den so notwendigen und fruchtbaren Irrationalismus, das Momentum des Paradoxen. Wir lieben und hassen zur gleichen Zeit. Fühlen uns im selben Augenblick gemocht und abgewiesen. Deuten bestimmte Ereignisse falsch. Eben durch diese Subjektivität erhält die dargestellte Welt eine vielschichtige Textur, wird mehrdimensional. Deshalb musste in den *Jakobsbüchern* die Stimme des Nachman aus Busk erscheinen, der die Ereignisse aus der Nähe wahrnimmt und dem Erzählten einen individuellen Zug verleiht. Ihm erst ist es zu verdanken, dass wir der Geschichte Glauben schenken wollen.

Einen Erzähler dieser Art – Nachman aus Busk, ein enger Vertrauter der Hauptfigur Jakob Frank, sein Freund, vielleicht gar Liebhaber, der die Ereignisse mit seiner Sensibilität versetzt – nenne ich d i s s o z i a t i v. Er löst sich vom Autor/von der Autorin und distanziert sich zugleich auch vom Erzähler in der dritten Person. Als autonomer Erzähler führt er seine eigene Regie. Kommt er zu Wort, muss sich der Autor dessen Weltsicht unterordnen, den Idiosynkrasien, muss dessen Sprache für bare Münze nehmen. Manchmal vollzieht dieser Erzähler gar eine Art Eingriff. Einem solchen Erzähler werde ich mich in der dritten Vorlesung widmen, in der ich über literarische Gestalten sprechen möchte.

Nun stellte sich aber heraus, dass das Gewicht der *Jakobsbücher* zu groß war, um es einem klassischen Dritte-Person-Erzähler und Nachman aus Busk aufzubürden. Es blieben noch immer Sphären, in die der Blick dieser beiden nicht vordringen konnte – zum einen die historische Zeit mit ihren verwickelten Ereignissen, die sich über den Köpfen der Figuren abspielen und von denen sie nur Einzelheiten bzw. den Widerhall wahrnehmen, vor allem aber die Zeit an sich, diese große kosmische Ordnung aller Synchronizitäten und Verknüpfungen, der wechselseitigen Einflüsse, Bezugnahmen und Assoziationen, der historischen wie biologischen Prozesse. An einem bestimmten Punkt des Schreibens befiel mich völlige Ratlosigkeit, denn sämtliche Möglichkeiten erzählerischer Perspektiven hatte ich bereits ausgeschöpft. Die Handlung des Romans spielt in einem Zeitraum von fünfzig Jahren, und sie erstreckt sich über einen großen Teil Europas. Die Figuren altern, ändern ihre Namen, ihr gesellschaftlicher Status wechselt, sie wechseln die Sprache, befinden sich unablässig in Bewegung. Um sie herum ballt sich eine komplizierte Wirklichkeit, die Ideen der Aufklärung reiben sich am ausklingenden Barock, Kriege werden geführt, Konföderationen geschlossen, seltsame Naturerscheinungen ziehen übers Firmament. Menschen sterben, Menschen werden geboren. Wie soll man das alles erzählen? Wie daraus ein Ganzes formen, das sich vermitteln lässt?

Als ich dann in veritabler Verzweiflung versank über dem in Einzelteilen daliegenden Text, tauchte plötzlich – rumms-bumms – wie der Dschinn aus Aladins Wunderlampe Jenta auf, eine Figur, deren physische wie psychische Grenzen sich bereits jenseits menschlicher Maßstäbe befinden. Jenta kann durch die Zeiten schauen und – von oben – alles sehen:

»Jenta sieht den weichen Waldboden, die kleinen Kügelchen der Heidelbeeren, die hellen Blättchen junger Eichen am Eingang der Höhle, sie sieht den Hügel, das Dorf, den Weg, über den die Fahrzeuge eilen. Sie sieht den Dnjestr blinken wie die Schneide eines Messers, sieht andere Flüsse mit ihrem Wasser, das zum Meer hinströmt. Und Jenta sieht die Meere, die so schwer zu tragen haben an den Schiffen, voll beladen mit jeglichen Waren, und die Leuchttürme sieht sie mit ihren Botschaften der blinkenden Fünkchen Licht.«[31]

In dieser Drohnen-Perspektive liegt eine gewaltige Kraft, und sie bezieht sich zudem auf die Revolution, an der wir gegenwärtig alle teilnehmen, wenn wir mit einem Mausklick bekannte oder unbekannte Orte aus allen möglichen unerwarteten panoptischen Perspektiven sehen können. Wir leben bereits in einer Welt des Panoptikons, der panoptische Erzähler ist ein Geschöpf unserer Zeit.

Als Jenta erschienen war, ging es mit der Arbeit sogleich wieder voran. Mit dem Bewusstsein des breiteren Rahmens, den Jenta der Geschichte verlieh, mit der Möglichkeit, mich durch die Zeiten zu bewegen, panoptische Bilder zu schaffen, die ebenso spezifisch wie universal waren, und in reservierter Distanz gegenüber voreiligen Urteilen und emotionalen Bindungen konnte ich von Neuem die Schicksale meiner Figuren betrachten, ihre Zukunft sehen und deren Bedeutung in der Vergangenheit erkennen. Jenta stand dann daneben, bereit, helfend einzugreifen, wenn die beiden anderen Erzähler – der klassische Dritte-Person-Erzähler und Nachman – nicht mehr zurande kamen. Sie konnte Ereignisse kompakt zusammenfassen, ohne wesentliche Einzelheiten auszulassen. Sie konnte Karten skizzieren, die dem Leser helfen, sich die Orte des Geschehens vorzustellen. Nie werde ich die Dankbarkeit vergessen, die ich gegenüber dieser Figur empfunden habe, nie vergessen, wie eng ich Jenta verbunden war. Ich habe sie Erzählerin der vierten Person genannt, eine Erzählerin der Totalen, und als ich selbst mich in ihrem Blickfeld befand, überlief mich ein Schauer:

»Einen Augenblick lang verharrt sie in der Bewegung. Hat jemand sie gerufen? Wer weiß denn noch ihren Namen? Da bemerkt sie eine Gestalt, dort unten auf der Erde, das Gesicht ist erhellt von einem leuchtenden Schein. Eine eigenwillige Frisur, ein wenig seltsam gekleidet, doch seit Langem schon kann Jenta sich über nichts mehr wundern. Diese Eigenschaft ist ihr abhandengekommen. Sie schaut nur, wie die Gestalt mit den Bewegungen ihrer Finger in dem hellen Fleck Buchstaben entstehen lässt, wie aus dem Nichts tauchen sie auf, fügen sich zu regelmäßigen Reihen. Jenta erinnert es an Spuren im Schnee, die Fähigkeit zu lesen haben die Verstorbenen verloren. Eine der betrüblichsten Folgen des Todes. So kann die arme Jenta ihren eigenen Namen nicht mehr erkennen in dem JENTA JENTA JENTA, das auf dem Bildschirm erscheint. Sie verliert das Interesse und entschwindet in der Höhe.«[32]

Woher aber kam Jenta? Wer sind die Erzähler?

Eine gewichtige Frage. Haben Sie sich schon einmal überlegt, wer jener wunderbare Erzähler ist, der in der Bibel mit mächtiger Stimme spricht: »Am Anfang schuf Gott Himmel und Erde«? Der die Gedanken Gottes kennt?

Wollten wir dies beantworten, müssten wir unsere psychologische Methode verwerfen und den Titel der Vorlesung ändern. Er müsste dann lauten: *Zur Metaphysik des Erzählers.*

In einer vielstimmigen, in Fragmente zersplitterten Welt, in der alle möglichen Ich-Erzähler einander in Tweets, auf Blogs und in allen möglichen Medien überstimmen, brauchen wir womöglich Erzähler – totalitäre und totale, Erzähler der vierten Person, multi- und extrapersonale Erzähler. Erzähler mit einem dritten Auge und einem sechsten Sinn, panoptische Erzähler, die bereit wären, der nächste Passagier im Raumschiff Nostromo zu werden.[33]

Der Erzähler ist der Geist der Geschichte, er ist die Stimme, die aus ihr spricht und verborgen bleibt, ein natürliches Symptom des Erzählten, dessen Quintessenz, ein Element, das die übrigen in eine Ordnung bringt.

Gestehen wir es am Ende ehrlicherweise ein:

Der Mensch, meine sehr verehrten Damen und Herren, liebes Publikum, der Mensch hat eine Seele, einen Körper und einen Erzähler.

Deutsch von Lothar Quinkenstein

Zur Psychologie der literarischen Erschaffung der Welt

Wie die *Jakobsbücher* entstanden

Inspirationen. Ein Bild

Diese Vorlesung wird einen sehr persönlichen Charakter haben. Ich beginne mit einem Bild von Małgorzata Laszczak, das lange Zeit in meiner großen Küche hing, gegenüber dem Platz, auf dem ich gerne sitze.

In den rot irisierenden Gestalten, die so wirken, als wären sie in den Rahmen gezwängt worden, sah ich die Gefangenen eines surrealen Raumes. Gewaltsam hatte man sie dort hingebracht, und nun würden sie darin feststecken, bis jemand sie befreite. Es war das Fegefeuer des Nichterzählten, die Sphäre, in die alle Geschichten gelangen, die gemieden, verdrängt, vergessen wurden, uns aber trotzdem keine Ruhe lassen, weil sie zu Wort kommen wollen. Das rote Bild in der Küche erinnerte mich ständig an dieses Fegefeuer, die Gestalten schienen bei mir anzuklopfen, mir Zeichen zu geben, etwas mitzuteilen, auch wenn ich nicht in der Lage war, von ihren Lippen Worte abzulesen. Und ich begriff, dass unsere Wirklichkeit voll ist von solchen Gelassen, behaust von Gestalten, deren Lebensgeschichten uns unbekannt bleiben, weil wir sie aus verschiedenen Gründen vergessen oder sogar bewusst aus dem kollektiven Gedächtnis verdrängt haben.

Der Schicksalsweg der Frankisten war eine dieser Geschichten, die erzählt werden müssen, die nur auf ihre

Zeit und ihren Ort warten, auf einen Ritter, der ihr gläsernes Gefängnis zerschlägt.

Inspirationen. Das Gefühl des Fremdseins

In der zweiten Hälfte der neunziger Jahre, es müsste 1997, 1998 gewesen sein, war ich in Toruń oder Bydgoszcz unterwegs. Es war kalt und regnerisch, und ich suchte, wie üblich, Unterschlupf in einem Antiquariat …

Ehe ich nun beschreibe, was anschließend geschah, muss ich von einem bestimmten Gefühl des Mangels erzählen. Ich gehöre zu jenen Menschen, die der Auffassung sind, spät geboren worden zu sein, in der Rolle der Epigonen, auf den Trümmern einer Zivilisation. 1962 kam ich zur Welt, in einem der westlichen Randgebiete Polens – historisch gesehen in Ost-Brandenburg, oder besser gesagt: im Lebuser Land. In dem Dorf, in dem meine Eltern als Lehrer arbeiteten, lebten damals noch viele Autochthone – so nannten wir die ursprünglich einheimischen Bewohner des Dorfes. Sie sprachen deutsch und sahen sich als Deutsche an. Ihre Begegnungen mit den Zugezogenen, der polnischsprachigen Bevölkerung, die vor allem aus den *kresy* kam, den ehemals polnischen Ostgebieten, war mit einigen Turbulenzen verbunden – doch ist das eine andere Geschichte. 1962, siebzehn Jahre nach dem Krieg – die Leute wussten noch sehr gut, was geschehen war. Und mit Geschichten vom Krieg wuchs ich auf. Das Polen, an das sich die älteren Menschen noch erinnern konnten, das »polnische Polen« – wie ich sage –, das Polen der Vorkriegsjahre, existierte in diesem Odergebiet nie.

Als mir bewusst wurde, dass eine der Folgen des Zweiten Weltkriegs das Verschwinden einer Welt war, beschäftigte mich das sehr. Oft dachte ich darüber nach – wie viele Menschen nicht mehr da waren, wie viele Bücher es nicht gab in meiner Bibliothek, wie viele literarische Figuren nicht entstanden, wie viele Filme nicht gedreht worden waren, wie viele neue Begriffe uns fehlten, wie viele Erfindungen und Moden, wie viel an mehrsprachigen Stimmen und Unterhaltungen für immer im Abgrund der Zeit verschwunden waren … Aus diesen Gedanken ging eines der Gefühle hervor, die meine Persönlichkeit geprägt haben.

In jener Zeit kam es zu meiner Begegnung mit dem Jüdischen. Zuerst über die Erzählungen meiner Großmutter, dann in selbstständigen Lektüren und über die literarischen Faszinationen für Schulz und Singer.

Die Entdeckung des jüdischen Unterfutters im eigenen Leben, das Zurückklappen einer Teppichecke, um dann zu sehen, dass auf der Unterseite Zwillingsformen der Webmuster zu finden sind, ein wenig anders, ein wenig abgewandelt, mitunter nicht zu entziffern, mitunter entgegengesetzt verlaufend, was das Muster an der Oberfläche schärfer hervortreten lässt – für mich ein prägendes Erlebnis, das zur Erkenntnis wurde. Für viele beschränkte sich die Präsenz der Juden auf den Holocaust, die erste Assoziation war der Massenmord, und das Bewusstsein dessen, was in den Jahren des Krieges geschehen war, schob andere Aspekte – die jahrhundertelange Geschichte der beiden Kulturen, der beiden Ethnien – beiseite.

Ich war sechs, als meine Eltern mich in die Gedenkstätte Auschwitz mitnahmen. Ich weiß nicht, ob das gut war oder schlecht. Jedenfalls ließen mich von dem Moment an, da meinem kindlichen Verstand zu dämmern begann, was dort geschehen war, diese Gedanken nicht mehr los.

Sie bilden eine der dunklen Schichten in meinem Wissen von der Welt.

Indem ich mir vor Augen führte, dass die jüdische Welt in demselben Raum existiert hatte, an denselben Flüssen, in den Straßen derselben Kleinstädte, entdeckte ich, dass das Vergangene noch immer real sein, noch immer seine Wirkung ausüben konnte, auch wenn es keinen Bestand mehr hatte.

Es war keine Begegnung mit der Vergangenheit, wie sie die Nostalgie mitunter hervorbringt. Die Nostalgie ist von sanfter Art, sie kann uns sättigen, wie eine sämige, aromatische Soße, die dem Essen Geschmack verleiht und selbst gewöhnliche Kartoffeln in ein erlesenes Gericht verwandelt. Ich aber hatte einen leeren Teller vor mir.

Es war eine Welt des Mangels, eine Lücke war in das Ganze gerissen, wir konnten die Botschaft der Vergangenheit nicht mehr lesen, und mit diesem Defizit, dieser Beeinträchtigung würden wir für immer leben müssen.

Während meines Studiums, das ich in Warschau absolvierte, verstärkte sich das Gefühl, wurde immer empfindlicher spürbar. Ich wohnte in einem Studentenwohnheim in der Zamenhofstraße, auf dem Gebiet des ehemaligen Ghettos. In einem Bombentrichter also, in den Ruinen einer nicht mehr existierenden Welt, in einem Haus, von dem nur die Umrisse auf dem Boden verblieben waren. Eine beunruhigende Erfahrung – und in manchen Momenten erschien mir meine Welt (die Streiks, die Demonstrationen, die mit Wasserwerfern auseinandergetrieben wurden, die ständige Düsternis des Kriegszustands, die leeren Geschäfte) weniger real als jene, die für immer verschwunden war. Doch war ich auch nicht allein mit dieser eigentümlichen Gespaltenheit. Möglicherweise hatte es mit meiner Biographie zu tun, mit der Tatsache, dass ich in Niederschlesien geboren wurde und, wie viele Niederschlesier, die Geschichte anders wahrgenommen habe, da sie mir nicht im »polnischen Polen« vermittelt worden war.

Diese Erfahrung sehe ich als existenziell, ja als metaphysisch an, und in allem, was ich schreibe, bemühe ich mich, sie in ihre Bestandteile zu zerlegen – so wie eine der Figuren in *Unrast* (Verheyen) sein amputiertes Bein bis in die feinsten Sehnen zerteilt.

Das Gefühl der Fremdheit ist mir überaus vertraut. Immer war es ein wesentlicher Teil von mir, und eben darauf habe ich – leider oder auch nicht – meine Identität errichtet.

Nun würden sicher alle, die in menschlichen Erfahrungen nach autobiographischen Ordnungen suchen, gerne behaupten, dies wäre ein Erbe der großen Vertreibung, die den Einwohnern der *kresy* widerfahren ist, die durch politische Abkommen gezwungen wurden, ihre Häuser zu verlassen und die diese Vertreibung im Laufe der Zeit in ihren Familienerzählungen mythologisiert haben.

Aber vielleicht lag der Grund für das Gefühl des Fremdseins auch darin, dass wir in unserer kleinen Familie nie hätten sagen können, wir seien »von hier«. Infolge von Umzügen mussten wir uns immer wieder an eine bereits bestehende Ordnung anpassen und blieben daher letztlich immer Fremde.

Dies alles wäre leicht mit dem Begriff Entwurzelung zu bezeichnen, doch habe ich selbst – zum eigenen Gebrauch – dieses Unbehagen näher untersucht und den Eindruck gewonnen, dass es sich um etwas Grundlegendes handelt, das weit hinausreicht über die individuelle Biographie, die unruhigen Zeiten – dass es ein Gefühl von allgemein menschlicher, existenzieller Art ist. Heute erscheint mir dieses Gefühl des Mangels als fundamentale Kategorie, die die Conditio des Menschen beschreibt, sein Erleben der Zeit, seine Fähigkeit, Verbindung aufzunehmen mit der Vergangenheit, und dass genau dieses Empfinden die Basis darstellt für die Erschaffung einer Kultur.

Vermutlich haben wir es hier mit einer tiefen psychologischen Dimension zu tun, denn wenn wir geboren werden, verlassen wir die Geborgenheit des mütterlichen Körpers – die Geburt werden wir immer als Vertreibung ansehen. Die ältesten Mythen beziehen sich darauf, Mythen, in denen wir – wie durch einen Nebelschleier – eine Erinnerung an das Paradies erahnen, das Gleichgewicht der Harmonie an einem idealen Ort, an dem wir noch nicht verschieden sind, uns also noch im Zustand der Unschuld befinden, in einem Zustand vor der Entdeckung unserer individuellen Beschaffenheit, der schmerzlichen Erfahrung der Grenzen unseres Ich, das uns von da an immer daran erinnern wird, dass wir nicht restlos zur Welt gehören. Alles wiederum, was als Tradition gilt, unsere Verbundenheit mit dem kollektiven Gedächtnis betrifft, ebenso der Schmerz der Entwurzelung – dies alles sind im Grunde Verteidigungsmechanismen, mit denen wir uns gegen die Erfahrung des Fremdseins schützen möchten.

Der Roman *Die Jakobsbücher* ist gänzlich diesem Gefühl gewidmet, in seiner fundamentalen wie in seiner metaphysischen Hinsicht.

Inspirationen. Die Juden

Als ich dann also im Winter 1997 oder 1998 in dem Antiquariat in Bydgoszcz oder Toruń unterschlüpfte und zwei blau eingebundene Hefte mit dem Titel *Buch der Worte des Herrn* in die Hand nahm, erkannte ich in ihnen …

Doch davon gleich. Kehren wir für einen Moment noch zu früheren Zeiten zurück.

Ich will mich jetzt nicht in die politischen und kulturellen Gründe vertiefen, die Anfang der achtziger Jahre, also genau zu dem Zeitpunkt, da ich in Warschau mein Studium begann, ein großes Interesse am Erbe der polnischen Juden auslösten. Fenster, die bis dahin fest verschlossen gewesen waren, öffneten sich einen Spalt breit. Singer wurde neu aufgelegt (ein Echo des Nobelpreises, 1978), die Schriften von Buber und Scholem wurden publiziert, und die Geschichte unserer nächsten Mitbewohner kehrten umso intensiver zurück, als sie zuvor so entschieden verdrängt und verschwiegen worden war. Es erschien die legendäre Doppelnummer der Zeitschrift *Znak* [Zeichen], die der jüdischen Kultur gewidmet war, dann eine ähnlich ausgerichtete Nummer von *Literatura na Świecie* [Literatur auf der Welt].

Viele in meiner Generation waren fasziniert davon, begaben sich in diese Sphäre der Erinnerung an das Erbe der polnischen Juden, widmeten sich dem Bemühen um eine Kontinuität. Endlich löste sich die Vorstellung des »Jüdischen« aus seiner fatalen Verknüpfung mit dem Holocaust.

Heute denke ich, dass diese Faszination einem Gefühl des Verlusts entsprang, einem drängenden Unbehagen sowie der Sehnsucht nach einem Kontinuum, das wir einfordern wollten von einer zerrissenen, fragmentarischen Wirklichkeit.

Als ich dann einige Jahre später, an einem regnerischen Tag des Jahres 1997 oder 1998, in das besagte Antiquariat in Bydgoszcz oder Toruń gelangte und *Das Buch der*

Worte des Herrn in die Hand nahm, kam es mir so vor, als hätte ich einen der verlorenen Brückenbögen wiederentdeckt, die eine Verbindung mit der Vergangenheit ermöglichen.

Inspirationen. Die Theologie der Frankisten

Als ich mich in das Gründungsbuch der »Worte des Herrn« einlas, nahmen mich die beiden ineinander verflochtenen Ebenen der Erzählung gefangen. Die erste Ebene umfasst die überaus farbige Darstellung, ja, man könnte sagen: die Schelmengeschichte von einer Gruppe von Menschen, die Frankisten genannt wurden (sie selbst nannten sich, wie bei Sekten häufig üblich, Rechtgläubige), ihre turbulenten Schicksale, ihre chamäleonartigen Verwandlungen, ihre Ambitionen, die großen und die kleinen, ihre Revolutionen, auch in Hinsicht der Sitten, mit denen sie die Zeitgenossen schockierten, ihre Biographien, die so schillernd reichhaltig, und ihre Existenzen, die so bedrückend ärmlich waren – also die ganze Materie des Lebens. Daneben trat aus dem Buch ihre außergewöhnliche Weltanschauung zutage, und die Horizonte ihrer geistigen Welt überstiegen bei Weitem den Rahmen dessen, was ich bis dahin kannte und was ich mir in Gedanken hätte zurechtlegen können. Ihr Glaubenssystem, ebenso vage umrissen wie bruchstückhaft, zudem gewissenhaft verborgen unter unscheinbaren Wendungen (etwa die Befremdlichen Taten), versetzte mich zusehends in Erstaunen, und bald entdeckte ich weitaus mehr darin als bloß die Religiosität jüdischer Kaufleute aus Podolien.

Die Theologie der Frankisten, nach wie vor nur unvollkommen bekannt (Interessierte verweise ich auf die Arbeiten Paweł Maciejkos), war eine Theologie der Fremdheit, die meiner Auffassung nach – wie auch die vorausgegangene sabbatianische Bewegung – an die Gnosis anknüpfte.

Gott ist fern und nicht zu erfassen, der Mensch sucht nach Möglichkeiten, mit ihm in Kontakt zu treten, und einige dieser Versuche wirken recht bizarr. Doch ist das nur schlüssig, denn Gott ist jemand/etwas so anderes, so verschieden von uns, dass ihm gewöhnliche menschliche Begriffe unverständlich bleiben müssen. Wir sprechen in einer anderen Sprache als Gott. Und sehr wahrscheinlich auch ist, dass Gott uns seinerseits nicht sieht – auf jeden Fall nimmt er uns nicht in der Art und Weise wahr, wie wir es uns vorstellen wollten. Um uns bemerkbar zu machen, müssen wir eine fundamentale Transgression vollziehen. Wir können nicht viel über ihn sagen. Gott – um es noch einmal zu betonen – ist unergründlich, er befindet sich außerhalb unserer Kategorien. Zu sagen, er sei gut oder schlecht, ist wirres Gestammel. Verblüffend muss es für uns heute sein zu erfahren, dass die Frankisten ihn Großen Bruder nannten. Unsere Assoziationen zu dieser Wendung sind freilich nicht die besten, doch für sie damals klang es natürlich anders, geradezu glühende Absichten waren damit verbunden – trotz seiner Eigenheit und Unergründlichkeit spüren wir eine Verbindung mit ihm, und wir sind uns darüber im Klaren, dass er alles darstellt, was uns nahe ist. Und trotz der metaphysischen Distanz sind wir verwandt. Sind Brüder. Und es liegt keine patriarchale Hierarchie vor, wie sie in der Formulierung vom »Vater« und den »Kindern« zu erkennen ist. Aus der Tiefe rufen wir ihn an: »Gott, der Du unergründlich und ferne bist.«

Auch wenn wir keine Hoffnung haben, dass er uns je wahrnehmen, je sehen wird.

Man kann es auch so betrachten: Dem wahren Gott ist die Welt etwas Fremdes, womöglich gar eine Art Abfallprodukt des Schöpfungsprozesses, wie es in einem der heiligen Texte heißt, der die Welt blasphemisch als Exkrement Gottes bezeichnet.

Die Regeln aber hat dieser Welt ein anderer Gott übergeworfen, ein Schöpfergott (der gnostische Demiurg), ein Weltengott, eifersüchtig, misstrauisch und rachgierig. Er ist es, der unsere Moral geformt und die ganzen Unterwerfungsspielchen unserer Ureltern im Paradies zu verantworten hat. Ein Gott des Kleinlichen, der von Größe träumt. Er hat uns in die Falle der Welt gesteckt, aus der wir zu entkommen versuchen.

Der Messias, der erscheinen soll, um uns zu befreien, kommt von jenseits der Welt, doch nimmt er eine leibliche Gestalt an. Er stellt den Versuch dar, zwischen den beiden Gottheiten zu vermitteln. Der Messias wird rein sein und makellos. Doch um sich anzupassen an die Falle der Welt, muss er sich in deren Ausscheidungen wälzen, wie ein Hund sich in Exkrementen wälzt, um seinen eigenen Geruch zu überdecken.

Die Lehre des Messias wird alle Ordnungen der Welt infrage stellen, in Form einer Großen Transgression, einer Großen Subversion. Alles, was wir für selbstverständlich halten, wird auf den Kopf gestellt. Das Gute kann sich als Böses erweisen. Was wir für Böses halten, wird vielleicht Bestand haben und einen tieferen Sinn enthüllen. Die Welt ist weit komplizierter, als wir denken, weit komplexer als die Urteile, zu denen wir mit unseren grobschlächtigen Sinnen gelangen. Die einfachen Kategorien wie etwa Frauen / Männer, Tag / Nacht, dies / jenes werden ihre Gültigkeit verlieren. Die erlöste Welt wird eine Welt des Dazwischen sein.

In diesem Denksystem ist es die Aufgabe des Menschen zu rebellieren und sich gegen die gegebene Welt zu stellen. Ganz im Gegensatz zu dem, was wir aus der katholischen oder der russisch-orthodoxen Lehre kennen. Während der Mensch auf den Messias wartet, muss er bereits die Ordnung der Welt infrage stellen, denn er erkennt sie als System, das der Demiurg geschaffen hat, um uns in die Unfreiheit zu zwingen. Selbst noch die offenkundigsten Dinge in Zweifel zu ziehen, wird zur Verpflichtung des Gläubigen, auch wenn er einen inneren Widerstand, ja Abscheu dabei verspürt. Die große Aufgabe des Glaubens besteht darin, der Welt die Stirn zu bieten.

Im epistemologischen Sinne sehen wir die Welt in Bruchstücken, die wir nicht miteinander verbinden können – wie die blinden Gelehrten des Gleichnisses, die einen Elefanten jeweils nur über ein Körperteil wahrnehmen, und jeder von ihnen behauptet, wie er es ertastet habe – so sei der Elefant.

In der Gnosis gibt es aber auch den Glauben, dass das Potenzial des menschlichen Wissens und des Verstandes die Möglichkeit gebe, die Schleier des Unwissens zu durchdringen und zur letzten Erkenntnis zu gelangen.

Mein Abenteuer mit der Gnosis hatte früh schon begonnen, noch während des Studiums. Zuerst hatte ich Religionswissenschaften studieren wollen (später sogar Theologie). Ich war fasziniert vom Reichtum der menschlichen Ideen zu dem, was kaum zu benennen, intuitiv nur erfassbar, metaphysisch ist. Am Ende gelangte ich zur Psychologie. Was sich nicht als schlechte Wahl erwies – es ist ein weites Feld der Kontexte und ihrer Interpretationen, der Sensibilitäten für Bedeutungen. Meine recht stattliche Bibliothek nahm ihren Anfang mit Hans Jonas, dessen Bücher ich so häufig las, bis mir eines regelrecht auseinanderfiel.

Die Intuition sagte mir, dass die Gnosis eine alternative Gedankenströmung sei, die unter den offiziellen, den hellen und optimistischen Religionen fließe, unter den frühen, heidnischen ebenso wie unter dem von kindlicher Zuversicht geprägten Christentum. Mehr noch, ich hatte den Verdacht, dass die beiden Strömungen – die helle und die düstere, die Akzeptanz und die Ablehnung – einen Dialog miteinander führen, gleich Naphta und Settembrini, und dass man diesen Dialog in verschiedene Richtungen erweitern könne, um eine Geschichte der Menschheit zu schreiben.

Die Gnosis ist auch nie vergangen, sie existiert weiter, in den Grundlagen vieler geistiger Strömungen ist sie zu finden, und sie besitzt die Fähigkeit, sich zu tarnen, erkennen lässt sie sich bei eingehender Betrachtung der Geschichte der philosophischen Richtungen und der Glaubensansätze.

Die gnostische Welthaltung dringt von Zeit zu Zeit an die Oberfläche, und sie erweist sich dann häufig als belebend und inspirierend, sie löst einen Paradigmenwechsel aus, führt zu einer Revolution oder einer Wende im Denken. Diese beiden Kräfte – an der Oberfläche, unter der Oberfläche – ergänzen einander. Dass in der westlichen Welt die affirmative Religion die Oberhand gewonnen hat, ist wohl vor allem auf eine allgemeine psychische Disposition zurückzuführen, die die Psychoanalytiker treffend als Abwehrmechanismus bezeichnen.

(Dies soll keine Verschwörungstheorie sein, sondern lediglich den erneuten Versuch darstellen, die Kehrseite der Medaille zu sehen, die Unterseite des Teppichs – um die Metapher zu wiederholen –, die es uns ermöglicht, das Muster an der Oberfläche zu verstehen.)

Inspirationen. Fortsetzung

So stöberte ich also im Herbst 1997 oder 1998 in einem Antiquariat in Toruń oder Bydgoszcz ein wunderliches Buch auf, vielmehr zwei Hefte, in großem, unhandlichem Format, mit blauen Lackumschlägen. Es war, wie ich schon sagte, das *Buch der Worte des Herrn* – Vorträge des Jakob Frank (er selbst hatte von »Reden« gesprochen), herausgegeben von Jan Doktór.

Ich las es langsam, Absatz für Absatz, den ganzen Winter hindurch, mit wachsendem Erstaunen. Zu Weihnachten hatte ich schon eine Sammlung von Büchern zu diesem Thema. Im Frühjahr war es bereits ein ganzes Regal, und in den kommenden Jahren sollte diese Bibliothek immer weiter wachsen und sprießen. Ich hatte zunächst nicht daran gedacht, ein Buch darüber zu schreiben, es waren private Studien, Teil meiner langjährigen Faszination für jede Heterodoxie, für alles, was keinen Platz im Kanon findet, was die herkömmlichen Grenzen überschreitet, gegen die als selbstverständlich akzeptierten Normen rebelliert.

Ich schrieb einen kleinen Essay darüber, der bis heute nicht publiziert ist, und damals schon dachte ich, dass die ganze Fülle dieser Geschichte nur als komplexer, vielschichtiger Roman zu erzählen wäre. Dass nur eine Form, die in der Lage ist, die historische Wahrheit und die Fiktion in sich aufzunehmen, die den Figuren ermöglicht, mit ihren verschiedenen Perspektiven aufzutreten – dass nur eine Form, die dieser ganzen Welt eine Bühne geben kann, das ungeheure Gewicht einer solchen Erzählung zu tragen vermag.

Aber viel früher noch war bereits das *Neue Athen* des Pfarrers Benedykt Chmielowski aufgetaucht, in der hervorragend bearbeiteten Ausgabe von Maria und Jan Józef Lipski. In der Kindheit und in den Jugendjahren las ich ständig darin. Warum mir das *Neue Athen* so ans Herz gewachsen war – ich weiß es nicht. Überall hatte ich das Buch dabei, las, wo immer es sich mir aufschlug. Es rührte und amüsierte mich zugleich – und eben diese Gefühle begleiteten auch meine Arbeit, als ich den Erzählstrang um Chmielowski schrieb. Die polnische Provinz im ausgehenden Barock, ein Pfarrhaus mit kleinen Fenstern, eine Soutane aus Handgewebtem ... Meine Phantasie mochte den ehrenwerten Pfarrer Chmielowski sehr. Ja, auf seltsame Weise fühlte ich mich ihm ähnlich – ewig auf der Suche nach irgendwelchen unklaren Gesetzmäßigkeiten, getrieben von der Sehnsucht nach einer ewigen Ordnung, vertrauensselig bis zur Naivität, unvollkommen nur gebildet. Als ich entdeckte, dass Benedykt Chmielowski und sein Firlejów sich im Bannkreis des frankistischen Geschehens befinden, wurde mir klar, dass diese Gestalt in meinem Buch vorkommen muss. Hier berühren wir einen der wichtigsten Grundsätze bei der Erschaffung einer Romanwelt – wenn etwas miteinander verbunden sein kann, dann ist es bestimmt miteinander verbunden. Allen Regeln der Wahrscheinlichkeit nach mussten sich Pfarrer Chmielowski und meine Protagonisten, die in derselben Zeit und derselben Region gelebt hatten, früher oder später über den Weg gelaufen sein. Dieser Grundsatz galt ebenso für die Barockdichterin Elżbieta Drużbacka. Zum einen nämlich hatten der Pfarrer und die Dichterin denselben Verleger, und zum anderen war die Drużbacka viel auf Reisen, vor allem hatte sie sich mit Katarzyna Kossakowska angefreundet, die die Frankisten protegierte. Die mutmaßlichen Verbindungen zwischen den Figuren eröffneten neue Möglichkeiten, Beziehungen zu schaffen. Dafür mussten entsprechende Szenen gestaltet werden, und die Figuren benötigten ein psychologisches Profil.

Das Handwerk

Mario Vargas Llosa schrieb, dass so etwas wie Eingebung nicht existiere. »Sie war etwas, das vielleicht die Hände von Bildhauern und Malern führte und Dichtern und Musikern Bilder eingab, aber den Romancier besuchte sie niemals. Er war das Stiefkind der Musen und dazu verurteilt, die verweigerte Zusammenarbeit durch Hartnäckigkeit, Arbeit und Geduld zu ersetzen.« Und weiter heißt es: »Nie überkam mich diese göttliche Kraft, jede niedergeschriebene Silbe kostete mich gewaltige Anstrengung.«[34]

Und Mario Vargas Llosa hat sicher nicht ganz unrecht damit.

An mein Thema machte ich mich damals ohne größere Begeisterung, aber auch nicht ohne Naivität, hatte ich doch nur eine vage Ahnung davon, wie viele ungünstige Voraussetzungen ich mitbrachte: mein Unwissen, die Unkenntnis der Sprachen, mit denen meine Protagonisten sich verständigen sollten (Jiddisch, Hebräisch, Ladino), der Umstand, dass ich mich nie sonderlich für Geschichte interessiert hatte – und nicht zuletzt natürlich die Überfülle und der transkulturelle, jegliche Grenzen überschreitende Charakter des Materials.

Wie so viele Menschen, die anfällig sind für fixe Ideen, bereitete ich mich sehr sorgfältig auf meine Arbeit vor. Ein oder zwei Jahre Lektüren zum Thema, ich bohrte mich regelrecht hinein, versetzte mich in den Zustand einer sanften Obsession, vielleicht gar in eine Art Psychose. Es ist ein Zustand, der mir erlaubt, die gesamte vorgestellte Welt in einem Kämmerchen meiner Psyche unterzubringen, zu dem ich jederzeit unmittelbaren Zugang habe. So konnte ich mich in jedem Augenblick mit diesem Kosmos verbinden, der in mir entstand. Ganz am Anfang war es ein leerer Raum, eine rötliche Wüste, so stellte ich es mir vor, mit einigen wenigen Einzelheiten hier und dort, verstreuten Gegenständen, vereinzelten Gestalten. In surrealer Einsamkeit saß Pfarrer Benedykt mit einem Hund auf den Knien an einem kleinen Tisch über Folianten, und rings um ihn war nichts. Nach und nach traten weitere Gestalten aus diesem Nichts hervor, nahmen Konturen an wie beim Entwickeln von Fotos in der Dunkelkammer, gewannen ihre spezifischen Eigenschaften, doch waren sie noch nicht miteinander verbunden, waren noch unfertig einzeln.

Die Anfänge der Arbeit an den *Jakobsbüchern* sind mit Den Haag verbunden. Dort verbrachte ich ein halbjähriges Stipendium, um *Führe deinen Pflug durch die Knochen der Toten*[35] zu schreiben. Zwei Arbeitstische richtete ich mir ein – auf dem einen lagen die Notizen für *Führe deinen Pflug*, auf dem anderen breitete ich Landkarten, Zeichnungen und Lektüren aus für die *Jakobsbücher*. Als Erstes versuchte ich, die Fülle des Materials zu erfassen. Da meine Vorstellung räumlich und bildlich arbeitet, verbrachte ich manchen Abend damit, komplizierte Stammbäume zu zeichnen und Reiserouten auf Karten zu skizzieren. Auf Hunderten von selbstklebenden Zettelchen notierte ich Namen und versuchte, Beziehungen zu rekonstruieren beziehungsweise sie zu schaffen und die Verhältnisse zwischen meinen zukünftigen Protagonisten zu etablieren. Es war, als würde ein Gerüst errichtet – um ein Phantom herum, um ein Gebilde, das noch nicht existierte, und diese Arbeit verlangte unverhältnismäßig viel an Zeit. Man könnte es mit Zuständen der Schlaflosigkeit vergleichen, wenn wir uns im Bett von einer Seite auf die andere drehen, im verzweifelten Bemühen, die Position zu finden, in der wir endlich einschlafen können.

Zur Methode der Konjektur oder Fehler des Auges und des Ohres

Konjektur ist ein Begriff aus dem Bereich der Textkritik. Gemeint ist damit die in der Gegenwart konzipierte Korrektur eines in der Vergangenheit verfassten Textes, und insbesondere geht es um Texte auf Papyrus und Pergament. Da diese von Hand kopiert wurden, schlichen sich immer wieder Fehler ein.

In der polnischen Wikipedia lesen wir zu dem Begriff Konjektur: »Hilfreich bei der Erkennung verderbter Textstellen ist die Tatsache, dass die Fehler in der Regel einem bestimmten Typus zugeordnet werden können. Sie lassen sich einteilen in Lesefehler (die entstehen, wenn der Kopist den Text vor Augen hat) und in Hörfehler (die entstehen, wenn jemand dem Kopisten den Text diktiert). Das erste Signal, dass ein Fehler vorliegt, ist eine logische Unstimmigkeit des Textes.«

Den Begriff der Konjektur wollte ich in einer breiteren, eher symbolischen Weise verstehen. Eine Geschichte, die uns aus der Vergangenheit erreicht, ist in der Regel löchrig. Nur ausgewählte Einzelheiten werden uns übermittelt – das, was dem damals Schreibenden wichtig erschien. Dass etwas als »unwichtig« angesehen wurde, hatte seine jeweils kulturell motivierten Gründe. Um ein einfaches

Beispiel zu geben: Viel häufiger hielten Historiker die Anteile der Männer an der Geschichte fest als die der Frauen, denn die Männer sahen sich selbst als die wahren und einzigen Subjekte der Geschichte an. Historische Berichte sind patriarchal geprägt, die Rolle der Frauen in der Geschichte lassen sie aus. Ein anderes Beispiel: Eine weit verbreitete Auffassung geht davon aus, dass einzelne herausragende Persönlichkeiten die treibende Kraft der Geschichte seien, während gesellschaftliche Entwicklungen außer Acht gelassen werden. Jede Epoche hat ihre Brille, durch die sie die Welt betrachtet.

So sah ich auch das Bild, das ich aus den Dokumenten gewonnen hatte, als unvollständig an. Ich fand dort nichts über das alltägliche Leben der Personen. Was hatten sie gegessen? Welche Kleidung hatten sie getragen? Ich fand nichts zu den Gerüchen, die sie umgeben hatten, oder zu den Launen des Wetters (sofern sie nicht als Extremwetterlagen vermerkt worden waren).

Meine Methode der Konjektur bestand also darin, der dargestellten Wirklichkeit Kontinuität zu geben, ihr Dauer zu verleihen in einer Welt, die so schmerzhaft bruchstückhaft ist. Mit meiner Arbeit wollte ich eine ganzheitliche Erzählung schaffen, die um die historischen Fakten herumgewoben wird und die denselben mit Respekt begegnet. Wo die Fakten unverständlich waren oder psychologisch schwer zu erfassen, berief ich mich – als letzte Instanz – auf Zitate.

Heute denke ich, dass die Methode der Konjektur sehr hilfreich ist beim Schreiben eines historischen Romans, dessen Aufgabe darin besteht, unserer Welterfahrung Dauer zu verleihen.

Das Supremat des Details

Bei meinen Vorbereitungen, meinem Studium der Dokumente und Berichte, der Sachbücher und Memoiren suchte ich verzweifelt nach Einzelheiten. Es ist meine feste Überzeugung, dass die Welt aus Einzelheiten besteht. Dennoch wird sie zumeist in Verallgemeinerungen beschrieben, sodass wir uns in Gedanken ergänzen müssen, wie sie eigentlich beschaffen ist. In so manchem Roman fehlen mir die Eindrücke des Geruchs, des Geschmacks, die Textur von Stoffen, die Oberflächen von Möbeln oder Werkzeugen, Farben und haptische Eindrücke. Ich will wissen, was die Menschen essen (voluminöse Romane gibt es, deren Figuren sich kein einziges Mal an einem Frühstückstisch niederlassen, offensichtlich leben sie von der Luft), ich will wissen, wie sie gekleidet sind, wie sie schlafen, wie ihre Schuhe aussehen, was sie vor Augen haben, wenn sie aus dem Fenster schauen. Ob sie sich am Abend waschen, ob sie sich überhaupt waschen, ob sie ihre Kinder auf den Schoß nehmen und wie sie Erkältungen behandeln. Auch die Landschaft interessiert mich, die Pflanzen, die Tiere. Man kann nicht die Welt beschreiben, wenn man die jeweils lokale Flora nicht kennt. Man kann nicht die Welt beschreiben, wenn man nichts über die Weite des Himmels weiß oder die Farbe des Wassers in den Flüssen.

Deshalb war von Anfang an klar, dass ein Teil der Arbeit an den *Jakobsbüchern* in Reisen bestehen würde, damit ich in der Lage wäre, mir die Welt, die ich erschaffen wollte, sinnlich vor Augen zu führen.

Die erste Reise führte natürlich nach Podolien. Im beginnenden Herbst des Jahres 2009 fuhr ich mit meinem Mann über Lemberg nach Osten. Ich wollte versuchen, die Grenzen jener Welt zu ertasten, die ich in meiner Phantasie bereits entworfen hatte. Wir gelangten an den Sbrutsch, im Osten, und an den Dnjestr, im Süden. Einige Dutzend Orte hatten wir auf unserer Karte markiert, sie tauchten alle in den Quellen auf. Im Zickzack fuhren wir von einem zum nächsten, und eine immer größere Melancholie erfasste mich, immer schmerzlicher wurde das Gefühl des Verlusts. Nichts mehr war zu sehen. Nichts von dem, was ich erwartet hatte. Ja, da war eine Welt, und gewiss war sie interessant, aber sie war völlig anders. Fremd. Wir besuchten eine Vielzahl an Dörfern und Kleinstädten, von der Septembersonne übergossen, von Staub bedeckt, sie wirkten, als wären sie durchsichtig. Chaotische, unansehnliche postsowjetische Bebauung an den Ringplätzen, Ruinen von Kirchen und Synagogen, überwucherte Parks, nachlässig errichtete Kulturhäuser, Plätze, auf denen das Gras aus den Rissen in der Asphaltdecke spross. Namen, die ich aus den Arbeiten von Aleksander Kraushar kannte, aus dem *Buch der Worte des Herrn* oder auch aus meinen Familiengeschichten, so reichhaltig behaftet mit Vorstellungsbildern, bezogen sich nun auf triste Ortschaften voller Wellblech und Plastik.

Anfangs packte mich regelrecht die Verzweiflung. Dafür hätte ich auch genauso gut zu Hause bleiben und mir Fotos oder Filme über die Flora und Fauna Podoliens anschauen oder in der Wikipedia nachlesen können. Doch wurden dann aus der Verzweiflung – indem ich nämlich begriff, dass meine Vorstellungen völlig infantil gewesen waren – Übungen des Schauens. Und so sah ich auf dem Friedhof in Korolówka, wo der Wind das Gras wehen ließ, die kleinen Gestalten spielender Kinder, und auf einem von Fahrspuren zerpflügten, lehmigen Weg sah ich, gleich einer Fata Morgana, die verschwommenen Umrisse eines Fuhrwerks. Großen Eindruck machte auf mich der Besuch in Firlejów – heute heißt das Dorf Lypiwka. Der wichtigste Ort für mich war die Kirche – das Pfarrhaus musste in der Nähe gewesen sein. Während wir um das kürzlich erst renovierte, aber verschlossene Gotteshaus spazierten, versuchte ich, gleich einer Archäologin, aus der Anlage der verfallenen Gebäude zu erschließen, wo das Pfarrhaus gestanden haben könnte, wo der berühmte Garten gewesen sein mochte, in dem Pfarrer Chmielowski versucht hatte, die Wunder der Gartenbaukunst zu reproduzieren, nach dem unerreichbaren Vorbild des Dzieduszycki-Schlossgartens in Cucołowce. Auf einer melancholisch stimmenden Hochebene über dem Dnjestr hielten wir an – diesen Weg mussten die Fuhrwerke der »Rechtgläubigen« genommen haben, als sie unterwegs gewesen waren zur Kommune in Iwanie.

Diese Reise sowie die nächste wurden zu einem einzigen Sammeln solcher Einblicke. In Istanbul besuchte ich den Basar, besuchte kleine Krambuden, die kaum Platz genug boten für den Verkäufer, sah die atemberaubende Farbenfülle der Gewürze, die zu Pyramiden aufgeschüttet waren, und ich dachte mir im Stillen, dass sich hier nicht viel geändert hatte seit jenen fernen Jahren. Um der Erkenntnis willen handelte ich um eine Halskette aus Malachit, was zwei Stunden in Anspruch nahm. Ich wurde ins Innere des Büdchens eingeladen, sprach mit dem Besitzer, trank einige Gläser Tee mit ihm, und während ich um den Preis des Schmuckstücks handelte, stellte ich mir vor, dass Jakob Frank in eben dieser Art in Krajowa seine Kleinode verkauft haben musste. Zwei Ukraine-Reisen unternahm ich, eine in die alte Walachei, eine ins ehemals türkische Gebiet, weiterhin war ich in Mähren und in deutschen Gegenden, bis hin nach Offenbach am Main, wo immer noch – und gut erhalten – das Isenburger Schloss steht, seinerzeit ein Zentrum der europäischen Frankisten, heute eine brave Hochschule für Design.

Die Arbeit am Detail möchte ich noch mit folgender Episode illustrieren:

Ich hatte eine Szene entworfen, in der Frauen mit Näharbeiten beschäftigt sind. Und mir gefiel der Gedanke, Reflexe von Kerzenlicht auf den Nadeln blitzen zu lassen. Dann aber stutzte ich und begann nachzuschlagen – in jener Region hatte es damals noch keine Nähnadeln aus Metall gegeben, sie waren aus Knochen gewesen oder aus Holz. Und mit Bedauern musste ich auf die Reflexe der Kerzenflammen auf den Nadeln verzichten.

Die Methode der Decollage und der Collage. Einsichten

Ich möchte noch einmal an das erinnern, was Vargas Llosa über die Eingebung gesagt hat – dass sie nicht existiere.

An dieser Stelle aber möchte ich ihm dann doch widersprechen. Die Eingebung existiert, wir müssten nur ein anderes, ein etwas moderneres Wort dafür finden.

Ich mag das Wort »Einsicht«, es erklärt sehr viel von meinen nicht bis ins Letzte rationalisierten erzählerischen Entscheidungen, die oft genug ungewöhnlich, ja mitunter exzentrisch sind. Die Einsicht bietet einen jähen, unerwarteten Wechsel der Perspektive, der zu einer tieferen, umfassenden Erkenntnis führt. So erweist sich dann ein Problem, das anfangs schwerwiegend wirkte, als letztlich leicht zu lösen. Meines Erachtens betrifft die Einsicht vor allem die Wahrnehmung des Ganzen, in dem die Frage der Zeit kein Gewicht mehr hat, weil man dann die Zeit mit ihren Erscheinungen (den Zusammenhängen von Ursache und Wirkung, der Abfolge von Ereignissen, der Linearität) als Ganzes wahrnimmt. In diesem einen entscheidenden Augenblick hört die Zeit gewissermaßen auf zu existieren.

Im Moment der Einsicht sieht man alles zugleich – der Anfang verbindet sich mit dem Ende, die Zeit schließt sich zum Kreis, wie es die Symbolik des Ouroboros illustriert, und verliert damit ihren Charakter einer Abfolge von Augenblicken. Die ganze Welt tritt uns vor Augen, im Allgemeinen wie im Besonderen. Nabokov beschreibt es so: »Plötzlich zerbröckelt die Gefängnismauer des Ich, während das Nicht-Ich von außen hineineilt, um den Gefangenen zu retten – der schon unter freiem Himmel tanzt.«[36]

Wenn Sie mich nun fragen, wie ich mein Schreiben organisiere, ob ich weiß, was dabei geschieht, ob ich vom Anfang zum Ende hin schreibe usw., dann sage ich, dass das ohne Bedeutung ist, denn oft habe ich den Eindruck, dass das, was im Schreiben entstehen soll, bereits als Ganzes existiert, und meine Aufgabe ist es, dieses verhüllte / verborgene / versteckte Ganze freizulegen. Das Schreiben ist ein Akt der Decollage. Fetzchen um Fetzchen *ent-decke* ich es. Unter der Oberfläche liegt das Muster, als fertiges Ganzes, es muss nur ans Licht gebracht werden.

Ich freue mich, dass Nabokov meine Intuition bestätigt: »Eine Reihenfolge ergibt sich nur, weil Wörter eines nach dem anderen auf fortlaufende Seiten geschrieben werden müssen, genau wie der Geist des Lesers Zeit benötigt, um das Buch von vorn bis hinten durchzugehen, zumindest wenn er es zum ersten Mal liest. Zeit und Reihenfolge kann es im Geiste des Autors nicht geben, da weder ein zeitliches noch ein räumliches Element die ursprüngliche Vision beherrschten.«[37]

An jeder Sequenz eines Romans kann man arbeiten, indem man mit ihrem Anfang beginnt, ihrem Ende, ihrer Mitte, mit jeder beliebigen Einzelszene. Wichtig ist, dass ich Vertrauen habe zu dieser inneren Welt, die sich mir im Moment der Einsicht bereits enthüllt hat. Reihenfolge und Linearität sind paradoxerweise nötig, um anderen die Vision vermitteln zu können, denn die Sprache ist nun einmal ein sequenzielles Phänomen – Wörter und Sätze brauchen eine lineare Ordnung, die Vision selbst aber ist weder linear noch wird sie vermittelt im Maß der Zeit.

Nun wäre der Moment, eine meiner Lieblingsmetaphern über das Schreiben anzuführen – Kristallisation. Ein geheimnisvoller Prozess, der in einer Flüssigkeit vonstattengeht, die frei kreisende Elemente enthält.

Wenn die Flüssigkeit erstarrt, fügen sich einige der Moleküle zusammen, Kristalle beginnen sich zu bilden, und an diesen lagern sich weitere Elemente an nach einer Ordnung, die durch die chemische Beschaffenheit bestimmt wird. Ein Kristall stellt eine überaus pfiffige und hyperpräzise geformte natürliche Struktur dar, die sich – so möchte man sagen – mühelos um eine Kristallisationsachse herum ausbildet. Ebenso verhält es sich mit einem Roman. Sind die Ausgangspunkte festgelegt, die Kristallisationsachsen bestimmt, wird sich jedes freie, noch nicht gefügige Element der Ordnung des Kristalls anpassen, wird jedes Bild, jedes Wort, jede Metapher unweigerlich von der erzählerischen Ordnung angezogen.

Exzentrizität – die Suche nach außergewöhnlichen Sichtweisen

Es gibt noch einen weiteren grundlegenden Begriff, den ich für die Beschreibung meiner Arbeit verwende – Exzentrizität. Er ist allerdings in einem weiteren Sinne zu verstehen, denn nicht die ausgefallene Form eines Hutes wäre gemeint oder das unkonventionelle Verhalten älterer Damen. Vielmehr geht es um eine besondere Position, die wir im Zuge der Weltbetrachtung einnehmen – es geht darum, ex-zentrisch zu werden, indem wir das Zentrum verlassen, den Bezirk einer als allgemein gedachten, geordneten und akzeptierten Erfahrung der Wirklichkeit. Die bewusste Suche also nach einer Perspektive, die bis dahin nicht geläufig gewesen ist und die nun sichtbar werden lässt, was bisher übergangen wurde. Wer nicht in ausreichendem Maße ex-zentrisch ist, kann kein guter Schriftsteller werden. Die Exzentrizität müssen wir entsprechend in uns pflegen und achten, denn nur dank dieser zentrifugalen Sichtweise können wir über den herkömmlichen, festgelegten Horizont hinausschauen, können sehen, was sich dahinter verbirgt, was dort geschieht. Ich möchte sogar dafür plädieren, dass heutige wie zukünftige Schriftstellerinnen und Schriftsteller ständig daran arbeiten, sich durch kontrollierte Destabilisierung aus dem gewiss bequemen, im Hinblick auf die schöpferische Arbeit jedoch fatalen Bezirk des Zentrums hinauszuschubsen. Nichts ist für den kreativen Menschen so gefährlich wie der intellektuelle Mainstream.

Als Ausdruck dieser Exzentrizität betrachte ich unter anderem ein bemerkenswertes Moment des Unheimlichen, des Metaphysischen in realistischen Romanen. Mein Lieblingsbeispiel stammt aus dem bereits erwähnten Roman *Die Puppe*, der in der polnischen Literaturgeschichte als Musterexemplar des kritischen Realismus gilt. Ich denke an die außergewöhnliche Szene, als Professor Geist dem erstaunten Wokulski immer leichtere Metalle zeigt, unter anderem ein Metall, das fünf Mal leichter ist als Wasser. Immer wieder habe ich mich gefragt, wofür Prus diese Szene brauchte? Was wollte er damit erreichen? Inwiefern verändert sie unseren Blick auf die Hauptfigur und welche Bedeutung hat sie für den gesamten Roman?

In den *Jakobsbüchern* ist ein ähnlich exzentrischer Erzählstrang mit Jenta verbunden. Es ist die einzige Figur, die die Grenzen des Rationalen überschreitet, sie bleibt in der Schwebe zwischen Sein und Nichtsein und verwandelt sich in diesem Zustand allmählich in Kristall – ihr fällt das besondere Privileg zu, den Rahmen des Romans im Sinne aristotelischer Wahrscheinlichkeit zu überschreiten. Die ex-zentrische Bewegung wird auch als solche buchstäblich vorgeführt. Mit der Figur Jenta nimmt die erzählte Geschichte die Form eines universalen, kosmischen Ereignisses an, das nicht mehr gebunden ist an eine raumzeitliche Ordnung. Dank Jenta kann der Leser eine spezifisch panoptische Perspektive einnehmen. Was paradoxerweise zur Folge hat, dass die realistische Wirkung des Romans verstärkt wird. Im tiefsten Sinne nämlich ist unsere Wahrnehmung der Welt niemals nur realistisch. Intuitiv sehen wir die Welt voller Geheimnisse, betrachten sie in vielen Augenblicken als unergründlich. Selbst dann noch, wenn wir versuchen, sie in der Literatur eins zu eins wiederzugeben.

Exzentrisch sind bei den *Jakobsbüchern* auch formale Aspekte, wie etwa die rückläufige Seitennummerierung, die dem Muster hebräischer Bücher folgt. Diese Abwandlung der gewohnten Ordnung stört den Leser dabei, sich in seinem vertrauten Gemütlichkeitseckchen einzurichten, drängt ihn dazu, den Kopf über die eigenen Gewohnheiten hinauszurecken und dort einen anderen Kosmos zu erblicken, dessen Existenz nicht weniger Berechtigung hat als die Existenz unserer Welt. So wird der Leser zu jenem *missionaire* auf dem berühmten Holzstich im Buch des Camille Flammarion.

Auch die Illustrationen im Roman, die lose an einzelne Textpassagen anknüpfen, haben eine ähnliche Funktion – sie verweisen auf andere, größere Welten, die den Kontext des Erzählten erweitern.

Die Exzentrizität scheint mir geradezu die Quintessenz schöpferischer Tätigkeit zu sein, und ich gebe mir alle Mühe, sie zu hegen und zu pflegen.

Mundus adiumens

Während ich die *Jakobsbücher* schrieb, überfiel mich oft das Gefühl, ich hätte das Ende eines Fadens erhascht und würde mich nun an ihm entlangbewegen, im Vertrauen darauf, es müsste sich das, was ich suchte, jeden Augenblick vor mir enthüllen, müsste hinter der nächsten Ecke hervorhuschen. Und eben das geschah dann auch.

Ich weiß nicht, ob es sich überhaupt beschreiben lässt – dieses Phänomen, das mir beim Schreiben so oft schon widerfahren ist, aber nie in solcher Intensität wie bei diesem Roman. In der subjektiven Empfindung ist es so, als ob äußere Kräfte Zugang verlangten zu der erzählten Geschichte, als würden sich irgendwelche Mächte mit einspannen, die in heiklen Momenten Hilfe brächten. Ich weiß, wie das klingt – abgefahren. Aber genauso verhält es sich.

Denn wie oft hatte ich nicht auf einer Party, wenn ich mit einem Glas in der Hand vor einem Bücherregal stand, einen beliebigen Titel herausgezogen und an der erstbesten Stelle aufgeschlagen, um dann zu meiner größten Verblüffung genau das zu finden, was ich gerade am dringendsten gesucht hatte – eine Figur, ein Ereignis, eine assoziative Verknüpfung, den Hinweis auf eine Publikation, die mir bis dahin noch unbekannt gewesen war. Und oft genug auch hatte ich Personen getroffen, die mich zur Lösung eines gerade plagenden Problems führten. Ein unverfänglicher Ausflug an einen zufällig gewählten Ort brachte mich plötzlich auf Spuren, von denen ich keinen Schimmer gehabt hatte. In solchen Momenten blickt man sich anfangs misstrauisch um, doch kommt einem dann der wunderliche Gedanke in den Sinn, dass der Welt daran gelegen ist, dass dieser Roman entsteht. Ich bin mir darüber im Klaren, wie unseriös das klingt, auch stellt es meine Person in ein zweifelhaftes Licht. Aber sei es drum! Schriftsteller sind schließlich Künstler, und die Künstler haben sich einen breiteren Spielraum der Exzentrizität errungen als zum Beispiel die Wissenschaftler, auch streben sie keine akademischen Titel an. Um mir Mut zu machen, habe ich die Unterstützung auf Latein formuliert – *mundus adiumens*, die helfende Welt. Etwas, das einem das Gefühl verleiht, man würde bei der Hand genommen und in einen wundervollen Zustand geführt, nicht unähnlich einer durch Drogen ausgelösten Trance, in eine leichte und durchaus angenehme, zugleich aber beharrliche und schwer nur zu bändigende Psychose. Ich glaube, dass man davon abhängig wird, und wenn man von der Reise in einen Roman zurückkehrt, empfindet man nur für kurze Zeit die Erleichterung, es hinter sich zu haben. Denn dieser Trancezustand ist Seligkeit. Das Ich – das wir unter gewöhnlichen Bedingungen so hätscheln und verehren – rollt sich ganz klein zusammen, lässt sich umwogen von Inhalten des Bewussten und Unbewussten, lässt sich überfluten vom stürmischen Ozean der Worte und Bilder, um sich dann an dem Faden entlangzubewegen, der irgendwo dort, tief im Innern des Labyrinths, an ein Ziel geheftet ist.

Das eigene Ich und die eigene Zeit gänzlich zu verwerfen, ist natürlich nicht möglich. Insofern gibt es auch streng genommen keinen historischen Roman, denn die Wurzeln jedes Romans stecken in der Gegenwart des Schreibenden. Die Geschichte stellt eine unablässige Interpretation dar, die ex post vorgenommen wird, wir deuten die tatsächlichen und die vorgestellten Ereignisse der Vergangenheit, um in ihnen einen Sinn zu entdecken, der den damaligen Zeitgenossen verborgen blieb.

Als ich also 1997 oder 1998 in jenem Antiquariat in Bydgoszcz oder Toruń das *Buch der Worte des Herrn* in die Hand nahm, stand ich vor einem der größten intellektuellen Abenteuer meines Lebens. Ein wenig unbedarft ließ ich mich darauf ein, mit meiner ganzen Neigung, mich faszinieren zu lassen, meiner Naivität, meiner Empfindsamkeit, und ich achtete nur darauf, dass der gesunde Menschenverstand mir mit seinem ewigen Genörgel nicht die Freude verdürbe, eine Welt zu erschaffen, die ich demnächst, in einem Jahr, in einigen Jahren, mit anderen teilen wollte. Mit Ihnen.

Deutsch von Lothar Quinkenstein

Der Fall Duszejko

Literarische Figuren

Nun stehe ich das dritte Mal hier, um meine Gedanken über das Schreiben mit Ihnen zu teilen. Als ich die Einladung zu den Vorlesungen annahm, habe ich mich gefreut, wieder einen guten Grund zu finden, diesen Vorgang genauer zu betrachten, der sich seit fünfundzwanzig Jahren immer wieder an mir vollzieht und den ich im Grunde nicht verstehe. Natürlich werde ich mich um eine redliche Perspektive bemühen, die weiter und solider ist als meine eigenen Idiosynkrasien, und deswegen hier und da auf die Themen zurückgreifen, die mir am meisten liegen – Psychologie im Allgemeinen und Tiefenpsychologie im Besonderen.

In dieser zweitletzten Vorlesung möchte ich Vermutungen anstellen über die Herkunft des mysteriösen Wesens der literarischen Figur. Ich beginne mit einem Zitat von Mario Vargas Llosa:

»Eine Handvoll literarischer Gestalten hat mein Leben nachhaltiger geprägt als manches Wesen aus Fleisch und Blut, das ich gekannt habe. Auch wenn es wahr ist, daß, wenn fiktive Gestalten und wirkliche Menschen gegenwärtig sind und direkter Kontakt zu ihnen besteht, die Realität der letzteren die Oberhand behält (nichts ist lebendiger als ein Körper, den man sehen, anfassen kann), so verschwindet doch der Unterschied, wenn beide zu Vergangenheit und Erinnerung werden, und zwar in beachtlichem Maße zugunsten der ersten gegenüber den letzteren, die sich in der Erinnerung unaufhaltsam auflösen, während die literarische Gestalt unendlich oft wiederbelebt werden kann – mit der geringen Anstrengung, die nötig ist, ein Buch aufzuschlagen und bei den entsprechenden Zeilen zu verweilen.«[38]

Eine solche Gestalt ist die Janina Duszejko aus meinem Roman *Gesang der Fledermäuse* – einem Buch, das ich nicht geplant hatte, das mir sozusagen passiert ist. Andererseits kann ich auch wieder nicht sagen, es sei aus nichts heraus entstanden und einfach nur aus dem Ärmel geschüttelt worden.

Merkwürdig, wenn ich mir das jetzt bewusst mache – doch ihren Ausgang nahm die ganze Idee bei der Porphyrie, einer Stoffwechselerkrankung, die angeblich dem Vampirismus zugrunde liegen soll. Diese Erkrankung besteht in einem gestörten Eisenhaushalt und kann in seltenen, besonders schweren Fällen einen unbezähmbaren Appetit auf Blut hervorrufen. Begleiterscheinungen sind Lichtscheu, Blässe der Haut, die im Licht schnell Verbrennungen erleidet, und bisweilen sogar neurologische Veränderungen, die zu Halluzinationen führen.

Die Idee für das Buch ruhte lange in einem Dokument mit dem Titel *porfiria.doc*; von Zeit zu Zeit ergänzte ich neue Einfälle, Sätze, Informationen. So ist meine Arbeitsweise – ich habe stets mehrere Ideen *in statu nascendi* auf meinem Desktop gespeichert, mit denen ich mich gleichzeitig befasse, die ich gleichzeitig wachsen, quellen lasse. Dann kommt es irgendwann zu einem unerwarteten Ereignis oder Erlebnis, und ich beginne einer der Ideen mehr Arbeit und Aufmerksamkeit zu widmen. Als zweites Element des Projekts *»porfiria«* erschien plötzlich die Gestalt einer älteren Frau, einer Großmutter zweier Zwillingsmädchen, die an ebenjener Krankheit litten. Sie sollten in den Ferien zu ihrer Oma aufs Land fahren, und dort …

All das würde sich in meinem Haus in den Bergen ereignen, vor der nebelverhangenen, melancholischen Kulisse des Glatzer Kessels, dessen Landschaft ich so gut kenne und liebe. Ich nahm die Position der Großmutter ein und fand langsam, stotternd und hustend, deren Stimme, und danach konsequenterweise auch ihr Denken, ihre Mentalität, um mir schließlich sogar ihre Sicht der Dinge anzueignen. Der genaue Moment, in dem Janina Duszejko hervortrat, verging unbemerkt. Ich drang in sie ein, in ihren Blick, ihre Augen wurden zu meiner Brille, und mit einem Mal konnte ich alles, was ich selbst sah, auch mit Janinas Augen sehen. Die Stimmung, die Düsternis des Glatzer Kessels und die zunehmend merkwürdigen Figuren, die von Duszejko gleichsam heraufbeschworen auf den Plan traten …

Wahrscheinlich wäre aus dem Buch, hätte ich in dieser Etappe zu schreiben begonnen, ein Horrorroman geworden.

Doch je deutlicher erkennbar Janina Duszejko war, desto fassbarer wurde sie auch in psychologischer Hinsicht, desto mehr wuchs sie mir ans Herz, und desto weniger wollte ich sie in der Hauptrolle eines Horrorromans sehen. Duszejko verlangte von mir eine Mission, die sie erfüllen sollte. Ihr markanter Charakter konnte nur im aktiven Handeln richtig aufblühen. Unerwartet kamen mir Motive und Themen in den Sinn, mit denen ich mich schon längere Zeit nicht mehr befasst hatte (wie zum Beispiel William Blake). Auch Gedanken, winzige Beobachtungen, gewagte Hypothesen und wunderliche Theorien kehrten zurück – und mit Freuden bemerkte ich, dass es mehr und mehr wurden. Janina Duszejko – nun trug sie bereits diesen Vor- und Nachnamen, an deren Herkunft ich mich nicht mehr erinnere – saß im leeren Raum, irgendwo im Glatzer Kessel, und harrte der Dinge, die da kommen würden. Ich würde nicht sagen, dass ich sie mit Eigenschaften ausstattete, die ich selbst bis dahin in mir getragen hatte und zu denen ich mich nicht recht hatte bekennen wollen – schon gar nicht in Gesellschaft kluger und gebildeter Menschen. Unausgesprochenen Eigenschaften, die wie stete Tropfen den Stein gehöhlt hatten, um schließlich nach außen zu dringen. Es war eher eine allmähliche Ausgestaltung der Figur Duszejko – wie wenn man ein Detail heranzoomt, das dann in aller Schärfe aus dem umgebenden Bild heraustritt und selbst die kleinsten Einzelheiten offenbart.

Personifizierung

Ein Terminus, den wir bei unseren Erwägungen zum besonderen und erstaunlichen Entstehungsprozess literarischer Gestalten beachten müssen, ist die Personifizierung.

Den Begriff »Personifizierung« verstehe ich nach James Hillman als spontane Erfahrung, Vorstellung und schließlich sprachliche Darstellung von inneren Bildern und Bildkomplexen, die dadurch zu psychischen Präsenzen werden. Personifizierung ist somit eine psychische Aktivität, die menschliche oder nichtmenschliche Wesenheiten nach eigenem selektivem Ebenbild erschafft – sie ist also eine Art von Projektion. Wenn wir annehmen, dass etwas – von dessen ontologischer Grundlage einmal abgesehen –, real sei, weil es auf die Wirklichkeit einwirkt und sie verändert, dann sind die Fiktionen eines Autors realer als sein Ich und erscheinen meistens schlüssiger und überzeugender als ihr Schöpfer selbst. Die Literatur kennt viele Beispiele von schillernden und langlebigen Helden, die der Feder nur mäßig interessanter Autoren entsprungen sind. Wir kennen beispielsweise Stanisław Wokulski[39] um einiges besser als seinen Schöpfer Bolesław Prus. Schriftstellerinnen und Schriftsteller sterben, ihre Existenz zerfällt zu Staub – indessen leben und wirken die von ihnen geschaffenen Gestalten weiter.

All das fußt auf der grundsätzlichen Idee, der zufolge es einen bestimmten »Denkmodus« gibt, der die Möglichkeit voraussetzt, ein inneres Ereignis ins Außen zu verlegen und gleichzeitig dafür zu sorgen, dass sich sein Inhalt belebt und einen persönlichen Charakter annimmt. Und das eben ist Personifizierung.

In der griechischen Tradition galt die Personifizierung als notwendige Methode zum Verständnis der Welt. Die alten Griechen und Römer nutzten sie, um abstrakte Begriffe wie »Hoffnung«, »Gerechtigkeit«, »die rechte Zeit« mit psychischen Kräften zu versehen. So entstanden viele der Götter des Altertums.

Janina Duszejko aber ist alles andere als eine Göttin. Sie ist alt, ungepflegt, hat Dreck unter den Fingernägeln und ein unaufgeräumtes Wohnzimmer. Ihr Leben ist anders verlaufen, als sie es sich gewünscht hätte, sie blieb allein, ist einsam und wunderlich geworden. Eine ihrer Hauptbeschäftigungen ist die von der »besseren Gesellschaft« verlachte Astrologie; statt sich an die herrschenden Modetheorien zu halten, verfolgt sie ihre eigenen schrulligen Ansätze. Vor ihrem Ruhestand hat sie als Ingenieurin Brücken in Syrien gebaut, heute unterrichtet sie stundenweise Englisch in der dörflichen Grundschule. Sie wohnt mit zwei Hündinnen in ihrem Haus, sieht in den Sommerhäusern der Nachbarn nach dem Rechten. Zudem leidet sie an einer Krankheit – an welcher genau, erfahren wir nicht, ahnen jedoch, dass es sich um ein lebensbedrohliches Leiden handelt. Aus diesem Grund sieht Duszejko die Welt durch den Filter jenes nicht weiter benannten Leidens, dem sie eine gewisse metaphysische Bedeutung beimisst. Sie hat ihre eigene Sprache, mit der sie alles ringsumher benennt und so die Welt für eine kleine Weile der allseits verpflichtenden, gesellschaftlich akzeptierten und erwünschten Banalität enthebt. Die Menschen halten sie für eine wirre Alte, manche glauben gar, sie sei wahnsinnig. Sie ist eine Versagerin, und um sie herum versammeln sich ähnlich erfolglose Gestalten – wie etwa Matoga, ein knorriger Sonderling, der an einer Art (ich würde sagen: testosteronbedingtem) Autismus leidet, oder Dyzio, ein junger Mann, der bereits zu Beginn seines Erwachsenenlebens auf verlorenem Posten steht, dem die Welt bereits verschlossen ist – oder dem sie niemals offenstand. Statt Karriere in einem Großkonzern oder einer Kanzlei zu machen, brütet Dyzio über der Übersetzung eines Dichters der englischen Vorromantik und hält sich ansonsten mit Gelegenheitsarbeiten über Wasser. Und dann ist da noch Buena Noticia, die junge Verkäuferin aus dem Lumpex-Secondhandshop, die kein Geld fürs Studium hatte und sich jetzt mit Horrorromanen fortträumt in Phantasiewelten. Symbolfigur für dieses – alles andere als abfällig gemeinte – Versagertum ist aber der Insektenkundler Boros Sznajder, der mit akribischem Eifer das Leben der sehr seltenen Reliktgattung der Scharlachkäfer erforscht und trotz seines akademischen Grades ebenfalls Außenseiter bleibt. In seinem Widerstand gegen die hektische, übersättigte, um sich selbst kreisende Welt kann er als Paradebeispiel für diesen Menschenschlag dienen.

Ich will gar nicht abstreiten, dass literarische Figuren

mit einem solch hervorstechenden Charakter wie Duszejko in gewissem Grade ein Teil des oder der Schreibenden selbst sind, ein Teil, der nach außen gedrungen und in einen Körper geschlüpft ist (zumindest auf dem Papier). Allerdings würde ich solche Gestalten nicht als äußere Erscheinung von Verdrängtem oder Unbewusstem bezeichnen, denn wir Schreibenden sind uns dieser Teile unseres Selbst meist sehr gut bewusst. Überdies gab es in meiner Umgebung ein sehr viel greifbareres und konkreteres Vorbild für die Janina Duszejko, und zwar in Person meiner Nachbarin, einer Architektin und Künstlerin, mit der ich die Ehre und das Vergnügen hatte, mich anzufreunden. Die Idee der einsamen, subversiven und zugleich empfindsamen Frau speiste sich somit aus mehr als einer Quelle. Auch die unauffällige Beobachtung meiner Bekannten auf Empfängen oder Reisen, die rasche Registrierung der Gestaltung ihrer Häuser, ihrer Art zu reden spielte hierbei eine Rolle. Ich werde nie vergessen, wie sehr mich jene ältere Dame in bunten und weit schwingenden, hippieartigen Gewändern beeindruckte, die bei einer Veranstaltung auf mich zukam, mich bei einem Knopf meiner Bluse packte und fragte: »Und wo sitzt dein Aszendent, Liebes?« Da schoss es mir wie ein Blitz durch den Kopf: ASTROLOGIE. Duszejko würde sich mit Astrologie befassen. Das würde ihre alternative Weltordnung sein.

Mit alldem möchte ich sagen, dass Personifizierung nicht einfach in reiner, simpler Projektion besteht.

Die einfache Psychoanalyse lässt sich hier nicht anwenden, ist sie doch immer eine Sklavin der Zeit – sie kann stets nur auf das zugreifen, was bereits gewesen ist, nicht aber auf das, was noch sein wird. Eine solche Psychoanalyse sucht die Gründe für unser Verhalten in der Vergangenheit, im Keim dessen, was wir geworden sind. Doch es wäre auch eine völlig andere Psychoanalyse denkbar, eine umgekehrt ausgerichtete, die eine Betrachtung des Selbst, wie es im Hier und Jetzt existiert, als Keim für das betrachtet, was wir in der Zukunft sein werden. Wollte man diese Methode anwenden, so wäre Duszejko eine mögliche Projektion meiner selbst in der Zukunft. Und vielleicht ist es ja auch so: Wenn die Dinge sich in diese Richtung entwickeln, wenn die Knoten aus Konflikten und Traumata nicht gelöst werden, wenn sich die Umgebung und die sie beherrschenden Mechanismen nicht ändern, Emotionen nicht entladen werden können und der Zustand der erlernten Hilflosigkeit noch weitere zwanzig Jahre lang bestehen bleibt – dann, fürchte ich, werde ich zur Janina Duszejko.

Die mythologische Perspektive

Da wir nun bereits wissen, dass literarische Gestalten ein Konglomerat aus bewussten Gedanken, der Beobachtung anderer Menschen und der Projektion eigener Charaktereigenschaften bilden – alles in allem keine besonders außergewöhnliche Erkenntnis –, möchte ich meiner Rezeptur noch eine weitere Zutat beimischen, ohne die es, wie ich meine, gar keine Literatur geben könnte. Wenn ich über die Psychologie der Entstehung von Erzählsträngen und Figuren, der Schaffung von imaginierten Romanwelten spreche, wenn ich andere Schriftstellerinnen und Schriftsteller betrachte, frage ich mich, wie es vor sich geht, dass an ihren Schreibtischen, in ihren ganz gewöhnlichen Arbeitszimmern plötzlich andere Welten aufscheinen wie Hologramme und dass diese Welten anschließend, zu Papier gebracht, in das seelische Leben anderer Menschen treten und sie begleiten.

Mir scheint, als wäre der Raum dieses schriftstellerischen Ringens dennoch nicht die Realität und als ginge es hier nicht um Fragen des Stils oder der Sprache selbst. Es geht um mehr, um etwas Größeres: um den Zugang zu einem polymorphen, kaum beschriebenen (oder sogar nur in Bildern bestehenden) Raum des Mythos, der, wie ich denke, in jedem von uns existiert. In diesem Raum spielt sich ein unentwegter Prozess der Selbstschöpfung ab, des Diskurses mit der Welt und der Bezugnahme auf deren gewaltiges Gedächtnis. Er enthält die gesamte menschliche Erfahrung des Lebens und der Welt, andere Menschen und andere Wesen, literarische Gestalten, Popkultur, Märchen und Mythen.

In diesem Raum des Mythos ist der ontologische Status aller Daseinsformen gleich – der Status Gottes und der des sprechenden Tiers, der des Menschen und der des Steins, der sehen kann. Es ist ein unfassbarer, ein überwältigender Ort, zu dem wir nur gelegentlich Zutritt haben, es ist der Sesam aus dem Märchen, zu dem wir sagen: »Öffne dich«, und er öffnet uns seine Pforten, und in seinem Innern ruhen unendliche Reichtümer, aus denen wir nach Belieben schöpfen können. Aber Moment, Moment, wie ist es noch in dem anderen Märchen – wir dürfen die Reichtümer nicht in der Gestalt hinaustragen, in der sie dort vorhanden sind. Ihre besondere Substanz verträgt keinen Kontakt mit der Welt des Entweder-oder, mit der Welt der Formen und der häufig so ungeschlachten Sprache. Die Bilder zerfallen, zerbröseln zu Staub und entgleiten unseren Händen. Um sie hinauszubringen aus dem Sesam, muss eine spezielle Art des Transports oder der Konversion gefunden werden. Manchmal gelingt es, und dann gelangen vieldeutige, komplexe, mehrschichtige Bilder von jener Seite zu uns, auf diese Seite – als mythologische Motive, Erzählungen, Märchen, eigentümliche Sprichwörter, Symbole: das Markenzeichen der anderen Seite.

Die alte Frau, die auf der Suche nach ihren verschwundenen Liebsten Täler durchquert und Hügel erklimmt, eine Axt, nein – pardon –, eine Plastiktüte mit Eis in der Hand, verzweifelt und voller Rachegedanken – irgendwoher kennen wir doch dieses Bild. Manchmal kommt es mir so vor, als bildeten alle Menschen in unserer Umgebung eine in sich geschlossene Konstellation von Gestalten, die wir von irgendwoher kennen. Als fügten wir das Dasein der Menschen um uns herum in ein ganz bestimmtes Muster ein, das bereits da ist und in seiner alles überwältigenden Ordnung immer und immer wiederkehrt, was wir nur sehr vage ahnen.

Mythologisches Denken wird gewöhnlich als Phänomen einer Zeit betrachtet, in der die Menschheit noch in den Kinderschuhen steckte, als charakteristisches Phänomen für die traditionelle Kultur, innerhalb derer der Mythos als universale, die Ordnung der Welt erklärende und begründende Erzählung fungierte. Das mythische Denken erhob den Menschen nicht über die anderen Elemente der Welt: Zur Entfremdung des menschlichen Wesens von der Natur war es noch nicht gekommen. Der Mensch fühlte sich mit Tieren und Pflanzen verwandt, er spürte eine Verbindung zwischen sich und der Welt der Natur.

Mythologisches Denken sucht die nicht offen ersichtlichen Zusammenhänge zwischen Phänomenen, es bedient sich der phantasievollen und mutigen Kunst der Synthese. Es hat die Fähigkeit, fern voneinander liegende

Phänomene zu verknüpfen und deren erstaunliche Ähnlichkeiten aufzuzeigen. Es ist empfänglich für kleinste Einzelheiten, für Details, die gewöhnlich übersehen werden, und führt daher bisweilen auch zu Verschwörungsdenken – in den meisten Fällen aber ist es fähig zur Transzendenz, zur Überschreitung der Grenzen des Offensichtlichen.

Ich bin mir sicher, dass das mythische Denken nicht in die Vergangenheit entglitten ist, dass es immer noch in unserem Verstand schlummert und sich hin und wieder in verschiedenen Sphären unseres Lebens zu Wort meldet (in der Religion, an der Börse, doch auch in der Gesamtheit des Alltäglichen). In der Kunst hingegen scheint es *conditio sine qua non* für jeden künstlerischen Ausdruck zu sein. Sehr schön in Worte gefasst hat es William Wordsworth:

»In jeglicher Naturform, Fels, Frucht, Blüte,
Ja selbst im Kiesel, der die Straße deckt,
Sah ich bewußtes Sein: ich sah sie fühlen,
Oder verband sie einem Allgefühl:
Die große Masse lag in *einer* Seele,
Das Leben wirkte, eingebettet; alles
Was ich erblickte, atmete Bedeutung
Und innern Sinn.«[40]

Aus mythischer Perspektive erscheint die Welt personifiziert, belebt, erfüllt von vibrierendem *élan vital* und dadurch voller Bedeutung. Keine mechanische und zufällige Welt ist es, sondern eine von Wesen bevölkerte Welt, die unsere ganze leidenschaftliche Hingabe verlangt, besteht sie doch in einer unteilbaren Wirklichkeit. Subjekt und Objekt, Gott und Mensch, Mensch und Tier, Mensch und

Natur sind verbunden durch subtile Korrespondenzen, bedeutungsvolle Bande. Und eben deshalb liegt es allein an der Kondition unserer Psyche, ob Welt und Götter lebendig sind oder bereits tot. In diesem mythischen Bewusstsein zeigen sich die imaginierten Personen als die wirklichsten, und die von der Imagination verarbeiteten und neu konstruierten Informationen verschmelzen zu neuen Konfigurationen. Die Erschaffung von literarischen Figuren geschieht eben im Schmelztiegel der Imagination, in jenem besonderen, tief liegenden Modus, in dem ein großer Teil unseres seelischen Lebens vor sich geht.

Multiple Persönlichkeit

Nun will ich eine recht gewagte und vielleicht sogar exzentrische Hypothese formulieren … Als kleines Mädchen sah ich einmal meiner Großmutter zu, wie sie fürs Mittagessen ein Huhn ausnahm. Diese Küchenlektion in Anatomie erschütterte mich zutiefst, daran erinnere ich mich bis heute. In den Eingeweiden der Henne befanden sich Eier, ein jedes in einem anderen Entwicklungsstadium – vom fast fertigen Ei mit Schale, über ein halb fertiges, das von einer feinen weißlichen Membran umhüllt war, bis hin zu mehreren gelben Kügelchen, von denen das reifste die Größe einer Münze hatte. Einem jeden Lebewesen wohnt die Zeit inne, und wenn wir das Wesen töten, unterbrechen wir jene innere Zeit – sorgen dafür, dass etwas unvollendet bleibt, zerstören eine ganze Zukunft mit all ihre Potenzialen und möglichen Situationen. Wir unterbrechen die Entstehungskette einer wundersamen Vielheit und einer unbegrenzt scheinenden Potenzialität.

Ja, es tat mir leid um die Henne und ihre sanfte, individuelle Hühnerexistenz, doch mehr noch bedauerte ich den Verlust all der Seinsmöglichkeiten, die in ihr gesteckt hatten. Und so geschah es, dass ich aus dieser gefühllosen Sektion eine Lektion mitnahm – die Lehre, dass auch wir in unserem Innern möglicherweise eine Vielheit sind, dass jene verborgenen Hierarchien von Potenzialen in uns neue Möglichkeiten von Zeit erschaffen, ja nicht ausgeschlossen sogar, dass in uns noch unentwickelte, unfertige Persönlichkeiten in verschiedenen Reifestadien stecken.

Diese Lehre lässt sich nun leicht auf unsere nicht sehr präzise Schaffenspsychologie übertragen – indem wir also literarische Gestalten ins Leben rufen, formen wir im Grunde die in uns schlummernden Seinsmöglichkeiten unseres Selbst aus.

Das Abenteuer mit Janina Duszejko ist ein Abenteuer mit dem dissoziativen Erzähler. Zur Erinnerung: Diese Art von Erzähler personifiziert sich in einer konkreten, integralen Gestalt, die eine eigene Persönlichkeit besitzt, mit eigener, zumeist unabhängiger Stimme spricht, über eine eigene Weltsicht und eine eigene Empfindsamkeit verfügt. All das entsteht infolge eines recht speziellen psychologischen Prozesses, in dessen Zuge der Autor dem Erzähler/der Gestalt für die Dauer des Romans gestattet, eine wesentliche Sphäre des erzählenden Ich einzunehmen, wodurch es zu einer Art Besessenheit kommt – oder sagen wir besser, Aneignung … wir möchten schließlich nicht das Augenmerk der derzeit äußerst aktiven exorzistisch tätigen Befreiungsdienste auf uns ziehen. Lässt sich ein Schriftsteller freiwillig auf so etwas ein, so erweist sich dies als äußerst wirksamer Schachzug. Der Erzähler/die Gestalt greift auf die Energiereserven des Autors zu und ist daher imstande, eine überzeugende Persönlichkeit zu kreieren, die zwar integriert ist, zugleich aber auf irgendeine Weise ihre Unabhängigkeit erlangt und sich emanzipiert.

Die Psychologie – und insbesondere die Psychoanalyse – wurde auf das Phänomen der Personalisierung aufmerksam, als sie mit psychopathologischen Erscheinungen wie etwa Fällen von multipler Persönlichkeit, dissoziativen Störungen oder Halluzinationen zu tun hatte. Interessant ist, dass die Psychoanalyse beim Umgang mit solchen Fällen – ähnlich wie die alten Griechen es bei den abstrakten Begriffen taten – Personifizierungen vornahm, also eine andere Form der Personalisierung: Sie schuf das Ich, das Über-Ich, das Kind, die Eltern, die Urhorde und Ähnliches.

Ich war immer eine Vertreterin der psychologischen Ansicht, dass der beharrliche Glaube an ein unteilbares Ich aus unserer Kultur herrühre und unseren unbezähmbaren Individualismus widerspiegele. Die zivilisatorischen Auswirkungen eines solchen Standpunktes sind unleugbar – wir wollen als Personen behandelt werden, wir fordern unsere Rechte ein, und unsere Vereinzelung und innere Integrität projizieren wir auf einen monotheistischen Gott, weswegen wir polytheistische Religionen als eine Art Kinderei abtun. Doch vielleicht wäre es besser – wenigstens, was künstlerische Fragen betrifft –, wenn wir die gegenteilige These annähmen: In jedem von uns ist Vielheit enthalten (mein Name ist Legion), ein Meer an Potenzialen, skizzierte, nur eben angedeutete Eigenschaften, aus denen sich andere mögliche, aber ungewisse Identitäten bilden könnten, die auf bessere Zeiten warten, in denen sie zu Wort kommen und ihren Träger, ihre Trägerin überraschen dürfen, worauf er oder sie dann erstaunt ausruft: »Ich hätte nie gedacht, dass ich mich so benehmen könnte!« oder »Das bin doch nicht ich!«.

Beim Schreiben von Romanen nimmt diese von innen nach außen wirkende Kraft zu, Schriftstellerinnen und Schriftsteller bedienen sich großzügiger an ihrer inneren Vielheit und sind daher eher ein Kreis von Personen als eine in sich geschlossene Monade. Vielleicht schlummern in ihnen ja tatsächlich viele potenzielle Persönlichkeiten, die sich bereithalten, um erst in der entsprechenden Geschichte aufzutreten, und die deswegen das alltägliche Funktionieren nicht behindern. Es scheint, als wäre unser inneres Chaos und Durcheinander unser größter Reichtum.

Liebevolle Zugewandtheit

Zur Erschaffung einer überzeugenden Gestalt braucht jede Personifizierung, und sei sie noch so tief in der Mythologie verwurzelt, eine ganz bestimmte Zutat, die ich »liebevolle Zugewandtheit« nenne.

Ohne ein Quäntchen Liebe wird auch die materialisierte und mit eigener Stimme versehene Janina Duszejko nicht zum vollständigen Menschen, der auf die Vorstellungskraft der Leserinnen und Leser wirken kann. Ich weiß nicht, wie ich diese besondere Art der Zuneigung zum abstrakten Wesen der literarischen Figur beschreiben soll. Beginnt die Schöpferin, der Schöpfer einer erfundenen oder projizierten Figur, Emotionen für diese zu entwickeln, so heißt das, dass die Figur sich bereits konstituiert hat, dass sie ihre Grenzen gezogen, menschliche Eigenschaften angenommen, ihren Platz im Sein abgesteckt – und sich damit verselbstständigt hat. In ebenjenem Raum, der sich durch die Entfernung der Figur von ihrem Schöpfer aufgetan hat, können sich echte Gefühle entwickeln.

Jenes leise »Klick«, *der* Moment, in dem wahre Empathie für eine nichtreale Figur entsteht, umfasst das ganze Geheimnis des Schaffens. Was am Anfang eine personifizierte Projektion war, was sich selbst von seinem Schöpfer losgelöst und eine eigene Existenz begonnen hat, kehrt nun in der ganzen Vielfalt der Gestalt zum Schöpfer zurück und fordert dessen Zuneigung – fordert, zum zweiten Mal personifiziert zu werden. Diese eigentümliche Alchemie der Beziehung zwischen Schöpfer und Gestalt wirkt paradoxerweise zusätzlich stärkend auf die Figur und macht sie noch unabhängiger.

Ich bin der festen Meinung, dass jeder Schöpfer, jede Schöpferin seine oder ihre Figuren immer auf irgendeine Weise liebt – anders wäre es nicht möglich, ihnen eine tiefer gehende Persönlichkeit und Psychologie zu verleihen. Es verhält sich wie bei Gott im Paradies, der den Menschen bei dessen Erschaffung zugleich mit Liebe und Zugewandtheit bedachte und ihn, indem er ihm Freiheit und Selbstbestimmung schenkte, aus seiner Wirkungskraft und Kontrolle entließ.

Was Duszejko mich gelehrt hat

Wir haben gesagt, dass das Auftreten starker, fertiger, integrierter und gewissermaßen unabhängiger Figuren ein Hinweis darauf sei, dass wir mit der Sphäre des Mythos in Berührung gekommen sind.

In dem riesigen Mythenspeicher, als der unsere Psyche fungiert, lagern die für das Gedächtnis unserer Gattung grundlegenden menschlichen Verhaltensmuster, komprimiert in Narrativen und Figuren. Gleichzeitig bekommen wir eine spezielle Gebrauchsanleitung, denn alles, was sich dort befindet, erweist sich als fließend und unscharf, sodass die einzelnen Elemente einander überlappen, und die einzige herrschende Logik ist die Logik des Traums. Dieses gewaltige Reservoir an Bildern ist überaus hilfreich für uns – dank ihm können wir uns auf tiefster Ebene verständigen.

Der Grad der Integration und der Unabhängigkeit literarischer Gestalten bemisst sich an deren Bereitschaft zum Austausch. Als ich entschieden hatte, dass Duszejko von Astrologie fasziniert sein würde, musste ich selbst von jener schönen alten Kunst der Sinnsuche aus eine Brücke zu ihr bauen. So begann ich eigene Studien zum Thema Astrologie, und als ich meiner Protagonistin dann einige Regeln und Prinzipien darbot, bemerkte ich, wie die psychologisch und emotional bereits in Grundzügen gezeichnete Figur von ihrer eigenen Mission geleitet die Regeln von sich aus, quasi auf eigene Faust, anzuwenden begann, um die Welt, in der sie lebte, zu verstehen.

Zu beobachten, wie Janina Duszejko die alten Prinzipien der Astrologie zur Erkenntnis ihrer eigenen Umgebung anwandte, war eine wunderschöne Erfahrung. Denn schließlich behauptet Duszejko – ob sie nun selbst daran glaubt oder nicht – steif und fest, dass Tiere die Mörder seien[41], und benötigt zur Untermauerung dieser These astrologische Beweise. Somit wälzte ich ganze Stapel von Büchern, immer auf der Suche nach winzigen Hinweisen und Andeutungen; ich gab den Opfern genaue Geburtsdaten und -uhrzeiten, um versuchsweise Horoskope für sie zu entwerfen, und beratschlagte mit mir selbst, worin sich der Mond im Skorpion wohl vom Mond im Löwen unterscheide. Ich muss zugeben, es war eine sehr fruchtbare Phase, in der ich mich überzeugen konnte, dass jedes systematisierte, in sich kongruente, aus logisch miteinander verbundenen Elementen zusammengesetzte Wissen alles erklären kann, was man will – wenn man sich nur genug Mühe gibt. Duszejkos Perspektive öffnete mir die Augen für einige höchst interessante Sachverhalte – zum Beispiel, dass im gewaltigen Kosmos der Astrologie auch die Kategorie »Kleintiere« Platz findet und dass diese Kategorie bei der Untersuchung der wechselseitigen Einflüsse und Beziehungen ebenso schwer wiegt wie »Liebe«, »Geld«, »Arbeit« oder »Karriere«. Duszejkos exzentrische Denkweise brachte mich außerdem zu der Erkenntnis, dass manche Dinge in unserer Umgebung (in dem konkreten Fall: die Position von Planeten), die gewöhnlich als gut oder positiv angesehen werden, auch eine dunkle Seite haben können, und dass es so etwas wie »Gelingen« oder »Misslingen« in Wirklichkeit gar nicht gibt, weil jede auf diese Weise eingeordnete Situation unendlich viel komplexer ist, als es uns die simple duale Bewertung weismachen will.

Duszejko stellt bei der Reflexion über sich selbst fest, dass ihr zwar – um es in einem gänzlich anderen Jargon auszudrücken – ein reiches »kulturelles und soziales Kapital« geschenkt worden sei, was in ihrem persönlichen Fall jedoch Trägheit verursache und jegliche Motivation im Keim ersticke. Dieses Phänomen nennt sie das »Syndrom der faulen Venus« und beschreibt es in allen Einzelheiten. Nie im Leben wäre ich auf eine solche Konzeption verfallen, hätte nicht Duszejko mir einen Perspektivwechsel ermöglicht, hätte sie mich nicht dazu gebracht, den bequemen Platz zu verlassen, von dem aus ich die Dinge beobachtete, und die Welt mit den Augen einer alten, einsamen, exzentrischen Frau vom Land zu sehen, die auf ebenso exzentrische wie untypische Weise Horoskope studiert.

Das Wichtigste aber, wozu Duszejko mich brachte, war die genaue Betrachtung einer der wesentlichsten menschlichen Emotionen – der Wut. Es sollte sich nämlich herausstellen, dass ebendies – die Erforschung des ganzen Potenzials, das diesem Gemütszustand innewohnt – die Mission war, nach der diese Gestalt von Anfang an verlangte.

Wir betrachten Wut gewöhnlich als negativ, zerstörerisch, Chaos und Gewalt verursachend. Dabei entsteht sie häufig als Reaktion auf eine Beschneidung unserer persönlichen Freiheit und Wirkungskraft, als Reaktion auf unsere Hilflosigkeit – sie bricht hervor, wenn wir spüren, dass unsere Würde und unser Gerechtigkeitssinn missachtet werden. *Gesang der Fledermäuse* ist eigentlich ein Buch über das Potenzial der Wut, die Antwort des anständigen Bürgers auf eine Situation, in der alle zulässigen Handlungsmöglichkeiten gegen ein unmoralisches Recht bereits erschöpft sind und weitergehende Handlungen in Erwägung gezogen werden müssen, auch wenn dadurch die Grenzen des Üblichen, des gesellschaftlich als angemessen Geltenden überschritten werden. In diesem Sinne enthüllt die Wut uns paradoxerweise ihre andere, positive Seite: das Mitgefühl. Sich auf die Seite der Schwächeren, Ausgeschlossenen, Hilflosen zu stellen, die selbst keine Stimme haben – das ist das Betätigungsfeld der Janina Duszejko. Natürlich, ihr Einsatz nimmt extreme, gewalttätige Formen an, aber das ist eben die Aufgabe der Literatur – und der Kunst im Allgemeinen: Sie wagt sich an Dinge heran, die wir uns im wirklichen Leben nicht erlauben würden, und gestattet uns, in der Welt der Fiktion und der Imagination die dunklen Seiten unserer Natur auszuleben.

Mit ihrer exzentrischen Perspektive, aus der sie die Dinge immer wieder betrachtet, eignet sich Duszejko die Wut an und macht sie zu einem Instrument, das es ihr erlaubt, Einfluss auf die Welt um sie herum zu nehmen – mit allen furchtbaren Konsequenzen. Die Art und Weise, auf die Duszejko William Blake liest, illustriert ihren Umgang mit der Wut: Sie sieht in ihm den subversiven Dichter, den Rebellen gegen jegliches Establishment: religiöses, moralisches, zivilisatorisches. Hätte ich nicht jemanden wie Janina Duszejko »in meinem Speicher« gehabt, so hätte ich möglicherweise nie eine solch radikale und frische Perspektive einnehmen können.

Janina Duszejko geht auf die Straße

Heute erinnere ich mich mit einer gewissen Distanz an die Arbeit am *Gesang der Fledermäuse*. Nachdem ich *Unrast*[42] verfasst hatte, verfiel ich in einen Zustand seltsamer Leere; mein Kopf fühlte sich an wie ausgeräumt, nicht der jämmerlichste, schwächste Einfall schien mehr darin zu schlummern. Und eigentlich ging es mir ganz gut damit. Der merkwürdige Schwebezustand fiel in eine Phase großer Veränderungen in meinem Leben, mit denen ich nur schwer zurechtkam; ein Umzug gehörte dazu und mehrere Reisen, die ich unternehmen musste. Ich plante kein neues Buch.

Allerdings musste ich recht bald feststellen, dass ich einen Vertrag mit meinem Verleger, der mich verpflichtete, innerhalb einer bestimmten Zeitspanne ein weiteres Buch abzuliefern, völlig vergessen hatte. In dem Zustand der Trägheit, in dem ich mich befand, traf mich diese Erkenntnis wie ein Blitz aus heiterem Himmel; es fühlte sich an wie eine Strafe Gottes. Nicht, weil ich fürchtete, keine neuen Ideen mehr zu haben, sondern eher, weil der Prozess des Schreibens harte, körperliche Arbeit für mich bedeutet, eine große Anstrengung, die ich – um ehrlich zu sein – nicht immer gern auf mich nehme. Ich dachte mir also, am einfachsten wäre es, den Weg des geringsten Widerstands zu gehen und ein Stück echte Genreliteratur zu schreiben. Einen einfachen, gradlinigen Roman, der, wenn die Segel einmal gesetzt wären, wie von selbst auf Kurs bleiben und das unruhige Meer der Fiktion unverzagt und souverän durchpflügen würde. Gesagt, getan: Ich nahm mir sechs Monate Urlaub von meinem Leben und zog mich an einen ruhigen Ort zurück, um zu schreiben.

Heute würde ich sagen, dass die Verwendung einer fertigen Krimiform das Schreiben sehr erleichtert. Kaum verwunderlich, dass so viele Menschen Liebhaber dieses Genres sind. Es ist ein bisschen wie Kuchenbacken, gibt es doch genaue Rezepturen, was wie in welchem Verhältnis und in welcher Reihenfolge zu verwenden wäre; dann holt man eine Kuchenform aus dem Schrank, gießt den angerührten Teig hinein. Und heraus kommt ein charakteristisches, wohlgeformtes Werk mit Wiedererkennungswert.

Bei den vorangegangenen Büchern musste ich mich mit der Form herumschlagen, mir die ganze Rezeptur von vorn bis hinten selbst ausdenken und immer wieder hin und her überlegen, welches Blech wohl am besten passen würde, wusste ich doch lange nicht, welche Gestalt meine Schreiberei am Ende annehmen würde.

Eine fertige Form ist schon in Ordnung. Wir, die Genossen Literaten des mitteleuropäischen Raumes, sollten uns endlich mit ihr versöhnen, auch wenn wir so zäh mit ihr gerungen haben, wie es Witold Gombrowicz dramatisch ausdrückte. Wir haben unsere eigene Erfahrung (eine andere als die westeuropäische), die wir weitergeben wollen, wir haben ein anderes Gefühl für Zeit, Geschichte, zwischenmenschliche Beziehungen. Oft haben wir uns kolonisiert gefühlt vom Westen, doch konnten wir ihm nichts Eigenes, gleichermaßen Starkes entgegensetzen. Deswegen rangen wir so sehr, versuchten dies und jenes, wollten das Rad neu erfinden. Jahrzehnte hindurch entstanden in Polen keine ordentlichen Mainstreamromane, weder Sagen wurden geschrieben noch dicke, fesselnde Bände mit Erzählungen. Es gab keine Sittenromane, und der Krimi wurde zu einer so niederen Gattung, dass man ihn nur unter Pseudonym verfassen konnte und sich obendrein das wenig schmeichelhafte Etikett »Unterhaltungs-« oder, schlimmer noch, »Frauenroman« gefallen lassen musste.

Die Versöhnung mit der Form – genau das geschieht wohl eben vor unseren Augen. Westliche Muster, Normen und Standards gewinnen in einer Generation, die, globalisiert und (im positiven Sinne) kosmopolitisch, wie sie ist, die meisten unserer langjährigen polnischen Komplexe abgelegt zu haben scheint. Die jungen Schriftsteller und Schriftstellerinnen scheuen sich immer weniger, Anregung bei fertigen – vor allem skandinavischen und angelsächsischen – Romanmustern zu suchen, und der Krimi – als überaus mobile und moderne Gattung – beginnt die Welt auch des polnischen Romans zu beherrschen.

In jedem einzelnen Fall gibt es natürlich viele Unbekannte – die Figuren, den Kriminalfall, die Spuren, die Lösung des Rätsels –, dennoch sorgt die Situation, bei der der Schreibende sich in einem festgelegten »Projekt« (wie man heute so sagt) mit klar umrissenen Grenzen befindet, dafür, dass die Gesamtheit zu einer Aufgabe mit vorgegebenem Ziel und der Akt des Schreibens zu einer angenehmen, sicheren und stets rational kontrollierbaren Beschäftigung wird.

Bis dahin – bei allen meinen vorangegangenen Romanen – war das Schreiben für mich wie ein Kopfsprung ins kalte Wasser gewesen.

Da fällt mir eine Anekdote über zwei Frösche ein. Beide sind in einen Sahnetopf gefallen. Bei der Einschätzung ihrer Überlebenschancen stellen sie übereinstimmend fest, dass diese gering bis gar nicht gegeben sind. Der Pessimist unter den beiden befindet daher, es habe keinen Sinn, sich abzustrampeln, und ertrinkt in Würde. Der Optimist aber kämpft – gegen jeden gesunden Menschenverstand – um sein Leben, zappelt, strampelt, paddelt zwischen den Rändern des Topfes hin und her, so lange seine Kräfte reichen. Irgendwann stellt sich heraus, dass er mit seinem verzweifelten Gestrampel die Sahne zu Butter geschlagen hat – und über diesen festen Grund jetzt »wie geschmiert« aus dem Topf klettern und sich retten kann. Damit will ich sagen, dass meine Arbeit am *Gesang der Fledermäuse* an das Verhalten des optimistischen Frosches erinnert: Mit meinem chaotischen Schreiben mal an dieser Stelle, mal an jener, bei dem ich hier von Bild zu Dialog sprang und dort von Beschreibung zu Notiz, hier Handlungsfäden kreierte und dort Gestalten ins Leben rief, butterte ich das Chaos zu einem Roman. Und dazu eben braucht es einen unerschütterlichen Optimismus; er ist um vieles wichtiger als das häufig überschätzte Talent oder der Fleiß.

Im allgemeinsten Sinne ist *Gesang der Fledermäuse* ein Buch über verschiedenste Typen von Versagern, aus der Reihe tanzende Menschen – Freaks, Außenseiter, Einzelgänger. Sie sind erst aufgewacht, als der Zug schon abgefahren war, als sie nichts mehr zu melden hatten; während sie mit Blake oder Astrologie befasst waren, haben sie nicht auf die Welt aufgepasst, und die ist unterdessen in die Fänge großspuriger, über die Maßen von sich und ihren Ansichten überzeugter, machohafter Psychopathen geraten, die nach der Macht gegriffen und sie unter sich aufgeteilt haben wie eine Pizza. Sie haben der Welt ihren Glauben aufgezwungen, ihre Sichtweisen, ihr oberflächliches und empathieloses Denken über andere, ihr instrumentalisierendes Verhältnis zur Natur, ihre doppelbödige Moral und Ethik des Stärkeren.

Für das Regieren und die Politik prädestiniert sind angeblich extrovertierte und wagemutige Menschen, die gern und selbstsicher in der Öffentlichkeit auftreten. Eine Attacke gegen solche Menschen trifft sie nicht nur nicht, sondern weckt im Gegenteil noch ihre Kampfeslust. Sie wissen sich zu wehren und leben in dem Gefühl, dass ihre eigenen Ansichten und Beweggründe stets über denen anderer Menschen stehen. Solche Menschen haben oft Führungsqualitäten, besitzen machiavellistische, manipulatorische Eigenschaften – was bedeutet, dass sie ohne mit der Wimper zu zucken andere Menschen für die Erreichung ihrer eigennützigen Ziele einspannen. Es ist kaum möglich, Menschen dieses Schlags zu beschämen, und sie leiden auch nie an Schuldgefühlen – so etwas kennen sie nicht. Auch verspüren sie nie das Bedürfnis, sich zu entschuldigen, sie kennen keine Demut, stattdessen mögen sie den Wettstreit. Bisweilen sind sie bravourös mutig und verspüren kaum jemals Angst. Bei Beziehungen zu anderen Menschen steht ihr Eigeninteresse im Vordergrund, sie binden sich emotional an niemanden und nichts, weshalb sie ihre Bündnispartner leicht austauschen und sich an neue Situationen anpassen können – sie selbst halten das übrigens für soziale Intelligenz. Empathische Gefühle kennen sie gar nicht; wäre es anders, könnten sie nicht so effektiv sein.

Wahrscheinlich können Sie sich schon denken, dass ich hier die gemeinhin als »psychopathisch« bezeichnete Persönlichkeit beschreibe.

Betrachtet man die Struktur Welt von dieser Seite aus, so lässt sich leicht bemerken, dass wir in einer merkwürdigen Ordnung leben: Es hat sich eine Art neues Klassensystem herausgebildet. An der Macht sind Psychopathen, die ihre eigene Wertehierarchie gänzlich anders gestrickten, sensiblen Neurotikern überstülpen, die sich in der Welt der Erstgenannten fehl am Platze fühlen, nicht mit ihr zurechtkommen und daher eigentlich gar keine Chance haben, für sich selbst einzutreten.

Das ist natürlich eine vereinfachte Sicht der Wirklichkeit, die jedoch wohl charakteristisch genug ist, als dass sich die mythische Ordnung der Welt jener Hochebene, auf der die Handlung im *Gesang der Fledermäuse* angesiedelt ist, auf ihr errichten ließ.

Ich hatte also eine einfache Unterteilung, die das Fundament für eine Art Pyramide bildete. Oben an die Spitze wurden die Männer gestellt, die mit patriarchalem, paternalistischem Blick auf alles Tieferliegende hinabsehen, selbstgewiss, rücksichtslos und zynisch. Unten hingegen befindet sich die *mixed multitude*, die bunte, uneinheitliche Mehrheit »der anderen«, der weniger starken, schlechter organisierten, häufig ausgegrenzten Menschen ohne Ambitionen, die Macht zu ergreifen, und zu einem Leben unter Bedingungen gezwungen, die die besser situierten Menschen an der Spitze diktiert haben.

Schwächstes Element dieser Machtpyramide sind natürlich die Tiere. Sie sind zum Symbol all jener geworden, die »arm sind vor Gott«, »sanftmütig« und »rein im Herzen«, wie die Evangelien sie so hübsch bezeichnen und tröstend hinzufügen, dass gerade ihnen das Himmelreich gehöre. Ich habe mich bemüht, dieses simple und meiner Meinung nach unwahre Prinzip zu vermeiden, das Menschen und Tiere auf zwei gegenüberliegende Seiten einer Barrikade stellt; stattdessen habe ich die Tiere als diejenigen betrachtet, die von allen am stärksten ausgegrenzt sind, die nicht mitberücksichtigt werden, die keine Stimme besitzen – im wörtlichen wie im übertragenen Sinne. Die Grenze zwischen Mensch und Tier habe ich für nichtig erklärt und gezeigt, dass ganz woanders eine Grenze verläuft, die nichts mit der Gattung, sondern mit Macht und dem Zugang zu Ressourcen zu tun hat. Aus diesem Grund redet Duszejko ihre beiden Hündinnen mit »Mädchen« an. Die beiden haben in der Planung des Buches eine interessante Verwandlung durchlaufen – sie wurden von den Enkelinnen der Protagonistin zu ihren Hündinnen.

Die Szene im Buch, in der Pfarrer Raschel zum Weihnachtsbesuch zu Janina Duszejko kommt und durchs Fenster ihren Tierfriedhof sieht, hätte auch mir selbst passieren können. Ein ähnlicher Friedhof, den ich in meinem Garten hatte, provozierte früher oder später immer zu Gesprächen über Tiere, über unsere Trauer nach ihrem Tod und darüber, inwieweit sie zum engsten Familienkreis zählen. Die emotionalen Bande und die Nähe, die zwischen Mensch und Tier entstehen, sind kein bisschen weniger wert als die Beziehungen zwischen Menschen untereinander, und man sollte sie nicht als wunderliche Schrulle, Hysterie oder Ähnliches abtun. Duszejko und ihre beiden Hündinnen bilden eine Familie – wenn wir

Familie als Gruppe von emotional und ökonomisch verbundenen Personen definieren, die gemeinsame Interessen teilen, viel Zeit miteinander verbringen und einander Unterstützung und das Gefühl von Sicherheit geben. Die Definition von Tieren als nichtmenschliche Personen, die bereits forsch in Philosophie und Ethik eingegangen ist, sollte heute niemanden mehr verwundern.

Das Leiden von Tieren hat mich schon immer, seit ich denken kann, empfindlich berührt. Doch es ist sehr schwer, über Tiere und ihre Rechte oder ihren Platz in der Welt zu schreiben; allzu leicht verfällt man in einen emotionslosen wissenschaftlichen Tonfall oder, im Gegenteil, in einen sentimental-weinerlichen und paternalistischen. Ich war mir dieser Gefahr gleich bewusst – dieses Buch würde sich nicht zu direkt, nicht mit didaktischem Ernst schreiben lassen. Es müsste eher tragikomisch daherkommen, mit viel bitterem, schwarzem Humor. Auch Duszejko verstand das gut – manchmal, wenn ich Monologe für sie verfasste, lachte ich laut auf, auch, weil es so herrlich war, über die Stränge zu schlagen und sich diese ganzen wunderlichen Theorien zu erlauben, die sie sich – pardon – die wir uns ausdachten. Ich schrieb jeden Tag vom Morgen an, machte gegen fünfzehn Uhr eine Pause und fuhr ein bisschen Rad. Manchmal drehte ich größere Runden und verlor das Zeitgefühl, obwohl ich jetzt glaube, ich arbeitete die ganze Zeit im Kopf weiter. Nach dem Nachmittagstee, gegen Abend, ging ich das am Morgen Geschriebene noch einmal durch. Alles in allem arbeitete ich zehn, zwölf Stunden täglich. Irgendwann im dritten Schreibmonat traten wiederkehrende Handschmerzen auf, mal rechts, mal links, jede Hand schmerzte an einer anderen Stelle und auf andere Weise. Dann kaufte ich mir zur Entspannung Zigaretten und rauchte eine oder zwei täglich zur Belohnung. Das mobilisierte mich, obwohl ich tatsächlich gar kein wirkliches Bedürfnis zu rauchen hatte und es genauso gut hätte lassen können. Offenbar brauchte ich doch irgendein Ritual. Gegen Ende des Buches, als es schon so gut wie fertig war, ergriff mich eine große Unruhe, ich stand immer wieder auf, ging vom Computer weg, kam zurück und schrieb noch zwei, drei Sätze dazu, worauf ich mich gleich wieder erhob. Ich war dicht an Duszejkos Seite, durchlebte alles sehr intensiv mit, als sie ihre Schuld gestand. Ich konnte ihre Gemütslage *absolut nachvollziehen*, dennoch war ich *schockiert* von ihrem Geständnis. Einerseits wusste ich natürlich, wie es enden würde, andererseits wunderte ich mich dennoch, wie es zu einer solch tragischen Lösung des Rätsels kommen konnte. Als ich die letzten Seiten schrieb, wurde mir so traurig zumute, dass ich, als ich auf dem Balkon meine verflixte Zigarette rauchte, in Tränen ausbrach.

Ich hatte ein ethisches Problem mit dem Ausgang des Romans. Sehr lange, fast bis zum Schluss, hatte ich die Absicht, das Buch mit Duszejkos Festnahme enden zu lassen, wie es sich eben für einen ordentlichen Krimi gehört, wo ein Verbrechen bestraft werden muss. Später aber begann ich diese Idee einer immer grundlegenderen Kritik zu unterziehen. Würde Duszejko am Ende verhaftet, so hätte das Buch seinen Sinn verfehlt, denn es hätte die Anstrengungen der Heldin lediglich als Schrullen und ihre ganze Philosophie als harmloses, wirres Gebrabbel einer verrückten Alten dargestellt. Das wiederum hätte als Hinweis gelesen werden können, dass Urizens Gesetz und die Gesetze in Blakes Ulro sich nicht übertreten ließen, dass wir in einem Gefängnis säßen, »in einem Topf mit geschlossenem Deckel lebten«, wie es – so denke ich – Duszejko ausgedrückt hätte. Das Buch wäre zum Serienprodukt geworden, zu nichts als einem weiteren simplen Krimi, dessen Hauptproblem die Frage nach dem Mörder ist. Inhaltsleere Unterhaltung, ein kleines Amüsement für die Massen. Und aus diesem Grund habe ich mich nach Gesprächen mit nahestehenden Personen, die den entstehenden Text gelesen hatten, dafür entschieden, dass Duszejko ungestraft davonkommen würde – denn schließlich erwartete sie als alte, an einem nicht näher bestimmten Leiden erkrankte Frau in absehbarer Zeit sowieso die Höchststrafe: der Tod. (Wie übrigens uns alle, egal, was wir getan haben.) Eine literarische Figur hat dem realen Menschen eines voraus – ihr Tod ist nicht endgültig. In diesem Sinne sind literarische Gestalten vollkommener und beständiger als unsere ephemere menschliche Existenz. Es zeichnet sie etwas aus, das zu erlangen uns Menschen unmöglich ist – die Unsterblichkeit (auch wenn diese häufig bedeutet, dass sie immer wieder, unendlich viele Male sterben). Ich erlegte Duszejko daher eine dauerhafte Strafe der Verbannung auf, ich beließ sie irgendwo im Białowieża-Urwald, umschlungen vom Dickicht einer ewigen (jedenfalls bis ein gewisser teuflischer Minister auf den Plan trat) Natur. Und dort befindet sich meine Janina Duszejko nun, in einem literarischen Jenseits, einer Halbexistenz, doch immer noch real. Wenn es wahr ist, was die Philosophen sagen – dass real ist, was wirkende Kraft entfaltet –, dann ist Janina real. Manchmal erscheint sie sogar auf der Straße, zwar nur als Name auf einem Transparent bei einer Demonstration für die Erhaltung des Białowieża-Urwalds, aber sie entfaltet Wirkkraft und beeinflusst die durch und durch reale Welt.

Ich bin eine altmodische Adeptin der Psychologie. Die Sprache, die ich in jüngeren Jahren erworben habe, stützt sich größtenteils auf die klassische Psychoanalyse und ist bis heute so tief in mir verwurzelt, dass ich gewiss keine andere mehr so gut erlerne. Raffinierte, rationale kognitive oder evolutionäre Konzepte können mich nicht mehr begeistern – im Übrigen weiß ich nicht einmal, was aktuell in der Psychologie vor sich geht. In gewissem Sinne bin ich ein Fossil mit meiner Meinung, dass das Ego gegenüber dem ganzen Rest der Psyche etwas Zartes und Filigranes sei, das Sahnehäubchen auf der Torte. Die ganze Torte hat die Form eines Kegels und setzt sich aus verschiedenen Schichten zusammen. Je weiter man in die unteren Schichten hinabsteigt, desto weiter dringt man in die tieferen Regionen der Psyche ein, um schließlich die kollektive Ebene zu erreichen – übrigens nur, um sie gleich zu überspringen und noch tiefer zu gelangen, in die nichtmenschliche, organische und schließlich die anorganische Welt. Ich bin der Meinung, dass wir die ganze Welt und die ganze Zeit in uns tragen – das heißt, nicht nur unsere individuelle Vergangenheit, sondern auch die Vergangenheit unserer Gattung, und noch eine größere, für die ich keinen Namen habe.

Von den Beständen, die dort gelagert sind, mache ich Gebrauch, und das Vehikel, das mir dies ermöglicht, ist meine Vorstellungskraft. Sie gestattet es mir, unter ganz bestimmten Umständen Figuren in mir zu erschaffen und aus deren Perspektive die Welt zu schildern. Oftmals war die Sichtweise dieser Figuren, die dabei zutage trat, für mich selbst überraschend; sie ging gewissermaßen über mein gewöhnliches, alltägliches Ich hinaus. Ich würde diese Figuren als »Hilfsfiguren« bezeichnen, stemmen sie doch das Gewicht einer größeren Sache – ähnlich wie Nebenkonten bei der Bank, die nur der Ausführung anderer Transaktionen dienen, »Hilfskonten« genannt werden. Dabei kommt es nicht selten vor, dass solche Konten an Wichtigkeit gewinnen und zum Schluss so fest mit anderen, bedeutenderen Operationen verknüpft sind, dass man sie sich nicht mehr wegdenken kann.

So war ursprünglich auch Duszejko – eine gewissermaßen emblematische Figur, die sich zunächst meiner bemächtigte und dann allmählich, während ich das Buch schrieb, immer weiter ausreifte. Am Ende löschte ich sie ganz und gar nicht, wie man es normalerweise mit einem nicht mehr benötigten Hilfskonto täte. Und ich behalte sie auch weiter, vielleicht kann ich sie noch an anderer Stelle einsetzen.

Literarische Figuren sind somit unser Traum, unsere aus Erfahrung und Imagination hergestellte höhere Seinsform, die, wenn sie sich überhaupt ihrer eigenen Genese bewusst ist, gewiss nichts von unserer Existenz weiß. Und vielleicht ist das alles ja Teil einer größeren, hierarchischen Struktur, innerhalb derer auch wir selbst von der Natur geschriebene Literatur sind, Figuren, die einer vegetativen oder vielleicht gar anorganischen Imagination der Welt entspringen?

Bei den literarischen Figuren nehme ich in poetischem Sinne an, dass es eine spezielle Dimension für sie gibt, eine Art Lagerraum der Existenzen. Dorthin gelangen sie, wenn der Roman bereits veröffentlicht ist und die Geschichten, Dramen, Tragödien seiner Figuren sich im Geist der Leserinnen und Leser abspielen. Wie virtuelle Avatare verkörpern literarische Gestalten die Knotenpunkte unserer individuellen und dennoch allgemeinen

Erfahrungen, ringen an unserer statt und für uns mit ihnen. Sie leben gewissermaßen ewig, solange unsere Bibliotheken nicht abbrennen und unsere Server und Clouds sich nicht in den Kosmos verflüchtigen. Sie nutzen sich nicht ab, wenn weitere Lesergenerationen nach den Büchern greifen, in denen sie auftreten – höchstens verblassen sie ein wenig, wenn die Realität sich so stark verändert, dass ihre Geschichten unverständlich zu werden drohen. Triumphierend verwalten sie ihr Schicksal, schwelgen in ihren (wenn auch von anderer Hand geschriebenen) Erinnerungen und erfreuen sich sogar eines Schattens von Körperlichkeit, der ihnen verliehen wurde. Nie sind sie jedoch tatsächlich geboren worden, auch wenn sie selbst das Gegenteil behaupten. Auch geben sie an, mit den Göttern verwandt zu sein. Sie haben großen Einfluss auf die Welt. Ihre Namen bleiben uns leichter im Gedächtnis als die Namen realer Menschen, sie können uns den Kopf verwirren, Vorbilder sein oder – im Gegenteil – als verflucht empfunden werden, ihretwegen können lebende Menschen Selbstmord begehen. Ich denke mich sehr oft in diesen extradimensionalen Raum, in dieses literarische Bardo hinein, und kehre so zu meinen Lieblingsgestalten zurück – zu dem weltfremden, hilflosen Büchersammler Kien aus Elias Canettis *Blendung*, zum schweigenden Kapitän Nemo aus Jules Vernes Schiffsfahrt *20000 Meilen unter dem Meer*, zur unergründlichen und unglücklichen Anna Karenina und zu Martha, Alice, Gregor, Hans, Barbara … Sie alle beim Namen zu nennen, würde hier den Rahmen sprengen.

Zum Abschluss möchte ich noch im Brustton der Überzeugung sagen: Ohne eine Prise Irrationalität kann es keine Kunst geben. Kunst drückt immer die Ganzheit der Erfahrung eines Menschen aus, und die umfasst schließlich Intuition und Besessenheit, Tollheit und Phantasie im gleichen Maße wie Ideen. Und die Sprache ist unser Essbesteck, mit dem wir diese Wirklichkeit graziös konsumieren.

Deutsch von Lisa Palmes

Das Land Metaxy

Meine sehr verehrten Damen und Herren, nach dem Abschluss des für mich bisher anstrengendsten Romans hatte ich einen Traum.

Eine heitere, sommerliche Atmosphäre, ein wenig erinnerte es an die sozialistischen Kurorte, die ich aus der Kindheit kannte (Bulgarien, der Goldstrand, der Sonnenstrand). Ich befand mich in einem offenen Theater, das zwischen hohen, Schatten spendenden Bäumen lag. Die Zuschauerränge, aus Holz gefertigt, in einem kleinen, beschaulichen Halbrund angelegt, begannen sich eben zu füllen. Hell gekleidet und in freudiger Erregung kamen Figuren aus meinem Roman in dieses Theater. Mühelos erkannte ich sie alle, trotz ihrer modernen Kleidung, wusste sofort, wer sie waren. Ihre Gesichter wirkten sehr echt, geradezu verblüffend realistisch, Leberflecke hatten sie und Sommersprossen, dabei waren sie mir während des Schreibens oft nur unscharf und verschwommen erschienen. Nun unterhielten sie sich, scherzten und lachten. Ihre materielle Präsenz erstaunte mich, und voller Ergriffenheit nahm ich ihr Erscheinungsbild in mich auf. Gelassen wirkten sie und freundlich, herzlich begrüßten sie mich, wie eine alte Bekannte, als wäre ich gekommen, sie zu besuchen, und während ich auf das festliche Treiben sah, stiegen mir Tränen der Rührung in die Augen. Wir waren uns nahe, bildeten eine Art Familie, eine Gemeinschaft, die sich irgendwann, irgendwo ausgeformt hatte, in den nicht zu fassenden Räumen der Imagination.

Vor Erregung erwachte ich, und so erlebte ich die Theatervorstellung nicht mehr mit, erfuhr auch nicht, welches Stück gespielt wurde. Dann kam mir der Gedanke in den Sinn, dass diese Figuren in jenem Gefilde, das weder menschlich noch abstrakt oder göttlich war, auf ihre eigene Weise die Entstehung des Romans gefeiert hatten.

Ich sagte es bereits – für mich ist es einer der geheimnisvollsten Augenblicke im psychologischen Prozess des Schreibens, wenn eine literarische Figur ihre Umrisse anzunehmen beginnt. Häufig habe ich bei der Arbeit das Gefühl, eine Epiphanie zu erleben. Zumeist, wenn es sich um Figuren handelt, die im Hinblick auf ihre Rolle – als Erzähler bzw. als Protagonisten – eine Schlüsselposition besitzen für die jeweilige Geschichte. In der vorausgegangenen Vorlesung habe ich es bereits angeschnitten – es wäre eine grobe Vereinfachung zu sagen, dass man literarische Figuren einfach »erfinde«. Vielmehr treten sie aus einem Nebelland hervor, und anfangs ringen sie noch mit ihrer Formlosigkeit, ihrer flimmernden Gestalt, um schließlich in all ihrer Pracht zu erscheinen, als fertige Figur, die nur mehr ein paar kosmetische Handgriffe nötig macht. Dabei bleiben sie zugleich auch rätselhaft, nie sind sie bis ins Letzte zu erfassen. Nie weiß ich, auf welche Weise sie mich überraschen werden. Mehr als einmal schon habe ich mich gewundert, was sie sagen, wenn ich sie zu Wort kommen lasse. Vertrauensvoll notierte ich ihre Äußerungen im Rahmen eines Dialogs. Und mehr als einmal staunte ich, wie viel Autonomie sie besitzen. Sie sind nicht gänzlich abhängig von mir. Überhaupt scheint mir die Bezeichnung Autorin/Autor in diesem Zusammenhang fehl am Platz. Vielmehr bin ich eine *doula*, die die Figur in die Welt bringt.

Wenn ich nun sage »in die Welt bringt«, gehe ich davon

aus, dass eine Sphäre existiert, in der die Figuren bereits eine Art Prä-Existenz führen, bevor sie auf die Seiten der Bücher gelangen, eine Sphäre, aus der sie den Weg in unser Leben nehmen. Dasselbe betrifft andere nichtmaterielle, nichtmenschliche Wesen: Götter, Heilige, Dämonen. Sie sind »irgendwo«, bevor wir sie ins Tageslicht unseres Bewusstseins bringen. Und es sieht ganz so aus, als blieben sie in dieser Sphäre unverändert. Sie tragen ihre eigene Vergangenheit und Gegenwart in sich, all ihre Eigenschaften, ihre gesamte Geschichte, und wir wissen von ihnen nur so viel, wie wir von ihnen erzählen, das Übrige bleibt unbekannt oder kann höchstens erahnt werden.

Es betrifft aber nicht nur phantastische Wesen, die der Imagination entspringen. In derselben Sphäre befinden sich auch historische Gestalten, berühmte Persönlichkeiten, die vor Langem schon verstorben sind, uns aber heute noch im Leben begleiten, als Vorbilder für unser Handeln, als Autoritäten, als Objekte der Faszination usw. Was ist das für ein Ort? Das Unbewusste? Das Gedächtnis? Eine spezielle Windung unserer Gehirnschlingen?

Als in Platons *Gastmahl* die Herren beschließen, miteinander zu wetteifern, wer die beste Charakterisierung des Eros formulieren könne, kommt als Letzter der verspätet eingetroffene Sokrates zu Wort. Er erinnert an seine Lehrerin Diotima und bietet, indem er deren Auffassungen wiedergibt, eine originelle und überzeugende Schilderung der Wirklichkeit. In seinem Redebeitrag nämlich wird sie zu einem nichtdualistischen Kontinuum, in dem die einzelnen Zustände des Seins voneinander getrennt sind durch Bezirke eines Dazwischen.

Diotima, herbeizitiert aus der Vergangenheit des Sokrates, ist eine rätselhafte Person. Wir lernen sie nur über seine Darstellung kennen:

»Die Rede über den Eros aber, die ich einst von einer Frau aus Mantineia, namens Diotima, gehört habe – sie war hierin und in vielen anderen Dingen weise und erwirkte auch den Athenern einst, als sie gegen die Pest opferten, einen zehnjährigen Aufschub der Krankheit, und mich hat sie in den Dingen der Liebe unterrichtet [...].«[43]

Der kluge Sokrates lernt von einer Frau, die in sich die Eigenschaften einer Weisen, einer Prophetin und einer Ärztin verbindet. Sie verfügt über ein erstaunliches Wissen, verfügt über einen erstaunlich tiefgründigen Geist. Sie verweist auf ein Paradox im Verständnis des Göttlichen an Eros: »Da er nun Sohn des Reichtums und der Armut ist, so ist es so um ihn bestellt: Zunächst ist er immer arm, und viel fehlt, daß er zart sei und schön, wie die Menge glaubt, sondern hart ist er und struppig und barfuß und unbehaust; stets liegt er auf dem bloßen Boden, ohne Decke, er schläft vor der Türe und im Freien auf der Straße, denn er hat die Natur der Mutter, und so ist die Not bei ihm. Wie sein Vater aber stellt er dem Guten und Schönen nach, ist tapfer und verwegen und beharrlich, ein gewaltiger Jäger, allezeit schmiedet er irgendwelche Ränke, er strebt nach Erkenntnis und ist erfinderisch, ein Freund der Weisheit sein Leben lang, ein starker Zauberer und Hexenmeister und Sophist. Und weder wie ein Unsterblicher ist er beschaffen noch wie ein Sterblicher, sondern bald blüht und lebt er, wenn es ihm wohl ergeht, bald stirbt er hin und lebt auch wieder auf, alles am selben Tage, nach seines Vaters Natur. Aber was er gewinnt, zerrinnt ihm immer wieder, so daß er weder arm ist noch reich und zwischen Weisheit und Torheit immer in der Mitte steht. Denn so verhält es sich: Keiner der Götter sucht die Weisheit oder möchte weise werden, denn er ist es;

auch wenn ein anderer weise ist, sucht er die Weisheit nicht. Aber auch die Toren suchen die Weisheit nicht, noch begehren sie, weise zu werden. Das eben ist ja das Arge an der Torheit, daß sie, ohne schön und gut und vernünftig zu sein, doch sich selbst genug dünkt. Wer sich also nicht bedürftig fühlt, der begehrt auch nicht, wessen er nicht zu ermangeln glaubt.«[44]

Wenn wir wissen, dass Eros unablässiges Begehren und Streben ist, und wenn wir wissen, dass er nach Schönheit strebt, dann kann er selbst nicht schön sein, sagt Diotima durch den Mund des Sokrates. Denn man strebt nicht nach dem, was man besitzt. Und wenn ich etwas begehre, bin ich nicht vollkommen wie die Götter.

In dem Mythos, den Platon anführt, ist Eros ein Kind der Armut und des Reichtums, zweier Gegensätze, die seine Natur bestimmen. Aber sowohl die Armut als auch den Reichtum können wir metaphorisch verstehen im Sinne von Nichts und Alles, Einfachheit und Kompliziertheit, Sterblichkeit und Ewigkeit, Partiell- und Ganz-Sein, Immanenz und Transzendenz. Eros befindet sich also an einem Punkt zwischen den Gegensätzen, genauer gesagt, in einem Bezirk, an dem die Gegensätze sich nicht eigentlich aufheben, sondern vielmehr ineinander übergehen. Es ist dies ein Ort oder ein Zustand von besonderer Energie, Potenzialität und Dynamik. Heraklit, der als einer der ersten Denker das Potenzial des Dazwischen-Seins erkannte, bezeichnete bereits hundert Jahre zuvor das hier herrschende Prinzip der Wechselwirkungen der Gegensätze als Enantiodromie.

Und da Eros sich also zwischen den Gegensätzen befindet, ist seine wahre Natur das Begehren.

Diotima sieht Eros als Wesen, das weder Gott noch

Mensch ist. Eros ist kein Mensch, weil er von übernatürlicher Herkunft, aber doch kein Gott ist, denn beständig strebt er nach etwas, was ihm fehlt. Es muss ihm ein Dazwischen-Sein zugeschrieben werden (nichts Göttliches, um es noch einmal zu sagen, denn Götter haben alles, sie begehren nichts und kennen auch kein Streben). Eros ist ein Daimon. Diotima deutet also die Natur des Eros als ein Sein »zwischen« – im Griechischen *metaxy* – den Göttern und den Menschen. Das Wort *metaxy* verwendet sie an dieser Stelle in völlig natürlicher Weise. Dieses »Dazwischen« ist jedoch kein leerer Raum, sondern gleichfalls »etwas« – es verbindet die Wirklichkeit zweier Gegensätze (wie Simone Weil es ausgedrückt hatte, als sie von den beiden Gefangenen schrieb, die durch die Wand zwar getrennt werden, sich aber auch vermittels dieser Wand durch Klopfzeichen verständigen können). *Metaxy* bedeutet weiterhin »in der Mitte«. Zwei Präpositionen werden hier zusammengesetzt: μετά, das zum einen »hinter«, »jenseits«, »danach« bedeutet (denken wir etwa an die *Metaphysik* des Aristoteles), aber auch »inmitten«, »zwischen«, »dazwischen«. Und ζύν beziehungsweise σύν: »zusammen«, »gemeinsam«.

In der Rede des Sokrates erschafft das Wort *metaxy* eine Welt zwischen den Menschen und den Göttern; diese Welt trennt die Sphären und vermittelt zwischen ihnen, verbindet sie. Ein besonderer Raum ist es, hier haben Zwischenwesen ihren Platz, daimonische Wesen, und eben hier ist auch der Platz des Eros.

Um es zusammenzufassen: Mit dem Wort *metaxy* beschreibt Platon eine geheimnisvolle Realität, die jenseits der menschlichen Erfahrung, jenseits der menschlichen Vorstellung liegt. Ein Gefilde des Paradoxen ist es, ein unendlicher Raum, der sich zwischen den Begriffen erstreckt, dort, wo die Bedeutungen verschwimmen, einander als Gegensätze begegnen und sich überschneiden, wo – mit den Worten James Hillmans – die poetische Basis des Geistes zu suchen ist.

Metaxy bezeichnet diesen Daseinsmodus, der sich weder in Worten ausdrücken noch analysieren lässt: zwischen Sprache und Vorstellung, zwischen Bild und Ahnung, nicht zu fassen und zugleich doch höchst real, denn er entfaltet Wirkung auf die Welt, auf ihre Geschichte, auf einzelne menschliche Leben. Und immer wird dieses Land Metaxy unscharf bleiben und diffus, in Worten nicht wiederzugeben, denn beständig entsteht dort etwas, es fermentiert und brodelt. Aus dieser Sphäre gelangen die Inhalte ins Bewusstsein, wunderlich und fruchtbar in einem. Wir dürfen sagen, dies ist der Ort, an dem Nietzsches »bewegliches Heer von Metaphern, Metonymien, Anthropomorphismen« entsteht, in die sich die Wahrheit kleidet.

Der Begriff *metaxy* wird nicht sehr häufig verwendet in der Philosophie, doch sein gewaltiges Potenzial bemerkten so bedeutende Denker wie etwa Eric Voegelin, die bereits erwähnte Simone Weil oder der zeitgenössische Philosoph William Desmond. Vor allem Simone Weil errichtete auf diesem Begriff eine besondere Metaphysik, die den ursprünglichen Gedanken der Diotima sehr nahekommt. Wenn wir das Land Dazwischen erkunden wollen, so denke ich, dass es am ergiebigsten wäre, wenn wir uns die Arbeiten Hans Vaihingers anschauen würden – sein Buch *Die Philosophie des Als Ob* erschien 1911. Vaihingers Ausgangspunkt ist folgender: Da wir die Wirklichkeit, in der wir leben, nicht in ihren wahren und endgültigen Dimensionen erfassen können, müssen wir Hypothesen aufstellen und uns mit Vermutungen über ihre Beschaffenheit behelfen. Wir gehen davon aus, dass diese zur Wirklichkeit passen und wir verhalten uns so, »als ob« die Welt unseren Modellen entspräche. Interessanterweise führte Vaihinger schon damals ein Beispiel aus der Physik an. Bekanntlich existieren tatsächlich all die Elementarteilchen, Protonen und Elektronen, ebenso die Wellen, doch niemand hat diese Phänomene unmittelbar beobachtet. Dennoch nutzt die Wissenschaft das Wissen über ihr Vorhandensein, um weitere Theorien zu formulieren und praktische Lösungen zu schaffen. Nach demselben Prinzip wird jemand, der an die Hölle für die Bösen und den Himmel für die Guten glaubt, sein Verhalten entsprechend ausrichten – wie wir annehmen dürfen.

Vaihinger formt daraus das interessante Konzept, dass die Menschen sich von fiktiven Ideen leiten lassen, die keine Entsprechung in der Wirklichkeit haben, aber notwendig für das Leben sind. Sie sollen dem Menschen helfen, sich in einer unermesslichen Wirklichkeit zurechtzufinden. Werden die Ideen nicht mehr benötigt, können sie wieder verworfen werden.

Die Formel des »Als Ob« unterscheidet sich insofern vom Konzept des *metaxy*, als mit Letzterem ein Raum gemeint ist, der tatsächlich und a priori existiert, während das »Als Ob« stets im Werden begriffen ist. Zugleich sind beide Sphären auf ähnliche Weise dynamisch.

Im Grunde vollzieht das »Als Ob« eine Umwertung des Streites um das, was real ist und was nicht. Vom Standpunkt des »Als Ob« argumentierend, können wir sagen, real sei das, was Einfluss auf unser Leben nimmt und was wir im Leben benötigen. Das Wesentliche des *metaxy* hingegen leistet Hilfestellung bei dem Versuch, mit den Gegensätzen zurechtzukommen, sie intellektuell zu erfassen. »Als Ob« wie *metaxy* sind somit Schlüsselbegriffe, die beschreiben, was im Land Metaxy vor sich geht.

Diotima, die rätselhafte Lehrerin des Sokrates, der in eine Herrenparty geriet, scheint einer anderen, einer nicht dogmatischen Welt anzugehören, in der es einen Raum des Übergangs gibt, einen Raum auf Probe sozusagen, in dem noch verhandelt werden kann, was im Begriff ist, seine Form zu gewinnen. Die Perspektive dieses Zwischenraumes, von Sokrates ins Spiel gebracht, lässt die fröhlich ausgelassene Tischrunde mit einem Mal ernst werden.

Die Idee des »Als Ob« wie auch *metaxy* stellen ein bestimmtes Denkmuster infrage, das uns im Zuge des dogmatisierten Christentums und der modernen Wissenschaftsgläubigkeit geläufig geworden ist – ein Muster des Entweder-oder. Dieses soll als natürlich gelten und uns den offenkundigen Beweis liefern, dass wir in einem Feld der Gegensätze leben: Tag – Nacht, weiß – schwarz, eins – viele, Frau – Mann, Gott – Welt, Empirie – Illusion, nach dem Prinzip eines Binärcodes. *Metaxy* und »Als Ob« hingegen verweisen auf eine Sphäre, in der alles auf paradoxe, einander nicht ausschließende Weise existiert, in der die Umrisse der Welt noch flimmern, weil sie sich *in statu nascendi* befindet. In einer Sphäre, in der alles sich ereignen kann und die Gegensätze sich nicht ausschließen, sondern ein Protogewebe der Wirklichkeit bilden, die sich dann erst ausformt, wenn wir sie den rigorosen Regeln des Bewusstseins und der Differenzierung unterwerfen. Diese Existenzform ist bestätigt durch die moderne Physik, die es erstaunlicherweise gestattet, dass der Beobachter Einfluss nimmt auf die Messergebnisse. Seine Anwesenheit und seine Art, die Messungen vorzunehmen, lassen Teilchen zu Wellen »werden« (zwei Arten von Beschaffenheit, die nicht gleichzeitig gemessen werden können).

Im jenseits der Zeit und des Raumes liegenden Land Metaxy befinden sich Produkte unseres Geistes, die nie den Status gewöhnlicher Realität erlangt haben. Gewiss aber besitzen sie den Status außergewöhnlicher Realität. Hier stellt das misstrauische Rotkäppchen dem Wolf, der sich für die Großmutter ausgibt, seine drei Fragen, und Jason segelt nach Kolchis, um das Goldene Vlies zu gewinnen. Auch historische Gestalten residieren hier, vor langer Zeit schon verstorben, ihre Körper sind zu Staub geworden. Platon und Sokrates befinden sich hier, gewiss auch Diotima, selbst wenn wir nicht sicher wissen können, ob es sie tatsächlich gab. Heilige und lüsterne Päpste, widerwärtige Tyrannen, Mädchen mit Zündhölzern, frierend im Schnee, die Helden der Sagen, Figuren aus Filmen. Alle, deren Realität aus der schlichten Tatsache herrührt, dass sie den Weg in unsere Aufmerksamkeit gefunden haben, dass wir an sie denken, uns auf sie beziehen, ihnen Eintritt gewähren in die Gemächer unseres Innenlebens. Die meisten von ihnen leben nicht mehr oder haben auch nie existiert. Und manche von uns Zeitgenossen, seien sie nun besonders verdienstvoll oder in markanter Weise präsent, gelangen in das Land Metaxy, und dann spielt es auch keine Rolle mehr, ob es guter oder schlechter Taten wegen geschieht.

Im Land Metaxy existieren die Welten jenseits von Zeit und Raum, in einem Schwebezustand jenseits der physischen Sphären, doch stets präsent. Madame Bovary etwa – sie ist wie ein Film-Still, das zum Leben erwacht, wenn wir sie anschauen, und wieder wird sie ihre klägliche Tragödie bis zum Ende spielen. Denn diese Figuren wollen erschaffen, wollen erzählt werden, sie wollen existieren. Alles, was sich im Metaxy-Modus befindet, strebt der Existenz entgegen, doch ist die Existenz aus der Perspektive dieses Landes ein diskontinuierlicher punktueller Prozess – er kommt in Gang, wenn das liebevolle Auge des Lesers eine Figur aus dem Text herauslöst und damit erschafft, im jeweils eigenen und einzigartigen Kontext seines Lebens.

Und ganz gewiss kamen aus eben diesem Gefilde die Figuren meines damals gerade abgeschlossenen Buches in meinen Traum. Das Land Metaxy, die Sphäre »Als Ob«, ist wohl die richtige Adresse für alle literarischen Figuren, ein Sammelsurium von Typen aus mythischen und historischen Zeiten, mit unterschiedlichsten Motivationen. Manche Gestalten treten deutlicher hervor und dominieren die übrigen. Und es gibt auch solche, die kaum sichtbar sind, nur schwache Konturen haben, und nur Auserwählte können sie erkennen. Hier schleppt sich Don Quichotte auf seiner Mähre seines Wegs, hinter ihm der geschwätzige Sancho Pansa auf dem Esel, und in zweierlei Gestalt – als Esel und als Mensch – taucht Lucius auf. Hier haben sie ihre Dauer, jenseits unserer Zeit und unseres Raumes, treten gleich Daimon-Gestalten in Erscheinung, sobald sie zitiert werden – von einem Gedächtnis, einem Wort. Ihre ontologische Charakteristik ist schwer zu ermitteln. Sie sind keine Menschen, doch sind sie auch keine Götter, zu schmerzlich eingeschränkt ist ihre kleine Existenz, vor allem erzählen sie stets dieselbe Geschichte. Werden sie gerufen, entstehen sie vor unseren Augen, um wieder in einem Als-ob-Vergessen zu verschwinden, aus dem sie abermals als fertige Gestalten hervortreten. Sie verfügen über keine materielle Existenz, und trotzdem wirken sie auf unser Denken und insofern – mittelbar – auf die materielle Welt. Ich zweifele nicht im mindesten an ihrer Existenz. Mein Gefühl sagt mir, dass sie sich mit ihrer Realität in einer Falte der Raumzeit eingerichtet haben, in einer kleinen Tasche des Daseins – dort können wir Kontakt mit ihnen aufnehmen, sie halten sich stets bereit, um ans Tageslicht gebracht zu werden.

Es gibt eine unheimliche Erzählung von Ray Bradbury: »Die Verbannten«. Die Handlung spielt im Jahr 2120. Hundert Jahre zuvor, also um 2020, haben sich die Menschen jeglicher Phantasie und aller Phantasmen entledigt und sich allein der Wissenschaft, dem gesunden Menschenverstand und – so könnten wir sagen – der Buchstäblichkeit verschrieben. Alle Bücher, die mit phantastischen Geschichten von Geistern, Hexen, Vampiren, irrationalen Begebenheiten und phantastischen Abenteuern das menschliche Gemüt hätten vergiften können, sind zensiert, vernichtet, verbrannt. Die imaginierte literarische Welt hat sich in Nichts aufgelöst. Alle Figuren aus diesen Büchern wie auch deren Autoren haben sich daraufhin auf dem Mars versteckt, wo aus all den Erzählsträngen der Romane und Erzählungen ein imaginiertes Land entstanden ist. Dann bricht von der Erde eine Expedition zum Mars auf, deren Aufgabe es ist, diese Kolonie des Irrationalen ein für alle Mal zu zerstören. Doch während des Fluges schon wird die Besatzung, die sich aus den besten Vertretern des modernen homo sapiens zusammensetzt – »Man meinte fast, gewaltige messingne Aufzugsschlüssel in ihren Rücken stecken zu sehen. Sie waren wie teure, gut funktionierende und gut geölte Spielzeuge, gehorsam und schnell«[45] –, von geheimnisvollen Krankheiten und Ängsten heimgesucht, schließlich gibt es Todesfälle. Es sind die Bewohner des Mars, die ihre ferngesteuerte Waffe in Anschlag bringen – Zauber, Illusionen, Halluzinationen. Wer sind die Anführer dieses zivilen Abwehrkampfes, der den Planeten vor den Menschen schützen soll? Berühmte Schriftsteller sind es, die sich in ihren Werken auch dem Unfasslichen gewidmet haben – Bierce etwa, Dick oder Hawthorne. Ihr wichtigster Kopf aber ist Poe.

»›Ich habe alle die Unsrigen für heute Nacht rund um das tote Meer versammelt. [...] Die Tiere und die alten Weiber und die großen Männer mit den scharfen weißen Zähnen. Die Fallen sind gestellt; die Gruben, ja, und die Pendel. Der Rote Tod. [...] Ich habe nie gedacht – nein, ich habe wirklich nie gedacht, dass so etwas wie der Rote Tod einmal *wirklich* in Aktion treten sollte Aber *sie* haben ihn herausgefordert, und jetzt sollen sie ihn haben!‹«[46]

Doch ist die Mobilisierung leider schwach, schlecht organisiert, und die Abwehr erweist sich am Ende als wirkungslos. Das letzte Buch, das zusammen mit seinen Figuren vernichtet wird, ist *Der Zauberer von Oz*.

Bradbury scheint die Intuition Platons bestens verstanden zu haben, auf wunderbare Weise entwirft er eine Fassung des Landes Metaxy im Sinne einer Opposition zur technisierten ultrarationalen Welt, die sich auf das Konkrete stützt, die Eindeutigkeit, das Entweder-oder, und der es so leichtfällt, alles, was nicht in ihr Begriffsraster passt, als Aberglauben abzutun.

Das Gegenteil von *metaxy* ist die Buchstäblichkeit.

Sie entfaltet sich auf mehreren Ebenen. In der simpelsten Form zeigt sie sich, wenn ein Mensch sich weigert, die Welt als kompliziert und vieldeutig anzusehen, weil ihm die nötige Aufmerksamkeit und die nötige Bildung fehlen, oder weil er vielleicht in seiner Wahrnehmung beeinträchtigt ist. Zugleich beruft er sich instinktiv auf einen Pragmatismus, der in landläufigen Vorstellungen mit dem ungläubigen Thomas in Verbindung gebracht wird. Doch hat die Buchstäblichkeit auch ihre raffinierte Spielart, dann stützt sie sich auf den Rationalismus, wissenschaftliche Methoden und den sogenannten gesunden Menschenverstand. Und häufig auch auf Statistiken.

Mein Vater erzählte mir, wie er als junger Mann, in den fünfziger Jahren, Verwandte auf dem Dorf besuchte. Am Abend saß er auf der Bank vor dem Haus und unterhielt sich mit dem Großvater seiner Verlobten. Alle waren damals vom Sputnik fasziniert, dem ersten künstlichen Satelliten, den man in die Erdumlaufbahn geschossen hatte und der allerorts die Gemüter elektrisierte, die Phantasie befeuerte. Voller Begeisterung erzählte mein Vater davon, erging sich leidenschaftlich über die Größe des Kosmos und den ersten Schritt, den der Mensch in diesen Raum getan hatte, als er einen herben Dämpfer erhielt:

»Schon da gewesen? Selber gesehen?«

Von da an wurde uns dieser bis an die Schmerzgrenze rationale Einwurf zur familieneigenen Redewendung, nicht nur als Ausdruck der Skepsis, sondern auch zur Abwehr jeglichen romantischen Überschwangs, jeglicher schöngeistiger Träumerei. Wir verwendeten sie ironisch, im festen Glauben, dass wir das richtige Maß zu wahren wüssten. Mein Urgroßvater, ein noch im 19. Jahrhundert geborener, talentierter Handwerker, dessen verschwommenes Erinnerungsbild ich in einem meiner frühen Romane aufleben lassen wollte, in der Figur eines in sich gekehrten Zimmermanns, der alleine den riesigen Dachstuhl eines Schlosses errichtet, war ein natürlicher Pragmatiker, dessen instinktiver Realismus so mancher Theorie der Anthropologen widersprochen hätte, wonach ein einfacher Mensch in einer Welt der Mythen und der Magie bzw. der Volksfrömmigkeit lebe. Und folglich allerlei Verlockungen durch Phantasmen erliegen müsse. Die Vernunft ist keine englische Erfindung des 18. Jahrhunderts, sie stellt das Fundament eines natürlichen und instinkthaften Weltverständnisses dar – das Überleben hängt von der Auffassungsgabe ab, von der raschen Erfassung dessen, was in der Umgebung vor sich geht, mithin davon, wie fest jemand auf dem Boden der Tatsachen steht. Indes wurde die Tendenz einer das Denken begrenzenden Buchstäblichkeit zur ernsthaften Krankheit unserer Zeit. Ihr erstes Symptom ist die Unfähigkeit, Metaphern zu verstehen, gefolgt von einem Verlust des Sinns für Humor. Dem gesellt sich eine Neigung zu harschen, voreiligen Urteilen hinzu, eine Intoleranz gegenüber Uneindeutigem, ein Verlust der Sensibilität für Ironie, und alles zusammen führt schließlich zu einer Rückkehr des Dogmatismus und Fundamentalismus. Die Buchstäblichkeit versteht weder die Literatur noch die Kunst, und stets ist sie bereit, die Künstler vor Gericht zu zerren, weil die Kunst angeblich hier Gefühle verletze, dort eine Ehre oder Würde. In seiner beschränkten Sichtweise gerät der Buchstabengläubige in einen emotionalen Strudel, er ist außerstande, seine Erfahrungen in einen breiteren und tieferen Kontext einzuordnen. Die Buchstäblichkeit kompromittiert die Religion, weil diese Geisteshaltung die offenbarten Inhalte nur eindimensional betrachtet und nicht versteht, dass sie kontextuell gesehen werden müssen, und dass vor allem auch sie selbst – die Buchstäblichkeit – ein Kind ihrer jeweiligen Zeit und Kultur ist. Die Buchstäblichkeit zerstört das Gespür für das Schöne und Sinnhafte, weshalb sie auch keine tiefgründige Vision der Welt hervorbringen kann. Ihre größten Sünden sind die Intoleranz und ihr Drang, alles, was von einer irgendwann und irgendwo gesetzten Norm abweicht, als moralisch falsch und verwerflich zu brandmarken, ja, als strafbar anzusehen. Damit verschließt die Buchstäblichkeit die Horizonte. Sie verschließt den menschlichen Geist.

Ein aktuelles Beispiel der Buchstäblichkeit sind – unter anderem – die derzeitigen Kämpfe um den Regenbogen in Polen. Das ließe sich amüsant finden, finge man nicht an, Menschen dafür ins Gefängnis zu stecken. Der Regenbogen, seiner vielfältigen Bedeutungen beraubt, wurde eindeutig, er hat den Status eines Symbols oder einer Metapher verloren und sich in ein Emblem verwandelt für alles, was sich abhebt von einer falsch verstandenen »Normalität«. Der Regenbogen gilt als Flagge des Feindes und als solche wird er allen Ernstes gehasst.

Ein Mensch, der an der Buchstäblichkeit leidet, sieht alles in Isolierung, ohne Kontexte, ohne Verbindungen, und zu seinem eigenen Unglück sowie zum Unglück anderer verliert er den Sinn für die Synthese, ohne die sich die Welt nicht in ihrer Fülle und Vieldeutigkeit erleben lässt. Mir fällt dazu als Erstes das Gedicht *Bewohner* von Julian Tuwim ein:

> Da gehn sie sicher, korrekt und gemessen,
> Blicken nach rechts, und nach links geht der Blick.
> Was sie auch ansehn, sie sehen es einzeln:
> Staszek und Haus, Pferd und Baum, Stück für Stück.[47]

Wer alles nur einzeln sieht und über keinerlei Synthesekompetenz verfügt (wissenschaftliche, kulturelle, psychologische), versucht, das Ganze selbst zusammenzuschustern, und es gelingt nicht recht. Aus diesem Gefummel an der Komplexität und ihren Bedeutungen rühren alle Verschwörungstheorien her. Über die Ursachen der Buchstäblichkeit lässt sich streiten. Mit Sicherheit ist es eine hypertrophierte Funktion des Rationalen in unserem Denken, die einen inflationären Niedergang erlebte. In ihrer Entwicklung zunächst eine subtile Fähigkeit, die dazu diente, sich wiederholende Zyklen zu erkennen, Kausalketten zu verstehen und Verbindungen herzustellen zwischen voneinander entfernt liegenden Ereignissen, verwandelte sich diese Funktion in ein stumpfes Werkzeug, das die Welt auf eine Abfolge mechanischer Wirkungen reduzieren möchte. Anstatt den Geist zu öffnen, hat sie ihn in der Eindeutigkeit verschlossen. Vielleicht spielt hier auch eine Rolle, dass die Menschen immer weniger an Erzählungen teilnehmen. An mehrdimensionalen, nicht offensichtlichen Geschichten, die eine intellektuelle Herausforderung darstellen, weil sie die komplexe Welt spiegeln. Nicht nur über Religion oder Mythen nehmen wir an Erzählungen teil, Erzählung ist auch die Gründungs-Story einer Kultur, die Erzählung einer Generation oder einer Gemeinschaft. Die Erzählungen aber, an denen sich die heutige Gemeinschaft gütlich tut, sind simpel und grobschlächtig, auf konkrete politische oder religiöse Ziele zugeschnitten. Es wäre lohnend, sich einmal den dämonischen Einfluss Hollywoods anzuschauen mit seinen offenkundigen Schemata und seinen endlos multiplizierten Narrativen, die immer wieder beweisen, was zu beweisen war.

An dieser Stelle, meine verehrten Damen und Herren, möchte ich zu meinen Figuren zurückkehren, die zu der Theatervorstellung in meinem Traum gekommen waren. Ich möchte zurückkehren zur Literatur.

Ich glaube nämlich, dass eines der wichtigsten Gefilde im Land Metaxy die Literatur darstellt, und insbesondere die Fiktion, die seit Tausenden von Jahren aus der Literatur hervorgeht.

Wir leben im Spannungsfeld zwischen Historie und literarischer Fiktion, und ständig befinden wir uns in einem

Schwebezustand zwischen dem einen und dem anderen. Was sich beobachten lässt und wirklich ist (was immer das auch heute bedeuten mag), gehört zur Domäne des Historischen und der Wissenschaft, was hingegen subjektiv ist (und der Objektivierung bedarf, wenn es vermittelt werden soll), was mit Emotionen verbunden, persönlich und verborgen ist, gehört zur Fiktion – und hier liegen jegliche Wurzeln des Romans.

Ich möchte Sie gerne auf ein Paradox aufmerksam machen. Mitunter scheint in dieser Gegenüberstellung die Fiktion stärker und besser strukturiert zu sein. Dies rührt daher, dass sie nicht abhängig ist von dem, was sich beobachten lässt, nicht abhängig ist von den Fakten. Deshalb muss, wer Historie angemessen erzählen möchte, zur Fiktion greifen. Wir haben viele Beispiele literarischer Figuren, die als real verstanden werden und entsprechend Wirkung ausüben auf lebende Menschen – als düsterste Figur mag Goethes Werther gelten, der den Impuls gab für so manchen Selbstmord eines jungen Romantikers. Wenn die Menschen lesen, vergleichen sie sich nicht nur mit den Figuren, die im Geist der Schriftstellerin oder des Schriftstellers entstanden sind, sie identifizieren sich regelrecht mit ihnen, erleben – unter den sicheren Bedingungen der Lektüre – ein fremdes Leben nach und ändern womöglich ihr eigenes (wir sehen hier eine Ähnlichkeit zu jenem Prozess, den Aristoteles im Hinblick auf die Zuschauer antiker Tragödien als Katharsis beschrieb).

Literarische Figuren sind Daimonen, die, indem sie sich wie Handlungsreisende einer kollektiven psychischen Wirklichkeit zwischen den Lesern hin und her bewegen, zu Spiegeln werden für deren Projektionen. Vermittelnde Instanzen sind sie, die unsere individuellen Erfahrungen universalisieren und eine gemeinsame Landschaft schaffen, das Land Metaxy, das Land Alles-ist-möglich, das Land So-war-es-schon-mal. Dank ihnen können wir mit anderen Menschen unser Leben tauschen, unser eigenes Bewusstsein um das erweitern, was wir selbst nicht erfahren haben. Vielleicht hat die Fiktion sogar eine evolutionäre Funktion, im Sinne einer Anpassung an eine Welt, die größer ist als unser kleines Ich und die ihm vertraute, begrenzte Umgebung.

Vor allem verfügt die literarische Fiktion über das wichtigste Werkzeug – sie verleiht dem, was uns widerfährt, einen Sinn. All die Ereignisse, all die Fakten und Belange, mit denen wir in Berührung kommen, werden erst dann zu Erfahrungen, wenn wir ihnen einen Sinn verleihen, wenn wir sie in die netzartige Struktur unseres Lebens einbetten, in dessen Vergangenheit und Geschichte, in dessen Bedeutungen. Unser Leben setzt sich also aus Erfahrungen zusammen, nicht aus Ereignissen. Und die literarische Fiktion versetzt uns in die Lage, ein Bezugssystem aufzubauen für die Sammlung von Erfahrungen.

Vor hundert Jahren sagte Jung, dass wir alle gewissermaßen in zwei Welten gleichzeitig leben – zum einen in der Welt der äußeren Wahrnehmung, in der unsere Sinne uns leiten, andererseits beziehen wir uns unablässig auf das Unbewusste, das in unserem Innern liegt, unklar, irrational und chaotisch beschaffen ist. Doch beide Sphären haben einen Bezirk, der allen gemeinsam ist: zunächst die äußere Welt, die in täglicher Vereinbarung erschaffen wird durch Medien, Business, Reisen – durch die Gesamtheit menschlicher Aktivitäten; und zum zweiten die innere Welt, die sich aus Reservoiren des kollektiven Gedächtnisses speist, aus Erfahrungen, Mythen, Erzählungen, die bis in die Anfänge unserer Gattung reichen. Viel früher schon hatte Schiller eine ganz ähnliche Intuition. Nur die Kunst, so seine Auffassung, sei in der Lage, diese beiden nebeneinander existierenden Welten zu verbinden. Das Land Metaxy, die Zwischenwelt, stellt einen solchen mächtigen Raum dar, aus dessen Ressourcen die Kunst ihre Energien schöpft. Hier entstehen die Bilder, die Metaphern, die Symbole, die unserem Inneren ermöglichen, mit dem Äußeren in Kontakt zu treten. Vor allem aber gibt das Land Metaxy die mehrdimensionale Komplexität der Welt wieder und bewahrt sie vor den Vereinfachungen des menschlichen Geistes.

In der jüdischen Kultur formte sich schon vor vielen Jahrhunderten eine überaus raffinierte Interpretationsmethode aus. PaRDeS ist das Akronym, das die vier Arten bezeichnet, auf die ein heiliger Text interpretiert und verstanden werden kann:

1. Pschat – die »einfache«, wörtliche Bedeutung, im Sinne einer philologischen Interpretation. Also: Was wird gesagt?
2. Remes – der tiefere, allegorische oder symbolische Sinn. Diese Interpretation ergibt sich durch Bezüge zu anderen Texten, der philosophische Sinn wird durch intellektuelle Spekulation gewonnen.
3. Drasch – vom hebräischen Verb *darasch*: »fordern, forschen, finden«; diese Bedeutung wird durch Analogien gewonnen, es ist eine typologische Interpretation, die gleichfalls im Kontext anderer Texte entsteht, hier spielt die moralische Komponente eine wichtige Rolle, diese Deutung ist verbunden mit Wertvorstellungen.

4. Sod – die mystisch-esoterische Bedeutung, die nur gefunden werden kann durch eine Eingebung oder Offenbarung.

An dieser Stelle muss auch an den vierfachen Schriftsinn in der Tradition der christlichen Exegese erinnert werden, der mit folgendem Zweizeiler memoriert werden kann: »Littera gesta docet, quid credas, allegoria, / Moralis, quid agas, quo tendas, anagogia.«[48]

Wenn wir uns diese vielgeschossigen Konstrukte der Bedeutungen bewusst machen, wappnen wir uns gegen die Malaisen der Buchstäblichkeit, des Dogmatismus und Fanatismus. Jede Bewusstwerdung ist ein zivilisatorischer Prozess. Wenn wir bereit sind für eine mehrschichtige Interpretation eines Textes und der Welt, vielmehr: des Welten-Textes, schauen wir über die Fakten hinaus und sehen, was verborgen bliebe, würden wir uns allein an die Fakten halten. Wir erkennen eine gänzlich andere Ordnung, einen Sinn, den wir zuvor nicht bemerkt haben, und diese neue Ordnung verbindet sich auf wunderbare Weise mit der Ganzheit der Welt – sie ist ein Teil von ihr.

Wir sehen Verbindungen und Synchronizität, sehen Ähnlichkeiten und Symmetrien. Die Vorstellungskraft bringt Metaphern hervor, die sich in den Spalten unseres gewöhnlichen, ganz »realen«, bodenständigen Lebens einnisten, und von diesem Moment an besitzt unser Leben mehr Bedeutung. Doch unser Ich wächst, verwurzelt sich in der unerschöpflichen Fülle der Tradition und der Mythen, und gleichzeitig drängt es vorwärts, gänzlich unbekannten Sphären entgegen.

Die Welt der Metaphern, auf Mythen und Traditionen gegründet, wird zum gemeinsamen Boden für uns Einzelne und Getrennte – wird zum Verbindenden, das uns eint.

Das Bild, das ich hier verwende, erweist sich als pflanzenhaft. Es erinnert an den Wald, den wir als Gemeinschaft einzelner Bäume wahrnehmen, die auf einer bestimmten Fläche wachsen, und dieser Wald ist ein mächtiger Organismus, dessen einzelne Seinsformen miteinander verbunden und verbündet sind zu einer Ganzheit, in der eine weit effektivere Kommunikation stattfindet, als wir bisher hatten annehmen wollen.

Das Land Metaxy können wir als Gegengewicht zum Wörtlichen ansehen, im Sinne des Metaphorischen. Als Abwandlung der buchstäblichen Frage »Was ist das?« hin zu einem »Was bedeutet das?«, womit eine komplexere Antwort gefordert wird.

Zugleich müssen wir die größte Sorgfalt darauf verwenden, dass wir die Konturen der materiellen Wirklichkeit unserer Welt nicht aus den Augen verlieren, zumal in unserer jetzigen Lage, da wir permanent bedrängt werden von einer Unmenge an falschen, postfaktischen Informationen und Verschwörungstheorien. Und mit derselben Sorgfalt auch müssen wir dieses Land Metaxy pflegen mit seinen Lebenssäften, jenes Gefilde, aus dem wir kommen und in dem wir uns ganz real begegnen – ohne Grenzen, ohne Pässe, ohne Sprachbarriere.

Deutsch von Lothar Quinkenstein

Der liebevolle Erzähler

I

Das erste Foto, das ich bewusst wahrgenommen habe, ist ein Foto meiner Mutter noch aus der Zeit vor meiner Geburt. Leider ist es eine Schwarz-Weiß-Aufnahme, dadurch lassen sich viele Details schwer erkennen, lediglich als graue Schemen. Das Licht ist weich wie bei Regen, ein Frühjahrslicht ist es wohl, das durchs Fenster sickert und den Raum nur schwach erhellt. Meine Mutter sitzt bei dem alten Radio – es ist einer dieser Apparate mit grünem Auge und zwei Knöpfen, einem für die Regulierung der Lautstärke, einem für die Sendersuche. Dieses Radio wurde später zum Gefährten meiner Kindheit, aus ihm erfuhr ich von der Existenz des Kosmos. Drehte man an dem einen Ebonitknopf, bewegten sich die empfindlichen Antennenfühler und empfingen die unterschiedlichsten Sender: Warschau, London, Luxemburg oder Paris. Manchmal verstummte der Ton auch, als wären die Fühler zwischen Prag und New York, zwischen Moskau und Madrid auf schwarze Löcher gestoßen. Dann überlief mich jedes Mal ein Schauer. Ich glaubte fest daran, dass durch das Radio andere Sonnensysteme und Galaxien zu mir sprachen und mir zwischen Knacken und Rauschen Botschaften sandten, die ich einfach nicht entschlüsseln konnte.

Wenn ich dieses Foto als kleines Mädchen betrachtete, war ich mir ganz sicher: Mama drehte an den Knöpfen des Radios, weil sie nach mir suchte. Wie ein feiner Radar tastete sie sich durch die Weiten des Kosmos, um herauszufinden, wann ich zu ihr kommen würde und von wo. Ihre Frisur und ihre Kleidung (ein breiter U-Boot-Ausschnitt) deuten darauf hin, in welcher Zeit die Fotografie gemacht wurde – zu Beginn der sechziger Jahre. Die leicht gebeugt dasitzende Frau hat ihren Blick auf einen Punkt jenseits des Bildrands gerichtet. Sie sieht etwas, das dem Betrachter verborgen bleibt. Als Kind meinte ich, sie betrachte die Zeit. Auf dem Foto ereignet sich nichts; es bildet einen Zustand ab, keinen Prozess. Die Frau wirkt traurig, in Gedanken versunken, abwesend.

Als ich sie später nach dieser Traurigkeit fragte – viele Male fragte ich sie und bekam immer die gleiche Antwort –, sagte meine Mutter, sie sei traurig gewesen, weil ich noch nicht geboren war und sie mich schon vermisste.

»Wie konntest du mich vermissen, wenn ich noch gar nicht da war?«, fragte ich dann.

Ich wusste bereits, dass man jemanden vermissen kann, den man verloren hat, dass Sehnsucht also mit Verlust zusammenhängt.

»Es kann auch umgekehrt sein«, entgegnete sie mir. »Wenn man jemanden vermisst, bedeutet das, dieser Jemand ist schon da.«

Diese wenigen Sätze, dieses kurze Gespräch zwischen meiner Mutter und mir, ihrer kleinen Tochter, Ende der sechziger Jahre in der westpolnischen Provinz ist mir im Gedächtnis geblieben und hat mir Kraft für mein ganzes Leben geschenkt. Es erhob mein Dasein über die gewöhnliche Dinglichkeit der Welt, über den Zufall, über Ursache und Wirkung und die Gesetze der Wahrscheinlichkeit, ja siedelte es außerhalb der Zeit an, in süßer Nähe zur Ewigkeit. Ich begriff mit meinem kindlichen Verstand, dass »Ich« mehr war, als ich es mir bis dahin hatte vorstellen können. Selbst wenn ich sagen würde: »Ich bin nicht da«, stünden zu Beginn doch die beiden Wörter »Ich bin« – die wichtigste und zugleich eigentümlichste Wortzusammenstellung der Welt.

Und so gab mir diese junge Frau, die nie religiös gewesen war – meine Mutter –, etwas, das man früher »Seele« nannte – und stellte mir damit den liebevollsten Erzähler der Welt zur Seite.

2

Die Welt ist ein Stoff, an dem wir tagtäglich weben – auf großen Webstühlen verarbeiten wir Fäden aus Nachrichten, Debatten, Filmen, Büchern, Klatsch und Tratsch, Anekdoten. Heutzutage ist die Reichweite dieser Gewebe enorm – dank dem Internet kann nahezu jeder seine Fäden mit einweben, verantwortungsvoll oder verantwortungslos, von Liebe oder Hass erfüllt, zum Guten und zum Schlechten, auf Leben oder Tod. Nimmt das Erzählte einen anderen Lauf, so ändert sich der Lauf der Welt. In diesem Sinne ist die Welt aus Wörtern geschaffen.

Wie wir über die Welt denken und – vermutlich noch wichtiger – wie wir von ihr erzählen, hat daher eine ungeheure Bedeutung. Was geschieht, aber nicht erzählt wird, hört auf zu sein und vergeht. Das wissen nicht nur die Historiker sehr genau, sondern auch (oder vielleicht vor allem) Politiker und Tyrannen jeglicher Couleur. Wer an der Geschichte webt, der hat die Macht.

Unser heutiges Problem scheint darin zu bestehen, dass

wir nicht nur für die Zukunft, sondern auch für das ganz konkrete »Jetzt«, für die rasend schnellen Veränderungen der Welt, noch keine passenden Erzählformen haben. Es fehlt uns die Sprache, es fehlen Sichtweisen, Metaphern, Mythen und neue Märchen. Und so müssen wir immer wieder erleben, wie überholte, angerostete Erzählformen vor Zukunftsvisionen gespannt werden, vielleicht weil man meint: *Besser etwas Altes als nichts Neues*, oder weil man versucht, auf diese Weise mit den eigenen beschränkten Horizonten zurechtzukommen. Kurz gesagt: Es mangelt uns an neuen Methoden, von der Welt zu erzählen.

Wir leben in einer Zeit der vielstimmigen Ich-Erzählungen, von überallher umschwirrt uns Stimmengewirr. Mit »Ich-Erzählungen« meine ich die Art von Geschichten, die eng um das »Ich« des Schreibenden kreisen, der mehr oder weniger verhohlen nur über sich und durch sich schreibt. Diese individualisierte Sichtweise, die Stimme aus dem »Ich«, halten wir für besonders natürlich, menschlich, authentisch, selbst wenn sie auf eine breitere Perspektive verzichtet. Wer in der Ich-Form erzählt, webt ein vollkommen einzigartiges Muster, hat als Individuum ein Gefühl von Autonomie, ist sich seiner selbst und seines Schicksals bewusst. Zugleich tritt dieses »Ich« aber in Opposition zur Welt – und das kann zu einer Entfremdung führen.

Ich denke, die Ich-Erzählung ist überaus bezeichnend für unseren gegenwärtigen Blick auf die Welt, bei dem der einzelne Mensch die Stellung eines subjektiven Mittelpunkts einnimmt. Die westliche Zivilisation fußt größtenteils auf der Entdeckung des Selbst. Es ist einer der entscheidenden Maßstäbe für die Realität. Der einzelne Mensch ist der Hauptakteur; sein Urteil – obzwar eines unter vielen – besitzt Gültigkeit. Die Ich-Erzählung scheint eine der größten Errungenschaften der menschlichen Zivilisation zu sein; man liest sie ehrfurchtsvoll und befindet sie für glaubwürdig. Die Welt mit den Augen eines »Ich« zu sehen und sie in dessen Namen wahrzunehmen, stellt eine Verbundenheit mit dem Erzähler her wie keine andere Erzählweise. Durch sie werden wir in seine individuelle, einzigartige Lage versetzt.

Es kann nicht oft genug betont werden, was die Ich-Erzählweise für die Literatur, für die menschliche Zivilisation im Allgemeinen bewirkt hat: Sie machte die Erzählung über die Welt als einen Ort, an dem Helden oder Gottheiten ohne unseren Einfluss handelten, zu unserer individuellen Erzählung und überließ so die Bühne Menschen wie uns. Zudem können wir uns mit Menschen, die so sind wie wir, leicht identifizieren – und diesem Umstand ist es zu verdanken, dass zwischen dem Erzähler und seinem Leser oder Zuhörer eine emotionale, auf Empathie beruhende Übereinstimmung entsteht. Empathie wiederum schafft Nähe, lässt Grenzen verschwinden. Nichts leichter, als in einem Roman die Grenzen zwischen Erzähler-Ich und Leser-Ich zu verwischen – ein »fesselnder« Roman zählt geradezu darauf, dass sie aufgehoben werden, dass der Leser, seiner empathischen Einfühlung zum Dank, für eine gewisse Zeit zum Erzähler wird. Die Literatur ist somit zu einem Ort geworden, an dem Erfahrungen ausgetauscht werden, zu einer Agora, auf der jeder Einzelne von seinem Schicksal erzählen oder einem Alter Ego das Wort erteilen kann. Ein demokratischer Raum: Jeder und jede darf das Wort ergreifen, sich eine Stimme erschaffen. In der Geschichte der Menschheit haben sich wohl noch nie so viele Menschen mit Schreiben und Erzählen befasst wie heute – um das festzustellen, genügt ein Blick in die erstbeste Statistik.

Auf Buchmessen sehe ich jedes Mal, wie viele neu erschienene Bücher das Ich des Autors oder der Autorin ins Zentrum rücken. Der Instinkt, sich auszudrücken, der Instinkt der Expression – ein womöglich ebenso starker Instinkt wie unsere anderen lebenserhaltenden Instinkte – tritt am umfassendsten in der Kunst zutage. Wir wollen bemerkt werden, wollen uns außergewöhnlich fühlen. Narrative des Typus »Ich erzähle dir meine Geschichte«, »Ich erzähle dir meine Familiengeschichte« oder schlicht »Ich erzähle dir, wo ich gewesen bin« bilden heute die beliebteste literarische Gattung. Und diese Gattung ist auch deswegen so verbreitet, weil wir heute nahe zu alle des Schreibens mächtig sind und immer mehr Menschen die früher nur wenigen vorbehaltene Möglichkeit besitzen, sich in Worten, in Geschichten auszudrücken. Paradoxerweise ist das Ergebnis ein Chor aus lauter Solisten – die Stimmen bilden ein Gewirr, sie rivalisieren um Aufmerksamkeit, schlagen ähnliche Pfade ein, um einander schließlich doch zu übertönen. Wir erfahren alles über die Erzähler, können uns mit ihnen identifizieren, ihr Leben wie unser eigenes durchleben. Trotzdem ist das, was der Leser erfährt, überraschend häufig unvollständig und wenig befriedigend, stellt sich doch heraus, dass die Expression des Autoren-Ichs keine Universalität garantiert. Was uns fehlt, ist – so scheint es – die parabolische Dimension der Erzählung. In einer Parabel ist die zentrale Figur nämlich einerseits sie selbst – ein Mensch, der in bestimmten historischen oder geographischen Gegebenheiten lebt –, andererseits aber tritt sie weit aus diesem Rahmen heraus, sie wird zu Jedermann an jedem Ort. Durchlebt der Leser mittels eines Romans die Geschichte eines anderen, so kann er sich mit dem Schicksal dieser Figur identifizieren und deren Situation wie die eigene abwägen; bei der Parabel aber muss er seine Getrenntheit aufgeben und zu Jedermann werden. Während dieses psychologisch anspruchsvollen Vorgangs gestaltet die Parabel unsere Erfahrung zu einer universellen um, indem sie für unterschiedliche Schicksale einen gemeinsamen Nenner findet. Dass man die Parabel heutzutage kaum noch antrifft, zeugt von unserer Ratlosigkeit.

Vielleicht haben wir den gewaltigen Leviathan-Körper der Literatur in Gattungen unterteilt, um nicht in der Vielzahl von Bezeichnungen und Namen zu versinken. Diese Gattungen behandeln wir wie Disziplinen im Sport und die Schriftstellerinnen und Schriftsteller wie Profisportler.

Die allgemeine Kommerzialisierung des Literaturmarktes hat zur Einteilung in Sparten geführt – seither finden Buchmessen und Literaturfestivals verschiedenster Arten vollkommen getrennt voneinander statt und ziehen sich ihre je eigene Kundschaft heran, die sich ausschließlich mit Krimis oder Fantasy oder Science-Fiction-Romanen befasst. Besonders bezeichnend für diese Situation ist, dass ein Konstrukt, das einmal lediglich dazu dienen sollte, Buchhändlern und Bibliothekaren die Einordnung der unzähligen Neuerscheinungen in ihre Regale zu erleichtern und den Lesern Orientierung zu bieten, sich nun in abstrakten Schubladen verfestigt hat, in die nicht nur bestehende Werke hineingesteckt werden, sondern nach denen auch die Schriftsteller inzwischen ihr Schreiben richten. Immer häufiger erinnern Literaturgattungen an Kuchenformen, die stets sehr ähnliche Resultate hervorbringen – wobei Vorhersehbarkeit als Tugend gilt und Banalität als Errungenschaft. Der Leser weiß, was er zu erwarten hat – und er bekommt genau das, was er wollte.

Ich war immer intuitiv gegen derartige Ordnungen,

schließlich führen sie zu einer Begrenzung der schriftstellerischen Freiheit, zu einem Widerwillen gegen Experiment und Transgression, die doch ein wesentliches Merkmal schöpferischer Arbeit sind. Zudem klammern sie jegliche Exzentrik aus, ohne die es keine Kunst gäbe. Ein gutes Buch muss sich nicht durch Gattungszugehörigkeit beweisen. Die Unterteilung in Gattungen ist die Folge einer Kommerzialisierung der gesamten Literatur, die als Verkaufsprodukt mit einer Markenphilosophie, einer Zielgruppe und anderen Erfindungen des heutigen Kapitalismus gehandelt wird.

Wir dürfen derzeit miterleben, wie eine neue Form des Welt-Erzählens entsteht: die Streamingserie, deren heimliche Aufgabe es ist, uns in Trance zu versetzen. Natürlich gab es die serielle Erzählform schon in Homers Mythen und Erzählungen – Herkules, Achilles und Odysseus waren ohne Zweifel die ersten Serienhelden. Nie zuvor jedoch bekam die serielle Erzählung so viel Raum wie heute, nie hatte sie einen solchen Einfluss auf die kollektiven Vorstellungswelten. Die beiden ersten Jahrzehnte des 21. Jahrhunderts gehören mit Sicherheit der Serie. Ihr Einfluss auf die Arten der Erzählung (und damit des Verstehens) der Welt ist revolutionär.

Die Serie in ihrer heutigen Form hat nicht nur die Erzählzeit ausgedehnt, indem sie unterschiedliche Tempi, Abschweifungen und Aspekte generiert, sie hat auch eigene, neue Ordnungen etabliert. In vielen Fällen zielt serielles Erzählen darauf ab, die Aufmerksamkeit des Zuschauers so lange wie möglich zu fesseln. Es werden mehr und mehr Handlungsfäden kreiert und auf die unwahrscheinlichste Weise miteinander verflochten – bis das Erzählen an einen ausweglosen Punkt gelangt und einen alten narrativen Trick anwenden muss: den Kunstgriff des *deus ex machina.* Im Laufe einer Serie ändert sich manches Mal die gesamte Psychologie der Figuren ad hoc und wird so den sich überstürzenden Ereignissen angepasst. Die anfangs sanfte und zurückhaltende Figur wird gegen Ende plötzlich rachsüchtig und brutal, eine Nebenfigur rückt in den Vordergrund, und bei alldem verliert die Hauptfigur, die wir bereits ins Herz geschlossen haben, an Bedeutung oder verschwindet zu unserer Verblüffung sogar ganz.

Die potenzielle Fortsetzung einer Serie in weiteren Staffeln erfordert ein offenes Ende, bei dem es niemals zum geheimnisvollen Phänomen der Katharsis kommen kann und darf – zum inneren Wandel, zur Auflösung, zum Vergnügen, die Handlung verfolgt und durchschaut zu haben. Komplizierte Verstrickungen, ein ins Unendliche verschobenes Ende, die vorenthaltene Belohnung in Form jener Katharsis entfalten hypnotische Wirkung und machen süchtig wie eine Droge. Die *fabula interrupta* wurde bereits vor langer Zeit erdacht: Bekannt aus Scheherazades Geschichten, hat sie nun in Serien ihren großen Auftritt, verändert unsere Wahrnehmung und ruft die eigentümlichsten psychologischen Nebenwirkungen hervor – hält uns fortwährend in Atem, reißt uns aus unserem eigenen Leben heraus. Zugleich schreibt sich die Serie in einen neuen, weitschweifigen, schwankenden Rhythmus der Welt ein, in deren chaotische Kommunikation, Unbeständigkeit und Liquidität. Unter allen Erzählformen sucht das serielle Erzählen heute wohl auf die kreativste Weise nach einer neuen Formel. In diesem Sinne wird hier tatsächlich ernsthaft an den Narrationen der Zukunft gearbeitet, an der Anpassung der Erzählweise an eine neue Realität.

Fest steht, dass wir heute in einer Welt des Informationsüberflusses leben – mit einander widersprechenden, einander ausschließenden Informationen, die einen Kampf mit Zähnen und Klauen gegeneinander führen.

Unsere Vorfahren glaubten, dass der Zugang zu Wissen den Menschen nicht allein Glück, Wohlergehen, Gesundheit und Reichtum gewähren, sondern auch für gesellschaftliche Gleichheit und Gerechtigkeit sorgen würde. Was der Welt in ihren Augen fehlte, war ein allen Menschen zugängliches fundiertes Wissen.

Johann Amos Comenius, der große Pädagoge des 17. Jahrhunderts, prägte den Begriff der »Pansophie«, der die Idee einer möglichen Omniszienz mit einschloss, eines universellen Wissens, das jede nur mögliche Erkenntnis umfasste. Zu dieser Idee gehörte auch – oder vor allem – der Traum von einer allgemeinen Verbreitung des Wissens. Denn würde der Zugang zu Informationen über die Welt nicht den Bauern, der des Lesens und Schreibens unkundig war, in ein reflektiertes, sich seiner selbst und der Welt bewusstes Individuum verwandeln? Würde ein leicht verfügbares Wissen die Menschen nicht besonnener und klüger in ihren Lebensentscheidungen machen?

In der Anfangszeit des Internets schien es für eine Weile, als ließe sich diese Idee endlich zur Gänze verwirklichen. Die freie Enzyklopädie Wikipedia, die ich bewundere und unterstütze, wäre Comenius und vielen anderen Denkern jener Strömung vermutlich wie die Erfüllung des größten Traumes der Menschheit erschienen: ein gewaltiger Vorrat an Wissen, laufend ergänzt und aktualisiert, von nahezu jedem Ort dieser Welt abrufbar.

Träume, die in Erfüllung gehen, erweisen sich jedoch oft als enttäuschend. So hat sich gezeigt, dass wir diese geballte Menge an Informationen gar nicht aufnehmen können, dass dieses Wissen uns nicht eint und befreit, sondern entzweit und trennt, uns in kleine Blasen einschließt und eine Vielzahl einander widersprechender, ja widerstreitender Narrative kreiert.

Überdies verfügt das Internet, das ohne regulierende Maßnahmen den Prozessen des Marktes und der freien Hand spekulierender Monopolisten überlassen bleibt, über gigantische Datenmengen, die auf ganz und gar nicht »pansophische« – wissensverbreitende – Weise eingesetzt werden, sondern im Gegenteil vor allem der Manipulation seiner Nutzer dienen, wie wir seit dem Cambridge-Analytica-Skandal wissen. Statt einer Harmonie der Welt vernehmen wir eine Kakophonie, ein unerträgliches Getöse, das uns verzweifelt auf eine kleine Melodie, auf den leisesten Rhythmus lauschen lässt. Folgende Paraphrase eines Shakespeare-Zitats passt hier mehr denn je: Immer häufiger ist das Internet eine Fabel, erzählt von einem Idioten, voll mit Schall und Wahn.

Auch die Studien von Politologen widersprechen leider der Einschätzung des Johann Amos Comenius, der davon ausging, dass die Politiker umso mehr ihren Verstand nutzen und durchdachte Entscheidungen treffen würden, je mehr Wissen allgemein zugänglich wäre. Es sieht ganz danach aus, als wäre es doch nicht so einfach. Wissen kann erdrückend wirken: Allzu komplex und vieldeutig, löst es die unterschiedlichsten Abwehrmechanismen aus – von Verweigerung und Verdrängung bis hin zur Flucht in vereinfachende, ideologische Denkmuster und Parteiendenken.

Die Diskussion um Fake News wirft neue Fragen auf, was eigentlich »Fiktion« ist. Sind Leser mehrere Male hinters Licht geführt worden oder Fehlinformationen aufgesessen, entwickeln sie eine spezifische neurotische Idiosynkrasie. Als Reaktion auf diese Fiktionsverdrossenheit kann der wachsende Erfolg nichtfiktionaler Literatur angesehen werden, die uns über das ganze Informationschaos hinweg zuzurufen scheint: »Ich erzähle euch die Wahrheit, die reine Wahrheit! Meine Story basiert auf harten Fakten!«

Seit die Lüge zu einer – wenngleich immer noch reichlich primitiven – Massenvernichtungswaffe geworden ist, hat sich das Vertrauen der Leser in die Fiktion verflüchtigt. Immer häufiger stellt man mir die Frage, und Ungläubigkeit schwingt darin mit: »Ist es denn wahr, was Sie da geschrieben haben?«

Und jedes Mal habe ich das Gefühl, das Ende der Literatur sei nahe – klingt doch diese in der Wahrnehmung der Leser harmlose Frage für schriftstellerische Ohren wahrhaft apokalyptisch. Was soll ich darauf antworten? Wie lässt sich der ontologische Status eines Hans Castorp, einer Anna Karenina oder eines Pu der Bär erklären?

Ich halte diese Art Wissbegier vonseiten des Lesers für einen zivilisatorischen Rückschritt. Sie ist Ausdruck einer gestörten Fähigkeit zur multidimensionalen (konkreten, historischen, aber auch symbolischen, mythischen) Teilnahme an der Ereigniskette, die sich unser Leben nennt. Das Leben besteht aus Ereignissen – doch erst, wenn wir sie interpretieren können, wenn wir sie zu verstehen und ihnen Sinn zu verleihen suchen, werden diese Ereignisse zu Erfahrung. Ereignisse sind Fakten – Erfahrung ist etwas unvergleichlich anderes. Die Erfahrung, nicht das Ereignis, ist es, was unser Leben ausmacht. Auch die Erfahrung ist ein Faktum, aber sie beruht auf Interpretation und hat sich so in unserem Gedächtnis verankert. Darüber hinaus steht sie in Bezug zu unserem geistigen Fundament, zu einer tieferen Bedeutungsstruktur, über die wir unser Leben breiten können, um es genau in

Augenschein zu nehmen. Ich glaube, dass der Mythos die Funktion einer solchen Struktur erfüllt. Ein Mythos hat sich bekanntermaßen nie wirklich ereignet – und ereignet sich zugleich immer. Heute beschränkt der Mythos sich nicht auf die Abenteuer antiker Helden, sondern wird in allseits bekannten und beliebten Geschichten verarbeitet – in Filmen, Spielen, Literatur. Die Bewohner des Olymp sind nach Denver gezogen, und die Heldentaten vollbringt nun Lara Croft.

Innerhalb der hitzig umkämpften Einteilung in »wahr« und »falsch« besitzt eine literarische Geschichte unserer Erfahrung eine ganz eigene Dimension.

Ich war nie für eine strikte Grenzziehung zwischen »fiktional« und »nichtfiktional« – es sei denn, es ginge nur um eine Klärung der Begrifflichkeiten. In der Flut von Definitionen, die es für den Begriff »Fiktion« gibt, gefällt mir die älteste am besten, die auf Aristoteles zurückgeht und besagt, dass Fiktion immer eine Art von Wahrheit sei.

Überzeugend finde ich auch, was der Schriftsteller und Essayist E. M. Forster feststellte. Literatur beginne dann, wenn wir versuchten, Ereignisse mithilfe unseres Erfahrungsschatzes zu verstehen und einzuordnen, also beim Übergang von der Frage »Was geschah dann?« zur Frage »Warum geschah es?« – selbst wenn wir diese Frage immer wieder mit einem simplen »Ich weiß es nicht« beantworten sollten.

Somit stellt die Literatur Fragen, auf die Wikipedia keine Antworten bereithält – verlassen diese Fragen doch den Bereich der reinen Fakten und Ereignisse und knüpfen direkt an unsere Erfahrung an.

Gut möglich ist allerdings, dass der Roman und die Literatur schlicht und einfach zu narrativen Randerscheinungen werden. Dass die bildhafte Darstellung, die neuen Formen direkter Erfahrungsvermittlung – Kino, Fotografie, Virtual Reality, Augmented Reality – eine wirkliche Alternative zum klassischen Lesen darstellen werden. Lesen ist ein recht komplexer psychologischer Perzeptionsprozess. Um es vereinfacht zu sagen: Zunächst wird ein schwer greifbarer Inhalt konzeptualisiert, verbalisiert, in Zeichen und Symbole umgewandelt, um anschließend wieder in die Erfahrung »zurückentschlüsselt« zu werden. Das setzt eine gewisse intellektuelle Kompetenz voraus. Vor allem aber verlangt es Aufmerksamkeit und Konzentration – zwei in unserer heutigen Welt mit ihren zahlreichen Ablenkungen zunehmend seltene Gaben.

Bei der Vermittlung und Kommunikation von Erfahrung hat die Menschheit einen langen Weg zurückgelegt, von der mündlichen Weitergabe, die sich auf das gesprochene Wort und das menschliche Gedächtnis verlassen musste, über die Gutenberg-Revolution, seit der Geschichten durch Schrift kodifiziert, festgehalten und verbreitet werden und sich ohne jegliche Abweichung vervielfältigen lassen. Die größte Errungenschaft innerhalb dieser Entwicklung war der Moment, in dem wir das Denken an sich mit Schrift gleichsetzten – mit der konkreten Anwendung von Ideen, Kategorien, Symbolen. Heute stehen wir vor einer ähnlich bedeutenden Revolution: Erfahrung kann direkt vermittelt werden, ohne den Zwischenschritt über das gedruckte Wort.

Ein Reisetagebuch braucht man nicht mehr zu führen, wenn man alles fotografieren und diese Fotos via Social Media in die Welt verschicken kann, unverzüglich und an jeden. Auch Briefe muss man nicht mehr schreiben, wenn jederzeit ein Telefon zur Hand ist. Wozu dicke Romane wälzen, wenn man sich in eine Streamingserie vertiefen kann? Leichter, als Freunde in der Stadt zu treffen, ist es, online mit ihnen zu spielen. Autobiographien lesen? Überflüssig, wenn man doch das Leben der Stars detailliert auf Instagram mitverfolgen kann.

Anders als wir im 20. Jahrhundert meinten, als wir den Einfluss von Kino und Fernsehen fürchteten, ist heute nicht das Bild der größte Gegner des Textes – nein, es ist die völlig andere, direkt auf unsere Sinne einwirkende Dimension der Weltwahrnehmung.

3

Ich will an dieser Stelle kein groß angelegtes Szenario einer Krise des Welt-Erzählens entwerfen. Aber ich habe häufig das Gefühl, als fehlte der Welt etwas, wenn wir sie ausschließlich über unseren Bildschirm erfahren, als würde sie gewissermaßen irreal, zweidimensional, fern und unbestimmt – und das, obwohl der Zugriff auf konkrete Informationen erstaunlich leicht ist. Ein vages »irgendwer«, »irgendwas«, »irgendwo«, »irgendwann« kann heutzutage beängstigender sein als konkrete, fest umrissene Ideen, die man im Brustton der Überzeugung verkündet: Die Erde ist flach, Impfungen sind tödlich, die Erderwärmung Unsinn und die Demokratie so mancher Länder ganz und gar nicht in Gefahr. »Irgendwo« ertrinken »irgendwelche« Menschen beim Versuch, das Meer zu überqueren. »Irgendwo« ist seit »irgendwann« »irgendein« Krieg im Gange. Im Überfluss an Informationen verlieren die einzelnen Nachrichten ihre Konturen, werden irreal, entfallen unserem Gedächtnis und gehen ganz verloren.

Der Flut von Dummheit, Grausamkeit, Hate Speech

und Bildern der Gewalt werden hektisch allerhand »gute Nachrichten« entgegengesetzt, doch auch sie können einen bestimmten Eindruck nicht vertreiben, der sich hartnäckig aufdrängt, aber schwer in Worte fassen lässt: Etwas stimmt nicht mit der Welt. Dieses Gefühl, das einst neurotischen Dichtern vorbehalten war, greift heute als eine nebulöse, von allen Seiten herankriechende Unruhe epidemisch um sich.

Die Literatur ist einer der wenigen Bereiche, die uns nahe bei den Tatsachen der Welt halten wollen. Literatur ist nämlich per se »psychologisch«: Sie setzt ihren Fokus auf die inneren Beweggründe und Motivationen der Figuren und deckt deren Erfahrung auf, die sonst niemand anderem zugänglich wäre, oder sie regt den Leser an, das Verhalten der Figuren psychologisch zu interpretieren. Nur die Literatur ermöglicht es uns, tief in das Leben eines anderen Wesens einzudringen; dank ihr können wir dessen Beweggründe nachvollziehen, seine Gefühle, sein Schicksal durchleben.

Eine Geschichte kreist immer um den Sinn – selbst wenn sie es nicht direkt einräumen mag, ja sich programmatisch von der Sinnsuche distanziert, wenn sie den Fokus auf Form oder Experiment legt, eine Rebellion der Form inszeniert und nach neuen Ausdrucksmitteln sucht. Auch bei der Lektüre eines behavioristischen Romans stellen wir uns unweigerlich die Fragen »Warum geschieht das?«, »Was bedeutet das?«, »Was ist der Sinn?«, »Wohin soll das führen?«. Vermutlich ist unser Verstand sogar schon dahingehend geformt, dass er den Abermillionen Reizen um uns durch Geschichten einen Sinn verleiht – sodass wir selbst im Traum unentwegt Geschichten spinnen. Eine Geschichte zu entwerfen bedeutet, unendlichen Mengen von Informationen einen Platz in Vergangenheit, Gegenwart oder Zukunft zuzuweisen, sie damit als wiederholbar zu deklarieren und innerhalb der Kategorien von Ursache und Wirkung zuzuordnen. An diesem Vorgang sind sowohl Verstand als auch Gefühl beteiligt.

Es nimmt also nicht wunder, dass eine der frühesten Entdeckungen, zu denen die Menschen durch Geschichten fanden, das Fatum war, das ihnen einerseits zwar furchterregend und grausam erschien, andererseits aber die Wirklichkeit ordnete und stabilisierte.

4

Die Frau auf dem Foto, meine Mutter, die mich vermisste, obwohl ich noch gar nicht da war, las mir einige Jahre später Märchen vor.

In einem dieser Märchen, es stammt von Hans Christian Andersen, beklagt sich eine Teekanne, sie sei von den Menschen grausam behandelt worden – sie hätten sie auf den Müll geworfen, sobald ihr Henkel abgebrochen war. Dabei hätte sie ihnen doch weiter dienen können, wenn die Menschen bloß nicht so anspruchsvoll wären. Andere zerbrochene Dinge fielen in die Klage der Kanne ein und erzählten wahrhaft epische Geschichten über ihr kurzes gegenständliches Leben.

Als Kind lauschte ich diesem Märchen mit heißen Wangen und Tränen in den Augen, in dem festen Glauben, auch Dinge hätten ihre Probleme, Gefühle und sogar eine Art gesellschaftliches Leben, vergleichbar dem menschlichen. Die Teller in der Anrichte unterhielten sich miteinander, das Besteck in der Schublade bildete eine weitverzweigte Familie. Und auch Tiere waren für mich geheimnisvolle, kluge und sich ihres eigenen Ichs bewusste Wesen, mit denen wir Menschen seit jeher spirituell verbunden waren und viele Gemeinsamkeiten hatten. Flüsse, Wälder, Wege besaßen ebenfalls eine eigene Existenz – sie waren lebendige Wesen, die unseren Raum prägten und ein Gefühl der Zugehörigkeit entstehen ließen, einen mysteriösen *Raumgeist*. Lebendig waren auch die Landschaft um uns herum, Sonne und Mond, sämtliche Himmelskörper. Die ganze sichtbare und unsichtbare Welt.

Wann kamen mir die ersten Zweifel? Manchmal forsche ich nach dem Moment in meinem Leben, in dem gleichsam mit einem Klick alles anders wurde, simpler, weniger nuanciert. Das Flüstern der Welt verstummte, an seine Stelle traten die Geräusche der Stadt, das Brummen von Computern, das Dröhnen der Flugzeuge über unseren Köpfen und das aufreibende weiße Rauschen der Informationsfluten.

In einem bestimmten Moment unseres Lebens beginnen wir die Welt fragmentarisch zu sehen, in Bruchstücken, zwischen denen ganze Galaxien liegen – und die Realität, in der wir leben, bestätigt uns darin: Ärzte behandeln uns nach Spezialgebieten, unsere Steuern stehen in keiner Verbindung zur Schneeräumung auf dem Weg zu unserem Arbeitsplatz, unser Mittagessen hat nichts mit Massentierhaltung zu tun und die neue Bluse nichts mit ausbeuterischen Textilfabriken in Asien. Alles ist getrennt voneinander, lebt ein eigenes Leben ohne Verbindung zu anderen Bruchstücken der Welt.

Damit wir all das leichter ertragen, bekommen wir Nummern, Identifikatoren, Karten – plumpe Plastikidentitäten, die uns auf die Nutzung nur eines Bruchteils jenes Ganzen, das wir bereits aus den Augen verloren haben, beschränken wollen.

Die Welt liegt im Sterben, doch nicht einmal das bemerken wir. Wir bemerken nicht, dass sie allmählich zu einem Sammelsurium von Dingen und Ereignissen wird, zu einem leblosen Raum, in dem wir einsam und verloren herumstolpern, hin- und hergeworfen von Entscheidungen, die nicht wir selbst treffen, Sklaven eines unverständlichen Fatums, verfolgt von dem Gefühl, Spielball der Geschichte oder des Zufalls zu sein. Unsere Spiritualität schwindet, oder sie wird oberflächlich und rituell. Oder aber wir werden zu Gefolgsleuten simpler Kräfte – physischer, gesellschaftlicher oder ökonomischer –, die uns lenken, als wären wir Zombies. Und in einer solchen Welt sind wir das tatsächlich: Zombies.

Deswegen sehne ich mich nach der Welt der Teekanne zurück.

5

Schon mein ganzes Leben lang haben mich die Netze von Verbindungen und gegenseitigen Einflüssen fasziniert, derer wir uns meist gar nicht bewusst sind, die wir rein zufällig entdecken und für erstaunliche Fügungen halten, für seltsame Übereinstimmungen – all diese Brücken, Schrauben, Bolzen und Verbindungsstücke, die ich in meinem Roman *Unrast* nachvollziehe. Mich fasziniert das Zusammenstellen von Fakten, die Suche nach einer Ordnung. Im Grunde – davon bin ich überzeugt – ist der Verstand eines Schriftstellers ein synthetischer Verstand, der wie besessen alle erdenklichen Bruchstücke sammelt und sie wieder zu einem Universum der Ganzheit zusammenzukleben versucht.

Wie soll man schreiben, wie eine Geschichte konstruieren, die in der Lage wäre, eine solch gewaltige konstellative Form der Welt zu stemmen?

Natürlich bin ich mir bewusst, dass die Rückkehr zur früheren Form des Welt-Erzählens unmöglich ist – zu jener, die wir aus Mythen, Märchen und Legenden kennen, als die mündliche Erzählung die Welt in ihrer Existenz erhielt. Heute müsste die Erzählung viele Dimensionen mehr aufweisen und um einiges komplexer sein. Schließlich wissen wir tatsächlich um vieles mehr, kennen die unglaublichen Verbindungen scheinbar weit auseinanderliegender Dinge.

Sehen wir uns einen bestimmten Moment in der Weltgeschichte an – den Tag, an dem eine kleine Karavelle mit Namen Santa Maria vom spanischen Hafen Palos in See stechen soll. Es ist der 3. August 1492. Am Steuer des Schiffs steht Christoph Kolumbus. Die Sonne strahlt, am Quai machen sich noch einige Matrosen zu schaffen, Hafenarbeiter schleppen die letzten Kisten Proviant an Bord. Heiß ist es, doch ein lauer Wind von Westen bewahrt die winkenden Familien vor dem Hitzschlag. Möwen stelzen feierlich über die Rampe, verfolgen mit wachem Blick das Treiben der Menschen.

Dieser Moment, den wir nun mit zeitlichem Abstand betrachten, wird den Tod von 56 Millionen der insgesamt fast 60 Millionen amerikanischen Ureinwohner zur Folge haben – die zu jener Zeit rund 10 Prozent der Weltbevölkerung ausmachen. Zum einen bringen ihnen die Europäer unwissentlich tödliche Geschenke: Krankheiten und Bakterien, gegen die die Einwohner Amerikas keine Abwehrkräfte besitzen. Zum Zweiten unterdrücken und morden die Europäer gnadenlos. Die Vernichtung geht über Jahre und verändert das ganze Land. Die bestellten und mit ausgeklügelten Methoden bewässerten Felder, auf denen einst Bohnen und Mais gediehen, Kartoffeln und Tomaten, überwuchert Unkraut. Fast 60 Millionen Hektar urbares Land verwandeln sich im Laufe der Jahre in einen Dschungel.

Bei ihrer Regeneration verbraucht die Pflanzenwelt enorme Mengen Kohlendioxid, was den Treibhauseffekt abschwächt. Dadurch wiederum sinkt die Temperatur der Erde.

Es ist dies eine der vielen wissenschaftlichen Hypothesen über die Entstehung der Kleinen Eiszeit in Europa, einer lang anhaltenden Kälteperiode Ende des 16. Jahrhunderts.

Die Kleine Eiszeit verändert die europäische Wirtschaft. Im Laufe der nächsten Jahrzehnte mindern lange eisige Winter, kühle Sommer und andauernde Niederschläge die Erträge der traditionellen Landwirtschaft. In Westeuropa können die Kleinbauern nicht mehr ihre Familien ernähren. Es kommt zu Hungersnöten; die Landwirtschaft ist gezwungen, sich zu spezialisieren. England und Holland sind am stärksten von der Abkühlung betroffen, sie können ihre Wirtschaft nicht mehr auf die Landwirtschaft stützen und verlegen sich daher auf Industrie und Handel. Um drohenden Sturmfluten vorzubeugen, entwässern die Holländer Überschwemmungsgebiete, verwandeln Sümpfe und flache Randzonen des Meeres in Festland. Auch in der südlichen Nordsee treten nun Dorschbestände auf – und was eine Katastrophe für Skandinavien ist, erweist sich als vorteilhaft für England und Holland, die zu großen See- und Handelsmächten heranwachsen. Besonders empfindlich macht sich die Abkühlung des Klimas in den skandinavischen Ländern bemerkbar. Die Verbindungen zu Grönland und Island reißen ab, raue Winter verringern die Ernteerträge, Jahre des Hungers und der Not sind die Folge. Bald wirft Schweden begehrliche Blicke gen Süden und zettelt Kriege mit Polen an (der Anmarsch über die zugefrorene Ostsee ist ein Leichtes), auch im Dreißigjährigen Krieg mischt das Land mit.

Die Bemühungen der Wissenschaftler, unsere Wirklichkeit besser zu begreifen, zeigen diese als ein dicht geflochtenes, in sich kongruentes Netz der gegenseitigen Einflüsse. Der berühmte »Schmetterlingseffekt« – der, wie wir wissen, darauf beruht, dass minimale Veränderungen an den Ausgangsbedingungen eines Prozesses viel später kolossale und unberechenbare Folgen zeitigen können – geht nicht von einem einzigen Schmetterling aus, nein, es ist eine unendliche Zahl flatternder Schmetterlinge und bebender Flügel. Eine mächtige, durch die Zeitläufte rollende Welle des Lebens.

Die Entdeckung des »Schmetterlingseffekts« markiert meiner Meinung nach das Ende der Ära, in der die Menschheit unerschütterlich an ihre eigene Wirkungsmacht glaubte, an ihre Fähigkeit zur Kontrolle, ihre erhabene Stellung in der Welt. Das nimmt dem Menschen nicht seine Macht als Baumeister, Entdecker und Erfinder, führt ihm aber vor Augen, dass die Wirklichkeit komplexer ist, als er sich je hätte träumen lassen – und er selbst lediglich ein winziges Teilchen innerhalb der darin ablaufenden Prozesse.

Es gibt zunehmend mehr Beweise, dass rund um den Globus spektakuläre und bisweilen höchst erstaunliche Zusammenhänge existieren.

Uns alle – Menschen, Pflanzen, Tiere, Dinge – umschließt ein und derselbe, von physikalischen Gesetzen regierte Raum. Dieser gemeinsame Raum besitzt seine eigene Gestalt, innerhalb derer die physikalischen Gesetze eine unzählige Menge aufeinander bezogener Formen herausbilden. So erinnert unser Blutkreislauf an weitverzweigte Flussläufe, der Aufbau eines Blattes gleicht einem von Menschen erdachten Verkehrssystem, die Bewegung der Galaxien verläuft strudelnd wie die Wasserwirbel in unseren Waschbecken. Menschliche Gesellschaften entwickeln sich auf ähnliche Weise wie Bakterienkolonien. Mikro- und Makroskala zeigen ein unendliches System der Übereinstimmungen. Unsere Sprache, unser Denken, unser Schaffen sind nicht abstrakt und von der Welt losgelöst, sondern führen deren unentwegten Wandel auf anderer Ebene fort.

6

Ich denke häufig darüber nach, ob es möglich wäre, heute die Grundfesten für eine neue Universal-Erzählung zu finden, für eine ganzheitliche, allumfassende, in der Natur verwurzelte Narration, die die unterschiedlichsten Kontexte mit einbezieht und dennoch verständlich bleibt.

Ist ein Erzählen möglich, das unser unkommunikatives Gefängnis des »Ich« sprengt, das einen weiteren Bereich der Wirklichkeit eröffnet und gemeinsame Verbindungen aufzeigt? Das den ausgetretenen Pfad der naheliegenden, banalen Binsenweisheiten verlässt und die Dinge ex-zentrisch betrachtet – von einem anderen als dem zentralen, allen Meinungen genügenden Gesichtspunkt?

Ich freue mich, dass die Literatur sich auf wundersame Weise das Recht auf sämtliche Absonderlichkeiten bewahrt hat, auf Phantasmagorien, Provokationen, auf das Groteske und Verrückte. Mein Traum sind hohe Aussichtspunkte und weite Perspektiven, die den Blick auf Kontexte ermöglichen, die alles je Erwartete überschreiten. Mein Traum ist eine Sprache, die selbst die vagsten Ahnungen in Worte fassen kann; mein Traum ist eine Metapher, die kulturelle Unterschiede überwindet; mein Traum ist eine weit gefasste und grenzüberschreitende Literatur, die den Lesern ans Herz wächst.

Und mein Traum ist ein neuer Erzähler – ein Erzähler in der »vierten Person«. Nicht bloß ein grammatisches Konstrukt, sondern ein Erzähler, der die Perspektive sämtlicher Figuren mit einnimmt und zugleich den Horizont jeder einzelnen überschreitet, der mehr und weiter sieht, der die Zeit außer Acht lassen kann. O ja, ein solcher Erzähler ist möglich.

Haben Sie sich schon einmal gefragt, wer dieser wunderbare Erzähler ist, der in der Bibel mit weithin tönender Stimme verkündet: »Im Anfang war das Wort«? Der die Schöpfung der Welt beschreibt, ihren ersten Tag, an dem die Wirrnis von der Ordnung geschieden wird? Wer durchlebt sie, die Serie von der Entstehung des Kosmos? Wer kennt Gottes Gedanken, Gottes Zweifel, wer bringt mit sicherer Hand jenen außerordentlichen Satz zu Papier: »Gott sah, dass es gut war«? Wer ist es, der weiß, was Gott dachte?

Wenn wir alle theologischen Fragwürdigkeiten einmal beiseitelassen, erkennen wir, welch große Bedeutung dieser Figur zukommt, diesem mysteriösen und liebevollen Erzähler. Aus seiner Perspektive sieht man alles. Alles zu sehen bedeutet, die Tatsache anzuerkennen, dass alles Existente sich miteinander zu einem Ganzen verbindet, auch wenn wir diese Verbindungen noch nicht erkannt haben. Alles zu sehen bedeutet auch, eine vollkommen andere Verantwortung für die Welt zu tragen, wird doch nun offenbar, dass jede Geste »hier« mit einer Geste »dort« verbunden ist, dass eine Entscheidung in einem

Teil der Welt Konsequenzen in einem anderen Teil der Welt zeitigt, dass die Trennung von »mein« und »dein« zu einer strittigen Unterscheidung wird.

Und daraus folgt, dass es offen und ehrlich zu erzählen gilt, so, dass die Geschichten im Geist des Lesers einen Sinn für die Ganzheit anregen, dass sie die Gabe in ihm wecken, Bruchstücke zu einem Muster zu vereinen und in kleinsten Ereignissen die Konstellationen des Ganzen zu erkennen. Geschichten gilt es zu spinnen, in denen deutlich wird, dass alle und alles in einer gemeinsamen Vorstellung eingeschlossen sind, die wir mit jeder Drehung unseres Planeten in unserem Geist erzeugen.

Die Literatur besitzt diese Macht. Die allzu schlichten Kategorien von hoher und minderwertiger Literatur, von Bestseller- und Nischenliteratur müssten verworfen werden, die Unterteilung in Gattungen mit einem Augenzwinkern abgetan. Auf die Bezeichnung einer »Nationalliteratur« sollten wir verzichten, schließlich wissen wir nur zu gut, dass der Kosmos der Literatur ein Ganzes ist, wie die Idee des *unus mundus*, die Idee einer gemeinsamen psychischen Wirklichkeit, in der sich menschliche Erfahrung vereint und Autor und Leser gleichwertige Rollen einnehmen – der eine, weil er Literatur schafft, der andere, weil er diese Literatur einer unablässigen Interpretation unterzieht.

Vielleicht sollten wir auf das Bruchstückhafte, das Fragment vertrauen, bilden doch Fragmente zusammengenommen Konstellationen, die mehr beschreiben, in komplexerer Weise, multidimensional. Unsere Geschichten könnten sich unendlich aufeinander beziehen, ihre Figuren in Relation zueinander treten. Ich denke, es kommt eine Neudefinition dessen auf uns zu, was wir heute unter »Realismus« fassen; wir müssen nach einem Begriff suchen, der uns die Überschreitung der Grenzen unseres Ego gestattet, der uns den Bildschirm durchdringen lässt, durch den wir die Welt betrachten. Unser Bedürfnis nach Realität wird heute schließlich durch die Medien, durch Social Networking, durch indirekte Online-Beziehungen bedient. Vielleicht ist das, was unausweichlich auf uns zukommt, eine Art Neo-Surrealismus – neu verteilte Sichtweisen, die nicht die Konfrontation mit dem Paradoxen scheuen und die sich gegen die simple Einordnung nach Ursache und Wirkung sträuben. Denn surreal ist unsere Realität ja bereits. Ich bin mir auch sicher, dass viele Geschichten innerhalb der neuen intellektuellen Kontexte umgeschrieben werden müssten, inspiriert durch neue wissenschaftliche Theorien. Genauso wichtig erscheint es mir aber, dass dabei immer wieder an die Mythen und das gesamte menschliche Imaginarium angeknüpft wird. Sich auf die geschlossenen Strukturen der Mythologie zu besinnen, könnte in dem Zustand der Unbestimmtheit, in dem wir heute leben, zu einem Gefühl der Stabilität beitragen. Ich glaube fest daran, dass Mythen das Fundament unserer Psyche bilden und nicht ignoriert werden können (man kann sich höchstens ihres Einflusses nicht bewusst sein).

Sicherlich taucht bald ein Genie auf, das eine völlig andere, jetzt noch unvorstellbare, alles Wesentliche umfassende Erzählweise konstruiert. Ein solches Erzählen wird gewiss etwas in uns bewirken, sodass wir die alten, einengenden Perspektiven verwerfen und uns neuen Sichtweisen öffnen können – die schließlich schon immer existiert haben, nur dass wir blind für sie gewesen sind.

In seinem *Doktor Faustus* schreibt Thomas Mann von einem Komponisten, der eine neue Art der absoluten Musik ersinnt, die das menschliche Denken verändern kann. Was Mann jedoch nicht schildert, ist ihre Form; er schafft lediglich eine Vorstellung davon, wie diese Musik klingen könnte. Vielleicht besteht die Rolle des Künstlers eben darin – einen Vorgeschmack darauf zu geben, was sein könnte, und so dafür zu sorgen, dass es vorstellbar wird. Und Vorstellbarkeit ist schließlich die erste Stufe des Seins.

7

Ich schreibe fiktionale Geschichten, doch sind diese Geschichten niemals gänzlich »erfunden«. Wenn ich schreibe, muss ich alles in mir fühlen. Der Weg aller Wesen und Dinge in meinen Büchern, alles Menschlichen und Außer-Menschlichen, alles Lebendigen und Nicht-mit-Leben-Beschenkten führt durch mich. Jedes Ding und jede Person betrachte ich lange und aufmerksam, um sie zu verkörpern, zu personifizieren.

Dazu dient mir mein liebevoller Blick – denn liebevoll zu sein ist die Kunst der Verkörperung, der Einfühlung, der fortwährenden Suche nach Gemeinsamkeiten. Eine Geschichte zu erzählen bedeutet, Leben zu verleihen und all die Bruchstücke der Welt – die menschlichen Erfahrungen, durchlebten Situationen, Erinnerungen – zur Existenz zu bringen. Eine liebevolle, zugeneigte Betrachtung personifiziert alles, auf das sie sich bezieht. Sie lässt ihm Raum und Zeit, sich zu entwickeln, sie ermöglicht es, ihm Ausdruck zu verleihen, eine Stimme zu geben. Liebevolle Zuneigung bringt die Teekanne zum Sprechen.

Die liebevolle Zuneigung ist die bescheidenste Form der Liebe. Sie findet keine Erwähnung in der Heiligen Schrift oder in den Evangelien, niemand schwört bei ihr, niemand beruft sich auf sie. Sie besitzt keine Embleme, keine Symbole, sie bietet keinen Grund für Verbrechen oder Eifersucht.

Stattdessen taucht sie überall dort auf, wo wir unseren Blick eingehend und behutsam auf ein anderes Sein richten, auf etwas, das nicht »Ich« ist.

Liebevolle Zuneigung ist spontan und selbstlos, sie geht weit über empathisches Mitfühlen hinaus. Vielmehr ist sie eine bewusste – bisweilen vielleicht etwas melancholische – Einfühlung in ein anderes Leben, ein anderes Schicksal. Der liebevolle Blick bedeutet, ein anderes Sein anzunehmen und aufzunehmen, in seiner Zerbrechlichkeit, seiner Einzigartigkeit, seiner Wehrlosigkeit gegen Leiden und das Wirken der Zeit.

In der zugeneigten Betrachtung entdecken wir Bande zwischen uns, Gemeinsamkeiten und Übereinstimmungen. Sie zeigt die Welt als lebend und lebendig, als ineinander verbunden, voneinander abhängend, zusammenwirkend.

Literatur gründet auf der liebevollen Zuneigung, die wir jedem anderen Sein entgegenbringen. Und das ist der entscheidende psychologische Mechanismus des Romans. Dem wunderbaren Instrument der liebevollen Zuneigung – der raffiniertesten Art menschlicher Kommunikation – ist es zu verdanken, dass unsere Erfahrung durch die Zeit reisen und jene erreichen kann, die noch nicht geboren sind, aber einmal das zur Hand nehmen werden, was wir über uns und unsere Welt erzählt haben.

Ich weiß nicht, wie ihr Leben aussehen wird, wer sie sein werden. Doch ich denke häufig an sie, voller Schuldgefühl und Scham.

Die klimatische und politische Krise, in der wir uns heute zurechtfinden müssen und die wir zu überwinden suchen, um die Welt zu retten, kommt nicht von ungefähr. Häufig vergessen wir, dass sie kein Fatum, kein Schicksalsschlag ist, sondern das Ergebnis ganz konkreter Schritte und wirtschaftlicher, gesellschaftlicher, weltanschaulicher (auch religiöser) Entscheidungen.

Gier, mangelnde Achtung vor der Natur, Egoismus, Phantasielosigkeit, ein nicht enden wollender Wettstreit haben die Natur zu einem Ding gemacht, zu einem Objekt, das man in Stücke schneiden, benutzen und zerstören kann.

Und deswegen glaube ich fest daran, dass ich so erzählen muss, als wäre die Welt eine lebendige, vor unseren Augen immerfort im Werden begriffene Einheit – und wir ein kleiner und zugleich mächtiger Teil dieser Welt.

Deutsch von Lisa Palmes

Anmerkungen

1 Jeremy Bentham: *Einführung in die Prinzipien der Moral und Gesetzgebung.* Aus dem Englischen von Irmgard Nash und Richard Seidenkranz, Saldenburg 2013 (Kapitel 17, Abschnitt 4, Anm. 1).

2 J.M. Coetzee: *Das Leben der Tiere.* Aus dem Englischen von Reinhild Böhnke, Frankfurt am Main 2000, S. 20.

3 Ebd., S. 18.

4 Ebd., S. 78f.

5 Ebd., S. 13.

6 Ebd., S. 34.

7 Ebd., S. 79. Hervorhebung im Original.

8 Ebd., S. 79.

9 J.M. Coetzee: *The Lives of Animals.* Hrsg. von Amy Gutmann, Princeton, New Jersey 2016, S. 91. In der deutschen Ausgabe fehlen dieser und andere Kommentare, A.d.Ü.

10 Ebd., S. 89.

11 Im Original deutsch, A.d.Ü.

12 Jan Potocki: *Die Handschrift von Saragossa.* Aus dem Französischen von Louise Eisler-Fischer, Frankfurt am Main 1975, S. 163.

13 Homer: *Götterhymnen.* Aus dem Griechischen von Thassilo von Scheffer, Köln 2006, S. 84.

14 In deutschsprachigen Märchen hießen sie Hans, A.d.Ü.

15 Protagonistin in Olga Tokarczuks Roman *Gesang der Fledermäuse.* Aus dem Polnischen von Doreen Daume, Frankfurt am Main 2011/Zürich 2019, A.d.Ü.

16 Übersetzt nach der polnischen Fassung, weil die zugänglichen deutschen Übersetzungen deutlich anders lauten, A. d. Ü.

17 Czesław Miłosz: »Notatnik«, in: ders.: *Prywatne obowiązki*, Kraków 2011.

18 Figur in Henryk Sienkiewiczs Roman *Mit Feuer und Schwert*, die bei der Verteidigung der Stadt ums Leben kommt, A. d. Ü.

19 Platon: *Sämtliche Dialoge*, Bd. 5. *Der Staat*. Aus dem Griechischen von Otto Apelt, Hamburg 2004, S. 427.

20 Im Original deutsch, A. d. Ü.

21 Virginia Woolf: »Moderne Romankunst«, in: dies.: *Der gewöhnliche Leser*, Bd. 1. Aus dem Englischen von Helmut Viebrock, Frankfurt am Main 1997, S. 178.

22 Vladimir Nabokov: »Die Kunst der Literatur und der Normalverstand«, in: ders.: *Vorlesungen über westeuropäische Literatur*. Hrsg. von Fredson Bowers und Dieter E. Zimmer. Aus dem Englischen von Ludger Tolksdorf, Reinbek bei Hamburg 2014, S. 720–721. Hervorhebung: Olga Tokarczuk.

23 Olga Tokarczuk: *Taghaus, Nachthaus*. Aus dem Polnischen von Esther Kinsky, München 2001/Zürich 2019, S. 7–8.

24 In der Übersetzung von Wolfgang Josing, in: *Brichst du auf gen Ithaka* … Köln 2009.

Gedenke, Leib …

Leib, gedenke nicht nur, wie sehr du geliebt worden bist,
nicht nur der Betten, in die du dich legtest,
sondern auch jenes Sehnens nach dir, das
offen in den Augen glänzte
und in der Stimme bebte – und das irgendein
Hindernis aus Zufall hintertrieb.
Heute, da alles längst in der Vergangenheit liegt,
scheint es fast, als habest du dich hingegeben,
auch wo nur jenes Sehnen war – wie glänzte es,
gedenke, in den Augen, die dich angeschaut;
wie bebte es in der Stimme, nach dir, gedenke, Leib.

A. d. Ü.

25 Im Polnischen werden die Vergangenheitsformen der Verben an das Genus des Subjekts angepasst. So heißt es etwa *on był* – er war, *ona była* – sie war, *ono było* – es war. Ungewöhnlich wirken die Vergan-

genheitsformen des Neutrums in der ersten und zweiten Person Singular, also etwa *byłom* – ich war: in der Äußerung eines Neutrums, das von sich selbst spricht, bzw. *byłoś* – du warst: in der Anrede an ein Neutrum, A. d. Ü.

26 Ich sah – Neutrum, A. d. Ü.

27 Ich sah – Neutrum, A. d. Ü.

28 Ich sah – Femininum, A. d. Ü.

29 Czesław Miłosz: „Sekretarze", in: ders.: *Hymn o perle*, Paris 1982.

30 Bolesław Prus: *Die Puppe*. Aus dem Polnischen von Kurt Harrer, Berlin 1954, S. 7–8. Die Namen lauten eigentlich Węgrowicz und Józio, A. d. Ü.

31 Olga Tokarczuk: *Die Jakobsbücher*. Aus dem Polnischen von Lisa Palmes und Lothar Quinkenstein, Zürich 2019, S. 31.

32 Ebd., S. 30.

33 Der Film *Alien* (Ridley Scott, 1979) hat den polnischen Titel *Obcy – ósmy pasażer Nostromo* [Der Fremde – der achte Passagier auf der Nostromo], A. d. Ü.

34 Mario Vargas Llosa: *Geheime Geschichte eines Romans*. Aus dem Spanischen von Elke Wehr, Frankfurt am Main 1992, S. 54–55.

35 Der Titel des polnischen Originals lautet *Prowadź swój pług przez kości umarłych*. Die deutsche Übersetzung von Doreen Daume erschien unter dem Titel *Gesang der Fledermäuse*, Frankfurt am Main 2011/Zürich 2019, A. d. Ü.

36 Vladimir Nabokov: »Die Kunst der Literatur und der Normalverstand«, S. 724.

37 Ebd., S. 725.

38 Mario Vargas Llosa: *Flaubert und »Madame Bovary«. Die ewige Orgie*. Aus dem Spanischen von Maralde Meyer-Minnemann, Frankfurt am Main 1996, S. 13.

39 Aus dem Roman *Die Puppe* von Bolesław Prus, A. d. Ü.

40 William Wordsworth: *Präludium oder Das Reifen eines Dichtergeistes. Ein autobiographisches Gedicht*. Aus dem Englischen von Hermann Fischer, Stuttgart 1974, S. 75, Vers 161–168.

41 In dem Roman geht es um einige rätselhafte Todesfälle, A. d. Ü.

42 Olga Tokarczuk: *Unrast*. Aus dem Polnischen von Esther Kinsky, Frankfurt am Main 2009/Zürich 2019.

43 Platon: *Das Gastmahl*, in: ders.: *Drei große Dialoge. Phaidon. Das Gastmahl. Phaidros*. Aus dem Griechischen von Arthur Hübscher, München 2002, S. 129–226, hier: S. 178.

44 Ebd., S. 181 / 182. Hervorhebung: Olga Tokarczuk, A. d. Ü.

45 Ray Bradbury: »Die Verbannten«, in: ders.: *Der illustrierte Mann. Erzählungen*. Aus dem Amerikanischen von Peter Naujock, Zürich 2008, S. 154–176, hier: S. 157.

46 Ebd., S. 163.

47 Julian Tuwim: »Bewohner«, in: Henryk Bereska, Heinrich Olschowsky (Hrsg.): *Polnische Lyrik aus fünf Jahrzehnten*. Aus dem Polnischen von Heinz Kahlau, Berlin / Weimar 1997, S. 55.

48 Der Buchstabe lehrt die Ereignisse; was du zu glauben hast, die Allegorie, / Die Moral, was du zu tun hast; wohin du streben sollst, die Anagoge.

Editorische Notiz

Dieses Buch verdanke ich gewissermaßen der Pandemie. Während des Lockdowns verspürte ich das Bedürfnis, mein essayistisches Schaffen zu ordnen, und zwar nicht nur die Texte aus dem letzten Jahr, sondern auch die früheren.

Seit einiger Zeit betrachte ich gerne mich selbst und mein Schreiben aus der Perspektive des »Vierte-Person-Erzählers«. Diese Art von Selbstreflexion, verbunden mit der Psychologie, die mir immer noch viel bedeutet und die für mich die erste Sprache ist, mit der ich die Welt lese, stellt die Grundlage der meisten Texte dieses Bandes dar.

Neben meiner Vorlesung anlässlich des Nobelpreises umfasst das Buch die Lodzer Vorlesungen, die ich auf Einladung von Frau Prof. Krystyna Pietrych und Frau Prof. Joanna Jabłkowska 2018 am Fachbereich Philologie der Universität Lodz gehalten habe: *Psychologia narratora / Zur Psychologie des Erzählers*; *Psychologia literackiego stwarzania świata. Jak powstały* Księgi Jakubowe */ Zur Psychologie der literarischen Erschaffung der Welt. Wie die* Jakobsbücher *entstanden*; *Przypadek Duszejko. Postaci literackie / Der Fall Duszejko. Literarische Figuren*. Hierzu gehört auch der als Fortsetzung des Zyklus konzipierte Vortrag *Kraina Metaksy / Das Land Metaxy*, den ich jedoch nie gehalten habe.

Den Text *O daimonionie i innych motywacjach pi-*

sarskich / Über den Daimon und andere schriftstellerische Motivationen schrieb ich 2014 für die Studierenden des Creative-Writing-Kurses in Santa Maddalena

Darüber hinaus erscheinen im vorliegenden Buch zwei weitere Vorlesungen: *Prace Hermesa, czyli jak tłumacze codziennie ratują świat / Wie Übersetzer die Welt retten*, ein Essay, der auf der Eröffnungsrede des vierten Danziger Literaturfestivals »Odnalezione w tłumaczeniu« [In der Übersetzung wiederentdeckt] vom 11. bis 13. April 2019 basiert, sowie der Vortrag *Palec w soli, czyli Krótka historia mojego czytania / Finger im Salz oder Kurze Geschichte meines Lesens*, gehalten 2012 auf dem Symposium »Światy Olgi Tokarczuk« [Die Welten der Olga Tokarczuk] an der Universität Rzeszów.

Dem Band fügte ich weitere Texte bei, die ich für wichtig und aktuell halte, vor allem den Essay *Ognozja / Ognosie* (Erstabdruck in *Polityka* vom 30. September 2020), ein Teil des Projekts »Ex-centrum«, das in meiner Stiftung durchgeführt wird.

Des Weiteren: *Ćwiczenia z obcości / Übungen im Fremdsein* (Erstabdruck in *Znak*, Nr. 746–747, 2017), *Maski zwierząt / Die Masken der Tiere* (Erstabdruck in *Krytyka Polityczna*, 2008) sowie *Niesamowity tygiel Braci Quay, londyńskich alchemików filmu / Die Londoner Alchemisten des Films oder Der unheimliche Tiegel der Brothers Quay* (erstmals erschienen im Sammelband *Trzynasty miesiąc. Kino Braci Quay* [Der dreizehnte Monat. Das Kino der Brothers Quay], herausgegeben von Kuba Mikurda und Adriana Prodeus, Kraków 2010).

Olga Tokarczuk

Weitere Kampa Bücher stellen wir Ihnen auf den folgenden Seiten vor. Das Gesamtprogramm finden Sie auf: www.kampaverlag.ch

Wenn Sie zweimal jährlich über unsere Neuerscheinungen informiert werden möchten, schreiben Sie uns bitte an: newsletter@kampaverlag.ch oder Kampa Verlag, Hegibachstr. 2, 8032 Zürich, Schweiz

KAMPA VERLAG

Olga Tokarczuk
Die Jakobsbücher

Roman

Aus dem Polnischen
von Lisa Palmes und Lothar Quinkenstein

Er galt als Luther der Juden – seine Anhänger sahen in ihm einen Messias, für seine Gegner war er ein Scharlatan, ja Ketzer. Jakob Frank war eine der schillerndsten Gestalten im Europa des 18. Jahrhunderts. Die Religionen waren ihm wie Schuhe, die man auf dem Weg zum Herrn wechseln könne: Er war Jude, bevor er mit seiner Gefolgschaft zum Islam und dann zum Katholizismus konvertierte. Er war ein Grenzgänger, der, aus dem ostjüdischen Schtetl stammend, das Habsburger und das Osmanische Reich durchstreifte und sich schließlich in Offenbach am Main niederließ.

Die Jakobsbücher sind das vielstimmige Porträt einer ambivalenten, faszinierenden Figur, deren Lebensgeschichte zum Vexierbild einer Welt im Umbruch wird. Olga Tokarczuk hat einen historischen Roman über unsere Gegenwart geschrieben, der zugleich, zutiefst aufklärerisch, ein Plädoyer für Emanzipation, Toleranz und Vielfalt ist.

»Ein fulminanter Roman … eine grandiose Übersetzung.«
Sabine Adler / Deutschlandfunk Kultur

»Tokarczuks Bücher reißen Fenster zur Welt auf. 1000 sensible, zärtliche, trauererfüllte Seiten sind denkbar größte Literatur.«
Fabian Wolff / Süddeutsche Zeitung

KAMPA VERLAG

Olga Tokarczuk
Unrast

Roman

Aus dem Polnischen
von Esther Kinsky

Eryk hat es in den hohen Norden verschlagen, wo er als Steuermann auf einer kleinen Fähre die immer gleiche Route fährt, bis er irgendwann Kurs aufs offene Meer nimmt. Eine Ich-Erzählerin ist unentwegt auf Wanderschaft – zu Fuß, im Auto, im Flugzeug und sogar in Gedanken. Chopins Schwester, die ihren Bruder abgöttisch geliebt hat, begleitet sein Herz auf eine letzte Reise …

Unrast ist ein Roman über die Sehnsucht, sich in der Welt zu verlieren, ein Roman über das Reisen und dabei selbst wie eine Reise: mit unzähligen Orten und Menschen, die einem ans Herz wachsen, und solchen, die man gerne zurücklässt. Ein Buch voller Bewegungen, Eindrücke, Gedanken und Geschichten, die, wie man bald ahnt, einem geheimen Fahrplan folgen und eine gemeinsame Destination haben.

»Dieser umwerfende Roman ist ein leidenschaftliches Plädoyer für die verbindende Kraft von Geschichten, die Purzelbäume durch Raum und Zeit schlagen.«
The Guardian, London

KAMPA VERLAG

Olga Tokarczuk
Gesang der Fledermäuse

Roman

Aus dem Polnischen
von Doreen Daume

Im Sommer tummeln sich wohlhabende Städter auf dem Hochplateau an der polnisch-tschechischen Grenze. Im Winter fliehen die allermeisten Einwohner den windumtosten Ort. An den langen dunklen Tagen widmet sich Janina Duszejko der Astrologie und der Lyrik des von ihr verehrten William Blake. Man hält die ältere Dame für verschroben, wenn nicht gar für verrückt, auch weil sie die Gesellschaft von Tieren der von Menschen vorzieht. Dann gibt es einen Toten. Janinas Nachbar Bigfoot ist grausam erstickt: In seiner Kehle steckt der Knochen eines Rehs. Und es bleibt nicht bei einer Leiche. Janina ermittelt auf eigene Faust.

Kriminalfall, philosophischer Essay, Fabel, literarisches Spiel – auf ebenso komische wie ergreifende Weise zeigen Olga Tokarczuk und ihre hinreißende Heldin, wie sehr es unserer Gesellschaft an Respekt mangelt, ob der Natur und den Tieren gegenüber oder jenen Menschen, die am Rande stehen.

»Man muss einfach staunen über den Ideenreichtum dieser Autorin. In beinahe jedem Satz entfaltet sie ein neues Universum.«
Lisa Kreißler / NDR

»Außerordentlich. Tokarczuks Roman ist lustig, lebenssatt, beängstigend, verstörend. Schonungslos befragt sie menschliches Verhalten. Brillant!«
Annie Proulx

KAMPA VERLAG

Olga Tokarczuk
Taghaus, Nachthaus
Roman
Aus dem Polnischen
von Esther Kinsky

Nowa Ruda im schlesischen Riesengebirge ist ein Ort mit wechselnden Identitäten. Heute polnisch, war das Städtchen früher deutsch, tschechisch, davor österreichisch-ungarisch. Hier, in der Mitte Europas, wo sich Grenzen verschieben und Sprachen kommen und gehen, sind Menschen in Häuser einzogen, in denen noch alte Fotoalben in den Schubladen liegen. Es ist ein Ort, an dem sich Schicksale und Erinnerungen vermischen. Als die Erzählerin mit ihrem Mann in die Gegend kommt, beginnt sie, die Geschichten Nowa Rudas und seiner Bewohner zu sammeln. Dabei hilft ihr die Perückenmacherin Marta, ihre rätselhafte Nachbarin, die sie in die Kunst einführt, die Geschichten vom Tag und die Träume der Nacht zu entwirren.

»Der Roman spielt in Schlesien, also dort, wo man in der Erde Kisten mit Porzellan und Silber findet und die Gräber deutsche Inschriften tragen. Ein Buch, in dem Historie, Mythologie, Einsicht und Erzählfreude auf höchst reizvolle Weise miteinander verschmelzen.«
Die Zeit

KAMPA VERLAG

Olga Tokarczuk
Ur und andere Zeiten

Roman

Aus dem Polnischen
von Esther Kinsky

Scheinbar am Ende der Welt liegt der Ort Ur, durchströmt von zwei Flüssen, der seichten, flinken Weiße und der tiefen, dunklen Schwarze, dominiert von einem kleinen Berg, den die Bewohner Maikäferhügel getauft haben, bewacht von den vier Erzengeln Rafael, Uriel, Gabriel und Michael – und von den seltsamsten Gestalten bewohnt: der jungen Genowefa, der Hure Ähre, dem verarmten Freiherrn Popielski, der sein Leben einem kabbalistischen Rätselspiel gewidmet hat, dem Bösen Mann, der im Wald haust, dem Wassermann Pluszcz, dem Säufer Pawel und vielen Fabelwesen und Geistern.

An der Stelle, wo sich die beiden Flüsse vereinen, steht die Mühle von Ur. Unermüdlich treiben die Wasser das Mühlrad an, unbeeindruckt von Umwälzungen wie Weltkriegen und Regimewechseln, unabänderlich wie der ewig menschliche Kreislauf von Liebe und Hass, Glück und Leid, Geburt und Tod.

»Die Archäologie einer Region am Rande der Welt und zugleich die lustvoll provozierende Verweigerung der übersichtlichen Einheit von Ort, Zeit und Handlung.«
Anna Auguscik / Die Zeit

KAMPA VERLAG

Olga Tokarczuk
Die grünen Kinder
Bizarre Geschichten
Aus dem Polnischen
von Lothar Quinkenstein

Bizarr ist unsere Welt, immer in Bewegung, ständig in Veränderung begriffen. Und das gilt auch für diese faszinierenden Erzählungen von Olga Tokarczuk, der großen Raumzeitreisenden – ein Buch, das in Erstaunen setzt, alle gängigen Erwartungen unterläuft. Jede der zehn Geschichten entfaltet sich in einem anderen Raum: Wolhynien zur Zeit der »schwedischen Sintflut«, die heutige Schweiz, das ferne Asien, fiktive Orte der Imagination. Worin besteht das Gefühl, dass etwas »bizarr« sei? Wo hat es seinen Ursprung? Ist das Bizarre eine Eigenschaft der Welt oder liegt es in uns? In den unablässigen Rhythmuswechseln der Erzählungen verliert der Leser seine Gewissheiten. Was wird ihn auf der nächsten Seite erwarten?

Olga Tokarczuk lässt uns spüren, dass die Welt immer weniger zu fassen ist. Mit den Mitteln der Groteske, des schwarzen Humors, Elementen aus den Genres Fantasy und Horror führt sie uns vor Augen, dass in der Wirklichkeit, wie wir sie zu kennen glauben, nichts ist, was es scheint.

»Olga Tokarczuks Werk zeigt in exemplarischer Weise, welch innovative Formen künstlerisches Erzählen im 21. Jahrhundert annehmen kann. Damit setzt sie Maßstäbe für die Weltliteratur.«
Gerhard Gnauck / Neue Zürcher Zeitung

KAMPA VERLAG

Olga Tokarczuk
Letzte Geschichten

Roman

Aus dem Polnischen
von Esther Kinsky

Mutter, Tochter, Enkelin. Drei Frauen auf der Suche nach sich selbst, nach einem Ort, im Leben und im Tod.

Gerade ist nach langer Ehe Paraskewias Mann gestorben, in ihrem Haus hoch oben auf dem Berg, das im tiefsten Winter von der Außenwelt abgeschnitten ist. Und so schreibt sie die Nachricht von seinem Tod in großen Buchstaben in den Schnee, damit die Menschen unten im Tal davon erfahren. Ihre Enkelin Maja erlebt das Sterben ganz anders. Im Urlaub auf einer heißen Südseeinsel begegnet sie einem kranken Zauberkünstler, in dem sie ihren Vater zu erkennen glaubt. Der Tod kommt schnell, plötzlich. Majas Mutter Ida möchte noch ein Mal ihr Elternhaus sehen. Im Schneetreiben verunglückt sie mit dem Auto und findet Unterschlupf bei einem älteren Ehepaar, das eine Sterbeklinik für Tiere unterhält, und begegnet auch ihrer Mutter Paraskewia – in einer mythischen Vision.

»Ein Buch der Grenzen und der Übergänge zwischen Ländern, Worten und Sprachen, zwischen Zeiten und Jahreszeiten, Träumen und Wachen, und nicht zuletzt zwischen Leben und Tod.«
Jörg Magenau / Falter

»Subtil gelingt es Olga Tokarczuk, anhand dieser Frauen das Porträt einer ganzen Gesellschaft zu zeichnen.«
ORF

GATSBY IM KAMPA VERLAG

Olga Tokarczuk
Der Schrank

Erzählungen

Aus dem Polnischen
von Esther Kinsky

Ein junges Paar sucht Zuflucht in einem Schrank und findet eine Gegenwelt zur eintönigen Wirklichkeit. Während seine Frau sich der Meditation widmet und hin und wieder etwas Leichtes zu essen kocht, spielt D. am Computer Gott, erschafft und vernichtet Menschen, bis schließlich rings um ihn alles aus den Fugen gerät. Was die Unordnung eines verlassenen Hotelzimmers über einen Menschen erzählt, das weiß das Dienstmädchen mit der rosa-weißen Schürze im Hotel Capital. Chaos erfährt auch die kleine Bankangestellte Krystyna, die im Traum wiederholt den Liebesschwüren eines gewissen Amos lauscht, bis sie sich schließlich auf die Suche nach ihm macht …

Liebe und Tod, Traum, Mythos und Wirklichkeit – die in diesem Band versammelten sieben Geschichten der polnischen Literaturnobelpreisträgerin erzählen von einer Welt, die uns in all ihrer Fremdheit doch immer vertraut ist: unser Unbewusstes.

»Olga Tokarczuk ist eine Meisterin im Schaffen von Welten, innerhalb derer sie viele weitere Welten ineinander verschachtelt oder miteinander verknüpft.«
Doreen Daume / Die Presse

KAMPA VERLAG

Jamaica Kincaid
Mister Potter

Roman
Aus dem Englischen
von Anna und Wolf Heinrich Leube

Mr. Potter ist Analphabet und verdient seinen Lebensunterhalt als Taxifahrer auf den Straßen Antiguas. Er dreht seine Runden, vorbei an dem Friedhof, auf dem er begraben werden wird. Die Sonne steht direkt über ihm, das Meer umgibt ihn, unterdrückte Leidenschaften erfüllen die Luft. Mr. Potter will mehr erreichen als sein Vater, ein armer Fischer, und seine Mutter, die Selbstmord begangen hat. Er will in besseren Verhältnissen leben, ein Auto besitzen, Freundinnen haben und die Schulden seiner Töchter tilgen. Eine von ihnen wird nach seinem Tod seine Geschichte erzählen – mit ebenso viel Distanz wie Mitgefühl.

Mit Mr. Potter lässt Jamaica Kincaid nicht nur eine schillernde literarische Figur entstehen, die so einzigartig wie typisch ist, so real wie fiktiv – im Schreiben nähert sie sich auch jener Person an, die ihr im Leben am meisten fehlt.

»Kincaids poetischster und ergreifendster Roman. Sie zeichnet darin das Porträt einer in westindischen Kreisen berühmt-berüchtigten Figur, die in der Literatur der Region jedoch auffallend abwesend ist.«
The Washington Post

KAMPA VERLAG

Jamaica Kincaid
Am Grunde des Flusses

Aus dem Englischen
von Sarah und Moritz Kirsch

Nicht wie geschrieben, sondern wie mit Sprache gemalt wirken Jamaica Kincaids Erzählungen, in denen sie Bilder und Stimmungen ihrer Kindheit auf der karibischen Insel Antigua heraufbeschwört. Mit eigenwilligem Strich malt sie die äußere Welt, die Blumen, die Tiere, das Meer, und die innere, die Ängste und Sehnsüchte des heranwachsenden Mädchens, das mit der Wucht seiner Gefühle ringt, mit der Übermacht der Mutter, mit dem Auseinanderklaffen von Phantasie, Traum und Wirklichkeit.

Niemand hätte Jamaica Kincaids Sprache in der deutschen Übersetzung so gerecht werden können wie die Dichterin Sarah Kirsch.

»Jamaica Kincaid ist eine Autorin, die, anscheinend mühelos und auf unwiderstehliche Art, aus einer grenzenlosen Fülle schöpft. Unter diesen glänzenden Geschichten, die von persönlicher und kosmischer Sehnsucht erzählen, gehören zumindest zwei, *Meine Mutter* und *Am Grunde des Flusses*, für mich zum Aufregendsten, was ich an Prosa in den letzten Jahren gelesen habe.«
Susan Sontag

KAMPA VERLAG

Jamaica Kincaid
Nur eine kleine Insel

Aus dem Englischen
von Ilona Lauscher

Wenn Europäer nach Antigua reisen, sehen sie eine kleine Insel von atemberaubender Schönheit. Umgeben vom marineblauen Wasser zweier Ozeane und gesäumt von den feinsten Sandstränden der Welt, wachsen dort die seltensten Pflanzenarten, scheint die Sonne an jedem Tag im Jahr.

Jamaica Kincaid zeigt uns ein Antigua, das wir nicht sehen können oder wollen: einen Ort, wo Drogenbosse wie Fürsten leben und korrupte Politiker nur ihre eigenen Interessen im Blick haben, und wo Menschen leben, die nichts anderes kennen, als anderen zu dienen. Voller Bitterkeit und Liebe erzählt Kincaid von ihrer Heimat als Schauplatz schwerer Verbrechen – an den Antiguanern und an der Natur, begangen im Zeichen von Tourismus und kolonialer Unterdrückung. Ein lyrischer Essay, der uns schonungslos und ehrlich mit der geschichtlichen Wirklichkeit konfrontiert.

»Ein Klagelied von großer Klarheit
und einer Kraft, die man wild nennen würde,
wäre nicht die Sprache so überaus beherrscht.«
Salman Rushdie

KAMPA VERLAG

Jamaica Kincaid
Mein Garten(Buch)

Aus dem Englischen
von Renate Orth-Guttmann

Jamaica Kincaids erster Garten war ein keines Rechteck vor ihrem Haus in Vermont. Unter den erstaunten Blicken ihrer Nachbarn pflanzte sie dort alles, was ihr gefiel. In *Mein Garten(Buch)* geht sie ihrer Leidenschaft für das Gärtnern, ihren Vorlieben und den Quellen ihrer Inspiration auf den Grund, sinniert über Samenkataloge, legendäre Gärtnerinnen wie Gertrude Jekyll, berühmte Gärten wie den Monets in Giverny, englische Gartenkunst und die Farbe Gelb. Das Ergebnis ist ein sehr persönliches, mit leichter Hand geschriebenes, kluges Buch über den Garten, die darin wachsenden Pflanzen und diejenigen, die sich ihrer annehmen.

»Ein eigensinniger, unterhaltsamer und sehr emotionaler Blick in das Innere einer nachdenklichen, scharf beobachtenden Gärtnerin … Jamaica Kincaid bietet Gartenliebhabern eine hochinteressante Lektüre.«
Kirkus Reviews